会社法
コンメンタール

15

持分会社［2］　　　§§ 614 - 675

神田秀樹　編

商事法務

【編集委員】

岩原紳作（早稲田大学教授）
*江頭憲治郎（東京大学名誉教授）
落合誠一（東京大学名誉教授）
神田秀樹（学習院大学教授）
*森本　滋（京都大学名誉教授）
山下友信（同志社大学教授）

＊は編集代表

はしがき

　本巻は，会社法第3編（持分会社）の第5章から第8章まで（614条から675条まで）の各条文，すなわち，持分会社の計算等，定款の変更，解散および清算に関する規定の注釈を収めている。本シリーズの第14巻と本巻とで，持分会社に関するすべての条文をカバーすることになる。

　平成17年の会社法は，会社法上の会社を株式会社と持分会社という2つの類型と整理し，持分会社については，平成17年改正前商法が認めてきた合名会社および合資会社の制度を引き継ぐとともに，新しい種類の持分会社として合同会社という制度を新設した。そして，第14巻の刊行後も，合同会社の数は順調に伸びてきているように見受けられる。

　本シリーズの第14巻と本巻が持分会社についての理解を深めるために役に立てば幸いである。

　諸事多忙な中で本巻の執筆を分担し詳細な解説を執筆してくださった先生方に心より御礼を申し上げる。そして，細かな点に至るまで配慮して本巻の編集作業に当たってくださった株式会社商事法務の担当者の方々に心より謝意を表する。

　平成30年8月

第15巻責任編集委員

神田　秀樹

凡　　例

《法令名略語・条文の引用》

○本書引用の法令は，原則として平成25年12月1日現在公布されているものとした。
○条文の引用は原文どおりとしたが，原則として新字体・アラビア数字に置き換えた。
○括弧内で法令名を示す際は，原則として有斐閣版六法全書巻末の法令名略語によった。ただし，会社法については原則として法令名を付さず，条数のみを示した。
　　非訟事件手続法（明治31年法律第14号）は，「旧非訟事件手続法」と表記した。
○条はアラビア数字，項はローマ数字，号は○付数字で示した。
　　会社法12条1項2号　　　　　　12Ⅰ②
　　破産法35条　　　　　　　　　破35
　　平成17年改正前商法42条1項　　平17改正前商42Ⅰ

《判例の引用》

○判例の引用は原文どおりとしたが，原則として新字体・アラビア数字に置き換えた。
○年月日・出典の示し方は以下のとおりとした。なお，大審院連合部，最高裁判所大法廷の場合はそれぞれ「大連」「最大」と表示し，小法廷等は入れていない。
　　大判大正8・3・3民録25輯356頁
　　　　　　　＝　大審院大正8年3月3日判決大審院民事判決録25輯356頁
○出典は主なものを1つのみ示した。表示に当たっては，原則として公式判例集を優先したが，一般に目にすることが困難なものの場合には例外的に扱った。
○主な判例集の略語は以下のとおりとした。なお，下記の判例集に登載されていないもののうちLEX/DBに収録されているものについては，その番号を表示している場合もある。

民集	大審院・最高裁判所民事判例集	労民集	労働関係民事裁判例集
民録	大審院民事判決録	訟月	訟務月報
高民集	高等裁判所民事判例集	東高民時報	東京高等裁判所民事判決時報
下民集	下級裁判所民事裁判例集	新聞	法律新聞
集民	最高裁判所裁判集民事	裁判例	大審院裁判例
行集	行政事件裁判例集	法学	法学（東北大学）
刑集	大審院・最高裁判所刑事判例集	判決全集	大審院判決全集
		判例捨遺	大審院判例捨遺

評論	法律〔学説・判例〕評論全集	資料版商事	資料版商事法務
判時	判例時報	交民集	交通事故民事裁判例集
判タ	判例タイムズ	労判	労働判例
金法	金融法務事情	労経速	労働経済判例速報
金判	金融・商事判例		

《文献略語》

○主な文献略語は以下のとおりとした。
○下記に掲げるもののほか，それぞれの注釈における必読文献を該当箇所の冒頭に示した。

①単行本

相澤哲編著・**立案担当者による新・会社法の解説**（別冊商事法務 295 号）（商事法務，2006）

相澤哲編著・立案担当者による新会社法関係**法務省令**の解説（別冊商事法務 300 号）（商事法務，2006）

相澤哲ほか編著・**論点解説**新・会社法（商事法務，2006）

伊澤孝平・註解新会社法（法文社，1950）

石井照久・会社法上巻・**下巻**（勁草書房，1967）

岩原紳作ほか編集代表・**会社・金融・法**上巻・下巻（商事法務，2013）

上柳克郎ほか編集代表・**新版注釈**会社法(1)～(15)・補巻～第 4 補巻（有斐閣，1985～2000）

江頭憲治郎・株式会社法〔第 7 版〕（有斐閣，2017）

江頭憲治郎 = 中村直人編・**論点体系**会社法(1)～(6)（第一法規，2012）

江頭憲治郎 = 門口正人編集代表・会社法**大系**(1)～(4)（青林書院，2008）

大隅健一郎・商法総則〔新版〕法律学全集（有斐閣，1978）

大隅健一郎 = 今井宏・会社法論上・**中**〔第 3 版〕（有斐閣，1991・1992）

大隅健一郎ほか・新会社法概説〔第 2 版〕（有斐閣，2010）

大森忠夫 = 矢沢惇編集代表・**注釈**会社法(1)～(10)・**補巻**（有斐閣，1969～1980）

奥島孝康ほか編・**新基本法コンメンタール**会社法(2)(3)（別冊法学セミナー 201 号）（日本評論社，2010）

神田秀樹・会社法〔第 20 版〕（弘文堂，2018）

黒沼悦郎 = 藤田友敬編・**江頭**憲治郎先生還暦記念・企業法の理論上・下（商事法務，2007）

郡谷大輔 = 和久友子編著・会社法の**計算詳解**〔第 2 版〕（中央経済社，2008）

鈴木竹雄 = **竹内**昭夫・会社法〔第 3 版〕（有斐閣，1994）

田中耕太郎・改訂会社法概論上・下（岩波書店，1955）

田中誠二・三全訂会社法詳論上巻・下巻（勁草書房，1993・1994）
田中誠二＝山村忠平・五全訂コンメンタール会社法（勁草書房，1994）
別冊商事法務編集部編・会社法制の**現代化**の概要（別冊商事法務288号）（商事法務，2005）
前田庸・会社法入門〔第12版〕（有斐閣，2009）
松田二郎・会社法概論（岩波書店，1968）
松本烝治・日本会社法論（巖松堂書店，1929）
弥永真生・**コンメンタール**会社計算規則・**商法施行規則**〔第2版〕（商事法務，2009）

②雑誌等（判例集略語として示したもの以外）

最判解民	最高裁判所判例解説民事篇	判評	判例評論
最判解刑	最高裁判所判例解説刑事篇	法教	法学教室
重判解	重要判例解説（ジュリスト臨時増刊）	法協	法学協会雑誌
		法時	法律時報
ジュリ	ジュリスト	民月	民事月報
商事	旬刊商事法務	民商	民商法雑誌
曹時	法曹時報	民情	民事法情報
リマークス	私法判例リマークス	論叢	法学論叢

③その他

平成18年3月31日付民事局長通達・別冊商事法務297号
　　　　　　　「会社法の施行に伴う商業登記事務の取扱いについて（平成18年3月31日付法務省民商第782号法務局長・地方法務局長宛法務省民事局長通達）」会社法施行に伴う商業登記関係通達・登記記録例（別冊商事法務297号）（商事法務，2006）参照
要綱案　　　平成16年12月8日法制審議会会社法（現代化関係）部会「会社法制の現代化に関する要綱案」商事1717号(2004)10頁等参照
要綱試案　　平成15年10月22日法制審議会会社法（現代化関係）部会「会社法制の現代化に関する要綱試案」商事1678号(2003)等参照
要綱試案補足説明　法務省民事局参事官室「会社法制の現代化に関する要綱試案の補足説明」同上
見直し要綱　平成24年9月7日法制審議会「会社法制の見直しに関する要綱」商事1973号(2012)等参照

《その他》

○記述の重複を省くため，また読者の便宜を図るため，できるだけ他へのリファレンスを示した。

   同一注釈箇所内の場合 ： ［☞ I 3(2)］ ＝ 当該注釈中のI 3(2)を参照
   他の注釈箇所の場合 ： ［☞ §24 II 1］ ＝ 24条の注釈のII 1を参照

■ 執筆者紹介 （執筆順）

岸田雅雄（きしだ・まさお）
  昭和21年5月29日生まれ，昭和49年神戸大学卒業
  神戸大学名誉教授
  主著：結合企業会計の法的規制（有斐閣，1984），ゼミナール会社法入門〔第7版〕（日本経済新聞出版社，2012）

中島弘雅（なかじま・ひろまさ）
  昭和29年3月10日生まれ，昭和51年東北大学卒業
  現在：専修大学法学部教授，慶應義塾大学名誉教授
  主著・主論文：体系倒産法Ⅰ〔破産・特別清算〕（中央経済社，2007），「法人の内部紛争における被告適格論・再論」新堂幸司先生古稀祝賀・民事訴訟法理論の新たな構築（上）（有斐閣，2001）731頁，「イギリスの再建型企業倒産手続(1)〜（3完）」民商118巻4＝5号・6号，119巻1号（1998）

伊藤靖史（いとう・やすし）
  昭和46年3月13日生まれ，平成8年京都大学大学院法学研究科修士課程修了
  現在：同志社大学法学部教授
  主著・主論文：経営者の報酬の法的規律（有斐閣，2013），会社法〔第5版〕（共著）（有斐閣，2021），「アパマンショップ判決とわが国の経営判断原則」民商153巻2号（2017）

伊藤壽英（いとう・ひさえい）
  昭和30年7月3日生まれ，昭和62年中央大学大学院法学研究科民事法専攻博士後期課程単位取得満期退学
  現在：中央大学大学院法務研究科教授
  主論文：「決済取引法制に関する一考察」日本比較法研究所設立70周年記念・グローバリゼーションを超えて──アジア・太平洋地域にお

ける比較法研究の将来（中央大学出版部，2020），「社外取締役のモニタリング機能とステークホルダー利益考慮義務」砂田太士ほか編・企業法の改正課題（法律文化社，2021）

松尾健一（まつお・けんいち）
　昭和51年12月7日生まれ，平成16年同志社大学大学院法学研究科博士課程後期課程退学
　現在：大阪大学大学院高等司法研究科教授
　主著・主論文：株主間の公平と定款自治（有斐閣，2010），「米国における経営判断原則の正当化根拠をめぐる議論の状況」民商154巻3号（2018）

宍戸善一（ししど・ぜんいち）
　昭和31年4月20日生まれ，昭和55年東京大学卒業
　現在：武蔵野大学法学部教授，一橋大学名誉教授
　主著：動機付けの仕組としての企業：インセンティブ・システムの法制度論（有斐閣，2006），「企業法」改革の論理（編著）（日本経済新聞出版社，2011），ジョイント・ベンチャー戦略大全（共著）（東洋経済新報社，2013），コーポレート・ガバナンス改革の提言――企業価値向上・経済活性化への道筋（共編著）（商事法務，2016），スタートアップ投資契約――モデル契約と解説（共編著）（商事法務，2020）

松元暢子（まつもと・のぶこ）
　昭和57年2月8日生まれ，平成16年東京大学卒業
　現在：学習院大学法学部教授
　主論文：非営利法人の役員の信認義務――営利法人の役員の信認義務との比較考察（商事法務，2014），「金融分野における『フィデューシャリー・デューティー』の用語法についての一考察」能見善久ほか編・信託法制の新時代（弘文堂，2017）

出口正義（でぐち・まさよし）
　昭和23年12月30日生まれ，昭和51年上智大学大学院法学研究科博士課程満期退学

執筆者紹介

　　現在：筑波大学名誉教授
　　主著・主論文：株主権法理の展開（文眞堂，1991），「株主の平等」江頭憲治郎＝門口正人編集代表・会社法大系(2)株式・新株予約権・社債（青林書院，2008），「保険金等の支払い問題と保険監督のあり方」保険学雑誌601号（2008）

畠田公明（はただ・こうめい）
　　昭和28年4月19日生まれ，昭和57年福岡大学大学院法学研究科民刑事法専攻博士課程後期単位取得満期退学
　　現在：福岡大学法学部教授
　　主著：コーポレート・ガバナンスにおける取締役の責任制度（法律文化社，2002），会社の目的と取締役の義務・責任——CSRをめぐる法的考察（中央経済社，2014），企業グループの経営と取締役の法的責任（中央経済社，2019）

川島いづみ（かわしま・いづみ）
　　昭和30年6月25日生まれ，昭和60年早稲田大学大学院法学研究科単位取得満期退学
　　現在：早稲田大学社会科学総合学術院教授
　　主著・主論文：酒巻俊雄先生古稀記念・21世紀の企業法制（共編著）（商事法務，2003），「反対株主の株式買取請求権」江頭憲治郎編・株式会社法大系（有斐閣，2013），上村達男先生古稀記念・公開会社法と資本市場の法理（共編著）（商事法務，2019）

目　次

はしがき……i　／　凡　例……ii　／　執筆者紹介……vi　／　目　次……ix

第3編　持分会社　　3

第5章　計　算　等　　5

第1節　会計の原則 …………………………………………… 5

第614条……………………………………………岸田雅雄……　5
　　Ⅰ　本条の趣旨と沿革(5)　　Ⅱ　包括規定の意義(6)　　Ⅲ　公正妥当と認められる企業会計の慣行(6)　　Ⅳ　持分会社の会計(9)

第2節　会計帳簿 ……………………………………………… 16

第615条（会計帳簿の作成及び保存）……………岸田雅雄…… 16
　　Ⅰ　本条の沿革と意義(16)　　Ⅱ　会計帳簿の意義(16)　　Ⅲ　会計帳簿の保存義務(18)
　　Ⅳ　本条違反の効果(19)

第616条（会計帳簿の提出命令）…………………中島弘雅…… 19
　　Ⅰ　総説(19)　　Ⅱ　会計帳簿の提出命令(20)
　　Ⅲ　提出義務者(22)　　Ⅳ　提出命令の対象(23)　　Ⅴ　不提出の効果(25)　　Ⅵ　当事者による使用妨害の効果(26)

第3節　計算書類 ……………………………………………… 28

目　　次

　　第617条（計算書類の作成及び保存）……………………岸田雅雄…… 28
　　　　　Ⅰ　本条の沿革と趣旨(28)　　Ⅱ　持分会社の
　　　計算書類(28)　　Ⅲ　計算書類の作成方法(30)
　　　Ⅳ　計算書類の保存義務(33)　　Ⅴ　本条違反
　　　の効果(33)

　　第618条（計算書類の閲覧等）………………………………岸田雅雄…… 33
　　　　　Ⅰ　沿革(34)　　Ⅱ　意義(34)

　　第619条（計算書類の提出命令）……………………………中島弘雅…… 36
　　　　　Ⅰ　総説(36)　　Ⅱ　計算書類の提出命令(37)
　　　Ⅲ　提出義務者(38)　　Ⅳ　提出命令の対象
　　　(38)　　Ⅴ　不提出の効果(39)　　Ⅵ　当事者
　　　による使用妨害の効果(39)

第4節　資本金の額の減少 ……………………………………………… 40

　　第620条…………………………………………………………伊藤靖史…… 40
　　　　　Ⅰ　総説(40)　　Ⅱ　持分会社の資本金・剰余
　　　金(42)　　Ⅲ　損失のてん補のための資本金の
　　　額の減少(本条1項)(51)　　Ⅳ　減少する資本
　　　金の額の限度(本条2項)(53)

第5節　利益の配当 ……………………………………………………… 55

　　第621条（利益の配当）………………………………………伊藤靖史…… 55
　　　　　Ⅰ　総説(55)　　Ⅱ　利益配当請求権(本条1
　　　項)(56)　　Ⅲ　利益の配当に関する事項(本条2
　　　項)(59)　　Ⅳ　持分の差押えの効力(本条3項)
　　　(61)

　　第622条（社員の損益分配の割合）…………………………伊藤靖史…… 63
　　　　　Ⅰ　総説(63)　　Ⅱ　損益分配の割合(本条1
　　　項)(64)　　Ⅲ　利益または損失の一方について
　　　のみ分配の割合を定めた場合(本条2項)(68)

　　第623条（有限責任社員の利益の配当に関する責任）
　　　　　　…………………………………………………………伊藤靖史…… 68

Ⅰ　総説(69)　　Ⅱ　有限責任社員への配当額が利益額を超える場合の会社に対する支払義務(本条1項)(70)　　Ⅲ　合資会社の有限責任社員への配当額が利益額を超える場合の会社の債務を弁済する責任(本条2項)(73)　　Ⅳ　利益の配当を請求できる額・利益額を超える配当が行われた場合(74)

第6節　出資の払戻し ……………………………………… 79

第624条 ……………………………………… 伊藤靖史 …… 79
　　　Ⅰ　総説(79)　　Ⅱ　出資払戻請求権(本条1項)(80)　　Ⅲ　出資の払戻しに関する事項(本条2項)(83)　　Ⅳ　持分の差押えの効力(本条3項)(83)　　Ⅴ　出資の払戻しを請求できる額・出資額を超える払戻しが行われた場合(84)

第7節　合同会社の計算等に関する特則 ……………… 86

第1款　計算書類の閲覧に関する特則 ……………… 86
第625条 ……………………………………… 岸田雅雄 …… 86

第2款　資本金の額の減少に関する特則 ……………… 87
第626条（出資の払戻し又は持分の払戻しを行う場合の資本金の額の減少） …………………………… 伊藤靖史 …… 87
　　　Ⅰ　総説(88)　　Ⅱ　合同会社が資本金の額を減少することができる場合(本条1項)(88)　　Ⅲ　合同会社が出資の払戻しのために減少する資本金の額の限度(本条2項)(89)　　Ⅳ　合同会社が持分の払戻しのために減少する資本金の額の限度(本条3項)(89)　　Ⅴ　剰余金額(本条4項)(93)

第627条（債権者の異議） ……………………… 伊藤壽英 …… 94

　　　　Ⅰ　本条の趣旨(95)　　Ⅱ　資本金の額の減少を生ずる場合(96)　　Ⅲ　異議申述の催告(96)　　Ⅳ　債権者が異議を述べたとき(97)　　Ⅴ　債権者が異議を述べなかったとき(97)　　Ⅵ　債権者異議手続の開始と効力発生(97)

第3款　利益の配当に関する特則 …………………………………… 98

第628条（利益の配当の制限） …………………………松 尾 健 一 … 98
　　　　Ⅰ　趣旨(98)　　Ⅱ　「利益額」の意義と本条の定める財源規制の機能(98)　　Ⅲ　利益の配当請求の拒否(99)

第629条（利益の配当に関する責任） ………………松 尾 健 一 …100
　　　　Ⅰ　趣旨(101)　　Ⅱ　本条の支払義務を負う社員(101)　　Ⅲ　本条の支払義務を履行した場合の利益の分配(102)　　Ⅳ　支払義務の免除(本条2項)(102)

第630条（社員に対する求償権の制限等） ……………松 尾 健 一 ……103
　　　　Ⅰ　趣旨(103)　　Ⅱ　配当を受けた社員に対する求償権行使の制限(本条1項)(104)　　Ⅲ　会社債権者による支払請求(本条2項)(104)　　Ⅳ　623条2項の適用除外(本条3項)(105)

第631条（欠損が生じた場合の責任） ……………………松 尾 健 一 ……105
　　　　Ⅰ　趣旨(106)　　Ⅱ　本条の支払義務を負う者(106)　　Ⅲ　欠損の意義(106)

第4款　出資の払戻しに関する特則 ……………………………………107

第632条（出資の払戻しの制限） ………………………松 尾 健 一 …107
　　　　Ⅰ　趣旨(107)　　Ⅱ　合同会社における出資の払戻し(108)　　Ⅲ　出資の払戻しに関する財源規制(本条2項)(108)

第633条（出資の払戻しに関する社員の責任） ………松 尾 健 一 ……109
　　　　Ⅰ　趣旨(109)　　Ⅱ　支払義務を負う者(110)　　Ⅲ　支払義務を履行した場合の会計処理(110)　　Ⅳ　支配義務の免除(111)

第 634 条（社員に対する求償権の制限等）……………松尾健一……111
    Ⅰ　趣旨(112)　Ⅱ　出資の払戻しを受けた社員に対する求償権行使の制限(本条1項)(112)　Ⅲ　会社債権者による支払請求(本条2項)(113)

第 5 款　退社に伴う持分の払戻しに関する特則 …………113

第 635 条（債権者の異議）……………………………伊藤壽英……113
    Ⅰ　趣旨(114)　Ⅱ　払戻額と剰余金の関係(114)　Ⅲ　異議申述の催告(115)　Ⅳ　債権者が異議を述べたとき(116)　Ⅴ　債権者が異議を述べなかったとき(116)　Ⅵ　本条違反の効果(116)

第 636 条（業務を執行する社員の責任）………………伊藤壽英……117

第 6 章　定款の変更　119

第 637 条（定款の変更）………………………………宍戸善一……119
    Ⅰ　本条の趣旨(119)　Ⅱ　定款変更決議要件に関する定款自治(121)　Ⅲ　定款変更の形式的要件・同意の方式(123)　Ⅳ　定款自治の範囲の拡大(123)　Ⅴ　定款自治の限界(126)

第 638 条（定款の変更による持分会社の種類の変更）
　…………………………………………………………松元暢子……131
    Ⅰ　本条の概要(131)　Ⅱ　本条で規定される持分会社の種類の変更(133)　Ⅲ　有限責任社員を無限責任社員とする定款変更の有効性(135)　Ⅳ　無限責任社員を有限責任社員とする定款変更と債権者保護(136)　Ⅴ　持分会社の種類の変更の無効(137)

第 639 条（合資会社の社員の退社による定款のみなし変更）
　…………………………………………………………松元暢子……139

Ⅰ　合資会社の社員の退社による定款のみなし変更(139)　Ⅱ　本条による会社の種類の変更の意義(141)　Ⅲ　有限責任社員が退社した場合(本条1項)(141)　Ⅳ　無限責任社員が退社した場合(本条2項)(142)　Ⅴ　登記(143)

第640条（定款の変更時の出資の履行）……………松 元 暢 子……144
　　Ⅰ　本条の概要(144)　Ⅱ　合名会社または合資会社において，社員の全部を有限責任社員とする定款の変更が行われた場合(本条1項)(145)　Ⅲ　合資会社のすべての無限責任社員が退社した場合(本条2項)(146)

第7章　解　　散　149

第641条（解散の事由）………………………………出 口 正 義……149
　　Ⅰ　総説(149)　Ⅱ　持分会社の解散事由(150)　Ⅲ　解散の効果(153)

第642条（持分会社の継続）…………………………出 口 正 義……153
　　Ⅰ　総説(153)　Ⅱ　本条の沿革(154)　Ⅲ　会社の継続が認められる場合(154)　Ⅳ　会社の継続をなし得る時期(155)　Ⅴ　継続の登記(155)

第643条（解散した持分会社の合併等の制限）………出 口 正 義……156

第8章　清　　算　158

第1節　清算の開始　158

第644条（清算の開始原因）…………………………出 口 正 義……158

第645条（清算持分会社の能力）……………………出 口 正 義……159

Ⅰ　本条の沿革と意義(159)　　Ⅱ　清算持分会社の法律関係(160)　　Ⅲ　清算持分会社の能力(161)

第2節　清 算 人 …………………………………………… 162

第646条（清算人の設置）………………………………畠田公明……162
第647条（清算人の就任）………………………………畠田公明……163
　　Ⅰ　本条の趣旨(163)　　Ⅱ　清算人の就任(163)　　Ⅲ　清算人の資格・員数・任期(168)　　Ⅳ　清算人と清算持分会社との関係(169)
第648条（清算人の解任）………………………………畠田公明……169
　　Ⅰ　本条の趣旨(170)　　Ⅱ　社員の過半数の決定による解任(170)　　Ⅲ　裁判所による解任(171)　　Ⅳ　登記(171)
第649条（清算人の職務）………………………………畠田公明……172
　　Ⅰ　本条の趣旨(172)　　Ⅱ　清算人の職務(172)　　Ⅲ　現務の結了(172)　　Ⅳ　債権の取立て(173)　　Ⅴ　債務の弁済(174)　　Ⅵ　残余財産の分配(174)　　Ⅶ　財産の換価(175)
第650条（業務の執行）…………………………………畠田公明……175
　　Ⅰ　本条の趣旨(176)　　Ⅱ　業務執行(176)　　Ⅲ　清算人の過半数による決定(176)　　Ⅳ　事業の全部または一部の譲渡(177)
第651条（清算人と清算持分会社との関係）…………畠田公明……177
第652条（清算人の清算持分会社に対する損害賠償責任）
　　　　　　………………………………………………畠田公明……179
　　Ⅰ　本条の趣旨(179)　　Ⅱ　会社に対する責任(179)　　Ⅲ　清算人の責任の免除(180)
第653条（清算人の第三者に対する損害賠償責任）…畠田公明……180
第654条（法人が清算人である場合の特則）…………畠田公明……181
第655条（清算持分会社の代表）………………………畠田公明……183

目　　次

　　　　Ⅰ　本条の趣旨(183)　　Ⅱ　清算人の単独代表(183)　　Ⅲ　特定の代表清算人(184)　　Ⅳ　法定清算人の代表権(184)　　Ⅴ　裁判所の選任した清算人の代表権(184)　　Ⅵ　清算人の会社代表権(185)　　Ⅶ　仮処分命令により選任された清算人または代表清算人の職務代行者(185)

　　第 656 条（清算持分会社についての破産手続の開始）
　　　　………………………………………………畠　田　公　明……186
　　第 657 条（裁判所の選任する清算人の報酬）…………畠　田　公　明……187

第 3 節　財産目録等 ……………………………………… 189

　　第 658 条（財産目録等の作成等）………………………岸　田　雅　雄……189
　　　　Ⅰ　意義および沿革(189)　　Ⅱ　清算開始原因(189)　　Ⅲ　清算財産目録(会社則 160)と清算貸借対照表(同則 161)(190)
　　第 659 条（財産目録等の提出命令）……………………中　島　弘　雅……191
　　　　Ⅰ　総説(191)　　Ⅱ　清算財産目録等の提出命令(192)　　Ⅲ　提出義務者(193)　　Ⅳ　提出命令の対象(193)　　Ⅴ　不提出の効果(194)　　Ⅵ　当事者による使用妨害の効果(194)

第 4 節　債務の弁済等 ……………………………………… 195

　　第 660 条（債権者に対する公告等）……………………川島いづみ……195
　　　　Ⅰ　総説(195)　　Ⅱ　官報による公告と個別催告(196)　　Ⅲ　知れている債権者(197)　　Ⅳ　債権申出の効果，罰則等(198)
　　第 661 条（債務の弁済の制限）…………………………川島いづみ……199
　　　　Ⅰ　総説(199)　　Ⅱ　債権申出期間内の債権者の権利行使(200)　　Ⅲ　少額の債権等の弁済(201)　　Ⅳ　違反の効果(202)
　　第 662 条（条件付債権等に係る債務の弁済）…………川島いづみ……203

Ⅰ　総説・沿革(203)　　Ⅱ　弁済期前の債務の弁済(204)　　Ⅲ　債権額が不確定な債権に係る債務の弁済(205)

第663条（出資の履行の請求）……………………………川島いづみ……206

　　Ⅰ　総説(206)　　Ⅱ　出資請求の要件(207)
　　Ⅲ　出資の請求(208)

第664条（債務の弁済前における残余財産の分配の制限）
　　……………………………………………………………川島いづみ……211

　　Ⅰ　総説(211)　　Ⅱ　残余財産の分配の時期(212)　　Ⅲ　争いのある債権と財産の留保(213)　　Ⅳ　違法な分配の効果(214)

第665条（清算からの除斥）………………………………川島いづみ……215

　　Ⅰ　総説(215)　　Ⅱ　知れている債権者の意義(216)　　Ⅲ　除斥された債権者の地位(218)

第5節　残余財産の分配………………………………221

第666条（残余財産の分配の割合）………………………川島いづみ……221

　　Ⅰ　総説(221)　　Ⅱ　出資の価額(222)

第6節　清算事務の終了等……………………………224

第667条…………………………………………………………川島いづみ……224

　　Ⅰ　総説・沿革(224)　　Ⅱ　清算に係る計算と社員による承認(225)　　Ⅲ　計算の承認と清算人の責任(226)　　Ⅳ　清算結了後の手続(228)

第7節　任意清算………………………………………230

第668条（財産の処分の方法）……………………………川島いづみ……230

　　Ⅰ　総説(230)　　Ⅱ　定款または総社員の同意(232)　　Ⅲ　財産の処分の方法(232)

第669条（財産目録等の作成）……………………………川島いづみ……233

　　　　Ⅰ　総説(233)　　Ⅱ　任意清算の場合における
　　財産目録・貸借対照表(234)　　Ⅲ　財産目録お
　　よび貸借対照表の作成に関する法務省令(235)
　第670条（債権者の異議）………………………………伊 藤 壽 英……236
　第671条（持分の差押債権者の同意等）………………川島いづみ……238
　　　　Ⅰ　総説(239)　　Ⅱ　差押債権者の範囲(240)
　　　　Ⅲ　持分相当額の支払請求権(240)

第8節　帳簿資料の保存……………………………………… 242

　第672条……………………………………………………川島いづみ……242
　　　　Ⅰ　総説(242)　　Ⅱ　保存すべき帳簿資料
　　(244)　　Ⅲ　帳簿資料の保存者・保存の費用等
　　(245)　　Ⅳ　保存期間(246)　　Ⅴ　帳簿資料
　　の閲覧等(247)

第9節　社員の責任の消滅時効……………………………… 250

　第673条……………………………………………………川島いづみ……250
　　　　Ⅰ　総説(250)　　Ⅱ　本条による社員の責任
　　(253)　　Ⅲ　責任消滅期間(255)　　Ⅳ　未分
　　配の残余財産に対する請求(256)

第10節　適用除外等………………………………………… 258

　第674条（適用除外）……………………………………出 口 正 義……258
　第675条（相続及び合併による退社の特則）…………松 元 暢 子……259
　　　　Ⅰ　本条の概要(259)　　Ⅱ　一般承継人による
　　持分の承継(本条第1文)(260)　　Ⅲ　一般承継
　　人が複数いる場合(本条第2文)(263)

事項索引……266　／　判例索引……268

会 社 法

(平成 17 年法第 86 号)

施行：平成 18 年 5 月 1 日（平成 18 年政第 77 号）
改正：平成 18 年法第 50 号，第 66 号，第 109 号
　　　平成 19 年法第 47 号，第 99 号
　　　平成 20 年法第 65 号
　　　平成 21 年法第 29 号，第 58 号，第 74 号
　　　平成 23 年法第 53 号
　　　平成 24 年法第 16 号
　　　平成 25 年法第 45 号
　　　平成 26 年法第 42 号，第 90 号
　　　平成 27 年法第 63 号
　　　平成 28 年法第 62 号
　　　平成 29 年法第 45 号（未施行）

第 3 編
持 分 会 社

第 1 章 設　　立（§§ 575-579）
第 2 章 社　　員（§§ 580-589）
第 3 章 管　　理（§§ 590-603）
第 4 章 社員の加入及び退社（§§ 604-613）
第 5 章 計 算 等（§§ 614-636）
第 6 章 定款の変更（§§ 637-640）
第 7 章 解　　散（§§ 641-643）
第 8 章 清　　算（§§ 644-675）

第5章 計　算　等

第1節　会計の原則

> **第 614 条**　持分会社の会計は，一般に公正妥当と認められる企業会計の慣行に従うものとする。

細　目　次

Ⅰ　本条の趣旨と沿革　　　　　　計の慣行　　　　　　　　2　利益の配当と損益の分配
Ⅱ　包括規定の意義　　　　　Ⅳ　持分会社の会計　　　　　3　持分会社の会計規制
Ⅲ　公正妥当と認められる企業会　　1　持分会社の法的特色　　　4　本条の意義

Ⅰ　本条の趣旨と沿革

　本条は，持分会社について会社法ではじめて設けられた会計に関する包括規定である。持分会社の会計規制の包括規定として株式会社の会計の包括規定と同様に（431），持分会社の会計は一般に公正妥当と認められる企業会計の慣行に従うべきものと定める。本条は，平成17年改正前商法32条2項「商業帳簿ノ作成ニ関スル規定ノ解釈ニ付テハ公正ナル会計慣行ヲ斟酌スベシ」とする規定を受け継いでいる。持分会社である合名会社，合資会社および合同会社の会計処理については，会社法およびそれに基づく法務省令は必ずしも具体的な規定を設けておらず，実務慣行が定着している。そこで本条は，持分会社の具体的会計処理について明文の規定のないものは原則として会計実務会計慣行に従うこととしているものである。本条とほぼ同様の規定が431条，商法19条1項にある。本条は，持分会社特有の会計規制を行う場合に持分会社として「一般に公正妥当と認められる企業会計の慣行に従うものとする」趣旨を規定するものであり，この意味において株式会社についての431条とは別個の規定をするものである。

〔岸　田〕

II　包括規定の意義

　平成17年改正前商法では、会社を含む商人一般に適用された同法32条2項が、「商業帳簿ノ作成ニ関スル規定ノ解釈ニ付テハ」と規定していた。この規定は「会計慣行」が「商業帳簿ノ作成ニ関スル規定ノ解釈ニ」についてだけ適用されるものではなく、明文の規定のない会計事項にも適用されると解されていた（大隅218頁）。会社法における本条の規定は「持分会社の会計」と定めているから、会社法および法務省令の規定の内容が具体的でない事項のほか、規定のない事項についても持分会社の企業会計の慣行に従わなければならないこととしている。平成17年改正前商法32条2項は、「斟酌スベシ」と定めていたが、その「斟酌する」とは、単に参考にするという意味ではなく、特別の事情がない限り、会計慣行に従うことを意味すると解されていた（大隅220頁、鈴木＝竹内330頁）。本条は「従う」という表現にあらためているから、会計慣行に従わない会計処理は認められず、従わない会計処理は違法となる。なお会社計算規則3条は、「この省令の用語の解釈及び規定の適用に関しては、一般に公正妥当と認められる企業会計の基準その他の企業会計の慣行をしん酌しなければならない」と定めており、法務省令の規定は企業会計の慣行の範囲内で定められているにすぎないことを前提として、それらの規定を具体的に適用するに当たっては、形式的に適用するのではなく、企業会計の慣行を斟酌して解釈し、適用すべきであることを規定しているものである（法務省令64頁）。

III　公正妥当と認められる企業会計の慣行

　「公正妥当」とは、会社の財産および損益の状況を明らかにするという会計帳簿と計算書類の作成目的に照らして公正妥当という意味である（大隅218頁）。また「慣行」とは、民法92条の慣習と同義である（大隅219頁）。
　「一般に公正妥当と認められる企業会計の慣行」の主たるものは、企業会計審議会が定めた「企業会計原則」をはじめとする会計基準である。「企業会計原則」は、企業会計の実務の中に慣習として発達したものから、一般に公正妥当と認められるところを要約したものである（昭和24年7月9日経済安定本部企業会計制度対策調査会中間報告「企業会計原則の設定について」二1）。また平成13年7月には、財団法人財務会計基準機構（現在は公益財団法人財務会計基準機構）

の下に企業会計基準委員会が設立され,それ以来,会計基準は企業会計基準委員会で設定されている。ところで金融商品取引法(以下,「金商法」という)193条は,「この法律の規定により提出される貸借対照表,損益計算書その他の財務計算に関する書類は,内閣総理大臣が一般に公正妥当であると認められるところに従つて内閣府令で定める用語,様式及び作成方法により,これを作成しなければならない」と規定し,さらに金商法に基づく内閣府令たる財務諸表等の用語,様式及び作成方法に関する規則(以下,「財務諸表等規則」という)1条1項では「この規則において定めのない事項については,一般に公正妥当と認められる企業会計の基準に従うものとする」,同条2項では「企業会計審議会により公表された企業会計の基準は,前項に規定する一般に公正妥当と認められる企業会計の基準に該当するものとする」,同条3項では,企業会計基準委員会が「作成及び公表を行つた企業会計の基準のうち,公正かつ適正な手続の下に作成及び公表が行われたものと認められ,一般に公正妥当な企業会計の基準として認められることが見込まれるものとして金融庁長官が定めるものは,……一般に公正妥当と認められる企業会計の基準に該当するものとする」とし,さらに同条4項では「金融庁長官が,法の規定により提出される財務諸表に関する特定の事項について,その作成方法の基準として特に公表したものがある場合には,当該基準は,この規則の規定に準ずるものとして,……一般に公正妥当と認められる企業会計の基準に優先して適用されるものとする」と規定する。事実上,会社法の「一般に公正妥当と認められる企業会計の慣行」は金商法上の「一般に公正妥当と認められる企業会計の基準」にほぼ等しいものと考えられるので,これらの財務諸表等規則の規定は会社法の「一般に公正妥当と認められる企業会計の慣行」の解釈に当たっても同様に考えられる。

　持分会社の会計処理に当たってある事項についての公正妥当と認められる企業会計の慣行は1つに限られない。何が公正妥当と認められる企業会計の慣行かについて争いがあれば,最終的に裁判所が判断する。株式会社についての「公正妥当と認められる企業会計の慣行」に関する判例には,公正な会計慣行に合致する会計基準は複数存在することもあり得るとするもの(大阪高判平成16・5・25判時1863号115頁),通達で新たな会計処理の基準が導入された場合に,関係者に周知が図られているなどの一定の要件を充たした場合に唯一の公正な会計慣行になるとするもの(東京地判平成17・5・19判時1900号3頁),通達で改正された新基準は従前の基準を排除して厳格に従うべきかどうか不明確な過渡的状況にあり,それまで公正な会計慣行であった基準によったからといっ

てただちに違法とはいえないとするもの（最判平成20・7・18刑集62巻7号2101頁）があるが，これらの判例の趣旨は，持分会社についてもそのまま妥当すると思われる。

　ところで平成17年8月1日に日本公認会計士協会，日本税理士会連合会，日本商工会議所および企業会計基準委員会は，「中小企業の会計に関する指針」を公表している。この指針のような「中小企業の会計基準」は，持分会社にとって「公正妥当と認められる企業会計の慣行」になるものであろうか。持分会社の多くは中小企業であるが，中小企業の会計基準は，当然に中小企業である持分会社の会計基準となるのであろうか。中小企業が何を意味するかは必ずしも明白ではないが，一般には中小企業基本法の中小企業すなわち資本金が3億円以下の会社をいうものと考えられる（同法21）。これらの中小企業は法的には，株式会社，持分会社の両者を含むものと考えられる。これまで問題となった「企業会計の慣行」の多くは大企業，とくに株式会社の会計慣行であった。しかし「企業会計の慣行」は会社の規模，業種などで異なるから，中小企業が従うべき会計基準は大企業の会計基準と異なって存在するものであろうか。中小企業に関するさまざまな会計規制，それが株式会社であれ，持分会社であれ，そのような会計規制を考えることはできるが，そのような中小企業，とくに持分会社では法定監査制度がないため，そのような会計規制の有効性をどう考えるべきであろうか。大企業に関する会計基準は基本的に法定監査制度によって実効性が担保されていると考えるべきであって，監査制度に実効性を担保されない会計基準の有効性を考えることは事実上困難である。仮に中小企業独自の会計基準制度を認めたとしても，その実効性が監査制度によって担保されない以上あまり意味はないのではないだろうか。そもそも中小企業に対する特別の会計基準を設けるべき法的根拠は何ら存在しない。すなわちこのような「中小企業の会計基準」の制定は次のような問題点がある。① 中小企業には，株式会社と持分会社の両者があり，会計規制も大きく異なっているのに，株式会社である中小企業と，持分会社である中小企業に別個の会計規制を置く意義に乏しい（もしそのようなものを置けば大企業の会計基準と中小企業では法律に基づかない別個の基準を置くことになる）。② 監査制度のない持分会社を置いたとしてもその会計情報の真実性の担保がなく実効性に乏しい。すなわち中小企業において中小企業の会計基準に違反する会計処理がなされても，罪刑法定主義の見地から罰することはできない。③ 日本企業の7割，とくに中小企業のほとんどは法人税を払っておらず課税所得がないため，そのような中小企業が利

益を正確に算出するため，会計基準を遵守するというインセンティブに乏しい。

IV 持分会社の会計

1 持分会社の法的特色

　持分会社とは，合名会社，合資会社，合同会社の3形態の会社をいうが，これらの会社構成員はいずれも社員であり，それは無限責任社員と有限責任社員とから成り，会社の実体は組合（民667以下）に近い。さらに持分会社では，社員の持分について持分単一でかつ持分不均一主義をとっており，持分の大きさは，出資の額と配分された損益の合計として定まり，これらは定款に記載される（576 I ⑥）。合名会社，合資会社の無限責任社員は労務・信用の出資が認められるが，無限責任社員が労務や信用の出資をする場合には，その価額または評価の標準を定めなければならず（同号），出資の価額に応じた損益の分配を受けることができる。これに対して，有限責任社員の出資の目的は「金銭等に限る」（同号括弧書）とされており合同会社では労務出資は認められない。

　持分会社の最大の特色は，定款自治の範囲が広く，当事者間で最適な利害状況を自由に設定し，その事業の実施の円滑化を図るという会社形態とされていることである［☞第3編前注 I 2］。持分会社における定款自治の範囲の広さは，その全員一致原則（575 I・637）に根拠を求めることができる。持分会社の内部関係は，原則として社員全員一致で定款変更その他の会社のあり方が決まり，社員自らが会社の業務執行に当たるという，組合的規律によっている（武井一浩ほか「企業形態の選択」宍戸善一＝ベンチャー・ロー・フォーラム（VLF）編・ベンチャー企業の法務・財務戦略〔商事法務，2010〕202頁注4）。定款変更についても，総社員の一致以外の要件を定めることができるが，それは総社員の一致が前提として存在することが根拠となっており，定款変更の決議要件以外について定款に別段の定めを置く場合も，総社員の一致があるとみなすことができ，定款自治の範囲がきわめて広く認められている（新基本法コンメ(3)72頁［今泉邦子］）。

2 利益の配当と損益の分配

　持分会社では，剰余金配当を行う株式会社と異なり，利益配当を行うことができる。なお持分会社では，会社損益の社員に対する分配（配当〔622〕）と，

社員に分配された利益に相当する会社財産を利益配当として現実に社員に払い戻すこと (621) とを区別して規定している (新基本法コンメ(3)52頁 [青竹正一])。持分会社は，利益の配当を請求する方法その他の利益の配当に関する事項を定款で定めることができ，損益分配の割合について定款の定めがないときは，その割合は，各社員の出資の価額に応じて定め (622 I)，持分会社の社員は，持分会社に対し，利益の配当を請求することができる (621 I)。利益または損失の一方についてのみ分配の割合についての定めを定款で定めたときは，その割合は，利益および損失の分配に共通であるものと推定される。利益の配当は，持分会社の内部に留保されている利益のうち，各社員に分配された利益の払戻しを受ける行為であり，定款に別段の定めがない限り，社員は会社に対し，当然に分配された利益の配当を請求することができ (621 I。新基本法コンメ(3)50頁 [青竹])，個々の社員が会社に対して一定額の請求をした時点で具体的な権利として確定する (江頭憲治郎ほか「座談会・合同会社等の実態と課題（下）」商事1945号〔2011〕34頁 [大杉謙一])。会社に利益が発生すれば，各社員の持分 (の数額) が増加し，損失が発生すれば，持分が減少するが，必ずしも，そのつど，社員に利益を配当したり，損失をてん補させたりする必要はない。増減した社員の持分は，社員の退社または会社の清算の際に現実化する (新基本法コンメ(3)52頁 [青竹])。持分会社では，資本金，資本剰余金，利益剰余金が，計算上，各社員に割り振られており，事業年度ごとに計算書類の作成によって会社の利益・損失の額が明らかになり，それは所定の割合で各社員の利益剰余金に分配される (大杉謙一「持分会社・民法組合の法律問題」岩原ほか・上64頁)。ある社員が退社した場合，退社社員に帰属していた資本剰余金および利益剰余金が退社社員への払戻金に充当され，退社社員に資本金として帰属していた額は残存社員の資本金として移る (江頭ほか・前掲35頁 [江頭憲治郎])。定款に別段の定めがない場合は，損益分配の割合は，各社員の出資の価額に応じて定められる (622 I)。出資の価額は原則として履行済みの出資の額を指すと解される (大杉・前掲66頁)。

　合資会社では，有限責任社員が会社に対するてん補責任を負うこと (623 I) を前提に，持分会社全体の利益額を超えて配当することも可能であるが (ただし，反対説として，大杉・前掲70-71頁)，合同会社においては，定款によっても，持分会社全体の利益の額を超えて配当することは許されず (628)，違法配当が行われた場合には，合同会社の債権者は，違法配当を受けた社員に対し，会社が当該社員に対して有する債権を代位行使し，会社に対して有する債権額

第1節　会計の原則　　　　　　　　　　　　　　　　　　　　§614

を上限として，配当額に相当する金銭を支払わせることができる（630Ⅱ。大系(1)97頁［小林俊明］）。合同会社の配当受領社員に分配されている利益の額を超えて配当がなされた場合は，会社全体の利益剰余金の額を問題とする払戻規制（628）との関係で，他の社員も影響を受けることになるので，配当受領社員に623条1項の支払義務を課すことによる対応が図られている（法務省令166-167頁）。

　持分会社においては，利益の配当ないし持分の払戻しのほかに，出資の払戻しが可能である（624Ⅰ）。出資の払戻しは，各社員がすでに出資として払込みまたは給付した財産に限られる点で，利益の配当と異なり，また，社員がその他の地位を維持したまま会社財産の払戻しを受ける点で，社員の退社による持分の払戻し（611Ⅰ）と異なる（新基本法コンメ(3)54頁［青竹］）。合同会社の社員は，定款を変更してその出資の価額を減少する場合を除き，出資の払戻しを請求することはできない（632Ⅰ）。

　持分会社が利益の配当により有限責任社員に対して交付した金銭等の帳簿価額（配当額）が当該利益の配当をする日における利益額を超える場合には，当該利益の配当を受けた有限責任社員は，当該持分会社に対し，連帯して，当該配当額に相当する金銭を支払う義務を負う（623Ⅰ）。この場合における利益の配当を受けた有限責任社員は，その出資価額および623条1項の配当額が同項の利益額を超過する額の合計額を限度として持分会社の債務を弁済する責任を負う。合同会社は，利益の配当により社員に対して交付する金銭等の帳簿価額（配当額）が当該利益の配当をする日における利益額を超える場合には，当該利益の配当をすることができない。この場合においては，合同会社は，利益配当請求を拒むことができる。合同会社が違法に利益の配当をした場合には，当該利益の配当に関する業務を執行した社員は，当該合同会社に対し，当該利益の配当を受けた社員と連帯して，当該配当額に相当する金銭を支払う義務を負う。ただし，当該業務を執行した社員がその職務を行うについて注意を怠らなかったことを証明した場合は，この限りでない（629）。この義務は，免除することができない。合同会社が利益の配当をした場合において，当該利益の配当をした日の属する事業年度の末日に欠損額（合同会社の欠損の額として法務省令で定める方法により算定される額）が生じたときは，当該利益の配当に関する業務を執行した社員は，当該合同会社に対し，当該利益の配当を受けた社員と連帯して，その欠損額（当該欠損額が配当額を超えるときは，当該配当額）を支払う義務を負う。ただし，当該業務を執行した社員がその職務を行うについて注意を

怠らなかったことを証明した場合は、この限りでない（631Ⅰ）。この義務は、総社員の同意がなければ、免除することができない。ただし、利益の配当をした日における利益額を限度として当該義務を免除することについて総社員の同意がある場合は、この限りでない。違法配当が行われた場合において、利益の配当を受けた社員は、配当額が利益の配当をした日における利益額を超えることにつき善意であるときは、当該配当額について、当該利益の配当に関する業務を執行した社員からの求償の請求に応ずる義務を負わない（630）。この場合には、合同会社の債権者は、利益の配当を受けた社員に対し、配当額（当該配当額が当該債権者の合同会社に対して有する債権額を超える場合にあっては、当該債権額）に相当する金銭を支払わせることができる。

3　持分会社の会計規制

　持分会社は無限責任社員を含む合名会社、合資会社のほか、有限責任社員からのみ構成される合同会社の3形態の会社から成る。その会計規制は大部分は株式会社と同様であるが、次のような特別の規定を設けた。すなわち会社計算規則4条、30条から32条、70条、71条、162条から166条、会社法施行規則159条から161条等、がこれである。

　まず持分会社の貸借対照表や、社員資本等変動計算書には資本金、資本剰余金、利益剰余金の概念があるが、株式会社と異なり、資本準備金や利益準備金という概念はなく、また貸借対照表において出資履行請求権が資産計上できる点が株式会社と大きく異なる。持分会社において資本金の額が増加するのは、①社員が出資を履行した場合、②社員に対して出資履行請求権を資産計上した場合（会社計算30）であり、持分会社の資本金の額の減少は、①持分会社が退社社員に持分の払戻しをする場合、②持分会社が社員に出資の払戻しする場合、③持分会社（合同会社を除く）が資産計上している出資履行請求権を資産計上しないと定めた場合、④持分会社が資本金の全部または一部を資本剰余金とすることを決めた場合、⑤持分会社が資本金の範囲内で損失てん補に充てると定めた場合である。なお資本金の額と同様に社員の出資の履行等により資本剰余金の額の増減（同則31）、利益剰余金の額の増減（同則32）を行うことができる。

　そのほか持分会社についての主要な会計規制は次のものである（617Ⅱ）。まず会社成立の日の貸借対照表を持分会社の成立の日における会計帳簿に基づき作成しなければならない（617Ⅰ・会社計算70）。さらに持分会社は各事業年度に

第1節　会計の原則　　　　　　　　　　　　　　　　　　　§614

係る計算書類（貸借対照表および次のもの）を作成しなければならない（617Ⅱ・会社計算71Ⅰ）。①合名会社および合資会社は，損益計算書，社員資本等変動計算書または個別注記表の全部または一部を作成するものと定めた場合は当該書類（同項①），②合同会社は，会社計算規則第3編の規定に従い作成される損益計算書，社員資本等変動計算書および個別注記表（同項②）。また合名会社および合資会社においては，その社員についてのみ，会社の計算書類の閲覧等の権利が定められており（618），会社債権者は閲覧等をする権利を会社法上は与えられていない。持分会社の計算は株式会社の計算規制と異なり，会社自身のため，あるいは，業務執行社員以外の社員が会社の財政状態を知ることができるようにするために規定されていると考えることができる。なぜなら合名会社および合資会社には1人以上の無限責任社員が存在し，さらに出資の履行および利益の配当は広く私的自治に委ねられているため，会社の計算書類により会社の経営状態を知ることは，会社債権者にとって必ずしも重要ではないと考えられるからである。

　また持分会社の財産・取引を記録するため，一般商人と同様，持分会社は，法務省令で定めるところにより，適時に，正確な会計帳簿（仕訳帳，日記帳，総勘定元帳，各種の補助元帳等）を作成しなければならず，会計帳簿の閉鎖の時から10年間，その会計帳簿およびその事業に関する重要な資料を保存しなければならない（615）。持分会社の会計は計算書類の信頼性を確保するためには会計帳簿の適切な作成と，その会計帳簿から継続的に記録された会計記録をもとに作成される誘導法に基づくことが必要であると考えられている。なお会計帳簿は裁判において証拠となり得ることから，その保存義務が定められている。裁判所は，申立てによりまたは職権で，訴訟の当事者に対し，会計帳簿または計算書類の全部または一部の提出を命ずることができる（616・619）。

　なお持分会社の計算規制のうち合名会社および合資会社については，損益計算書，社員資本等変動計算書または個別注記表の全部または一部を会社計算規則「第3編　計算関係書類」の規定に従い作成するものと定めた場合にはじめて，同編の規定に従い作成される損益計算書，社員資本等変動計算書または個別注記表が計算書類とされるものと定めて（同則71Ⅰ①），損益計算書，社員資本等変動計算書または個別注記表の作成は強制されていない。これは，会社の計算に係る負担を軽減するためと計算書類の形で情報が提供されないとしても合名会社または合資会社の社員は業務執行社員であれば，当然に会計帳簿を閲覧等することによって情報を得ることができ，業務執行社員でなくとも，各社

〔岸田〕

員は，その会社の業務および財産の状況を調査することによって情報取得が容易にできるからである（592Ⅰ。会社債権者には計算書類の閲覧等の権利が認められていないので，会社債権者のために計算書類を作成するという考慮はなされていない）。さらに合名会社，合資会社では，無限責任社員制度が存するため，必ずしもその会社財産だけが債権者の担保となるわけではない。したがってその計算規制の意味が異なる。また合名会社，合資会社では，会社財産をもって債務を弁済できないときは，無限責任社員が無限に責任を負う（580Ⅰ①）ため，その計算規制の重要性は株式会社と異ならざるを得ないものである。

他方合同会社には，貸借対照表のほか，損益計算書，社員資本等変動計算書および個別注記表の作成が強制されている（会社計算71Ⅰ②）。これは，株式会社および合同会社では，その株主・社員は，通常，その会社債権者に対して弁済責任を負わないため，その会社債権者にとってはその会社の財政状態および経営成績を知ることが重要な意義を有するからである。このように合同会社における会計規制は実質的には組合であるとしてその計算規制の趣旨も株式会社とは異なって解釈される。

4　本条の意義

会社の会計規制の実効性を考えると，一般に法律上の会計規制に違反した場合は違法であり，民事上は損害賠償責任，刑事上は虚偽記載，違法配当等の法的効果が生ずるため，したがって会計規制をどう遵守させるかが大きな問題となる。そのために株式会社では，監査制度がある。すなわち監査役，会計監査人の制度があり，監査を行い，その会計規制の実効性を担保している。とくにいわゆる公開大会社では，監査の実効性が担保されている。また金商法適用会社では公認会計士，監査法人による監査が行われている。これに対し，持分会社は一般に中小零細企業であるため，その監査の実効性を認めることができず，監査制度そのものが存在しない。これは人的会社として合名・合資会社では，その無限責任社員に無限責任を負わせているからである。したがってこれらの会社においては，会計規制の実効性はほとんど図られないと解すべきこととなる。

このように考えると，持分会社に関する本条の規定の趣旨は431条の規定とは異なるものと考えざるを得ない。すなわち本条が431条と別個に規定を設けた趣旨は，同条の規定の趣旨とは異なるものと解すべきであろう。株式会社の会計規制は，株式会社が有限責任制度をとる趣旨から株主および債権者保護の

第1節　会計の原則　　　　　　　　　　　　　　　　　　§614

観点がきわめて重視される。その結果として会社法の計算規制に違反した場合は違法となり，民事責任（損害賠償責任）や刑事責任（虚偽記載，違法配当）等の問題に直結する。しかし持分会社の場合には，とくに合名会社や合同会社の場合は，無限責任社員が存するため，その規制は必ずしも厳格である必要はない。

　　　　　　　　　　　　　　　　　　　　　　　　　　　　　（岸田雅雄）

第2節　会計帳簿

> **（会計帳簿の作成及び保存）**
> 第615条①　持分会社は，法務省令で定めるところにより，適時に，正確な会計帳簿を作成しなければならない。
> ②　持分会社は，会計帳簿の閉鎖の時から10年間，その会計帳簿及びその事業に関する重要な資料を保存しなければならない。

I　本条の沿革と意義

　本条は持分会社の会計帳簿作成義務と保存義務を規定するものである。本条1項は，商人の会計帳簿について定めていた平成17年改正前商法32条1項および33条1項を受け継いでいる。本条2項は，商業帳簿等の保存について定めていた平成17年改正前商法36条を受け継いでいる。なお株式会社については432条1項・2項に規定がある。なお計算書類の保存については別途617条4項に定めている。なお，株式会社の場合（433 I）と異なり，持分会社の社員の会計帳簿閲覧・謄写請求権についての定めはない。

　本条1項は，持分会社において法務省令で定めるところにより，会計帳簿を作成しなければならないとする。本条2項も持分会社は会計帳簿の閉鎖の時から10年間，その会計帳簿とその事業に関する重要な書類を保存しなければならないとする。

II　会計帳簿の意義

　会社にも適用された平成17年改正前商法32条1項は商人は営業上の財産および損益の状況を明らかにするため会計帳簿および貸借対照表を作成しなければならないと定めていた。同法33条1項は，会計帳簿には，会社においては成立時および毎決算期における営業上の財産およびその価額，ならびに，取引その他営業上の財産に影響を及ぼすべき事項を，整然かつ明瞭に記載・記録し

〔岸　田〕

なければならないと定めていた。商法上では，商業帳簿は会計帳簿と貸借対照表を意味する（商19 II）が，この「商業帳簿」は会社法上の「会計帳簿」を意味すると考えられる。以下ではこの意味で会計帳簿の語を用いる。

本条1項は，会計帳簿とは何かについてとくに規定していないが，会社計算規則では，本条1項により持分会社が作成すべき会計帳簿に付すべき資産，負債および純資産の価額その他会計帳簿の作成に関する事項は，会社計算規則「第2編　会計帳簿」の定めるところによると規定している（同則4 I）。したがって会計帳簿は，持分会社の事業上の財産およびその価額を記載した帳簿ということになる。持分会社は，会計帳簿に継続的に記録された会計記録をもとに計算書類を作成しなければならない（誘導法。同則71 III参照）から，会社の企業経営のため，事業上の財産の状況（財政状況）および事業上の損益の状況（経営成績）の把握のため計算書類の信頼性を確保するために会計帳簿を作成することは義務である。会計帳簿の作成には，「適時性」と「正確性」が求められる。「適時」とは，取引事実と記帳との間の時間的間隔について，通常の時間内であることをいい，「正確」とは，会計帳簿に記載すべき事項がもれなく記載され，かつ，その内容が事実に相違ないことをいう（論点解説528頁）。さらに具体的な会計帳簿の意義については，「一般に公正妥当と認められる企業会計の基準その他の企業会計の慣行」をしん酌して解釈される（会社計算3）。会計帳簿が各事業年度の計算書類等の基礎資料となることからすれば（同則71 III），会計帳簿とは，会社の事業により生ずる一切の取引を継続的かつ組織的に記録する帳簿である主要簿（日記帳・仕訳帳・元帳など）と補助簿（現金出納帳，仕入帳，売上帳，商品有高帳，得意先元帳，仕入先元帳など）から成る。なお平成17年改正前商法33条1項で規定されていた整然，かつ，明瞭に記載すべきという形式的な記載方法については，とくに規定が設けられていない。持分会社から株式会社，または，株式会社から持分会社に組織変更する場合，組織変更をすることを理由にその有する資産および負債の帳簿価額を変更することはできない（会社計算7）。のれん（営業権）は，企業再編および事業の譲受け（第3編第5章第2節）の場合に限り，適正な額を資産または負債に計上することができる（同則11）。日々の取引や日々の売上総額を確認するには，日々の記帳は当然の前提である。しかし，会計実務においては，とくに中小企業の中には税務申告時にまとめて記帳するなど，記帳の適時性を欠くことが少なくないといわれているが納税申告時にまとめて記帳することは認められない。

持分会社が作成すべき計算書類（617 I II，会社計算71 I）は，会計帳簿に基づ

き作成しなければならない（同則70・71Ⅲ）。複式簿記では，会計帳簿の主要簿は，日々の取引を発生順に記載した日記帳，日記帳に記載された取引を借方と貸方の両面に分けて勘定と金額を記載する仕訳帳，仕訳帳に記載された取引を資産，負債などの勘定別に転記した総勘定元帳から成る。そのほかに，補助簿として，仕入帳，売上帳などがある。

実務上株式会社における計算書類と会計帳簿との区別は，実定法的には，監査役への提出などが義務付けられているかによって形式的に区別されるが，持分会社では監査役がいないため同様には解せられない。株式会社以外の商人をも含めて考えると，会計帳簿は，企業形態のいかんを問わず，すべての商人が作成すべき財務書類であり，計算書類は，株式会社，合名会社，合資会社，合同会社が作成すべき財務書類である（435・617）。株式会社および持分会社は，財産・取引を記録するために，一般商人と同じく，法務省令で定めるところにより，適時に正確な会計帳簿を作成しなければならない（本条Ⅰ）。

会計帳簿は書面または電磁的記録をもって作成しなければならない（会社計算4Ⅱ）。

Ⅲ　会計帳簿の保存義務

会計帳簿は裁判において証拠となり得ることから，保存義務が課せられる。なお本条2項の「事業に関する重要な資料」に関しては，会計帳簿の記録材料となった資料を意味すると解し，具体的には「会計帳簿に含まれない伝票や受取証のほか，契約書や信書等も会計帳簿の記録材料として使用された場合は含まれる」と解される。

会計帳簿は，書面または電磁的記録で作成しなければならない（会社計算4Ⅱ）。本条2項の保存義務は，持分会社の事業上の財産およびその価額を記載・記録した会計帳簿は，後日紛争が生じた場合に重要な証拠資料となるからである。保存期間は10年であり，起算点は会計帳簿の閉鎖の時である（本条Ⅱ）。帳簿の閉鎖の時とは，最後の記載をした時ではなく，帳簿の使用を廃止した時，通常は決算締切りの時と解するのが多数説である（大隅223頁）。なお，持分会社が清算されたときは，清算人ないし定款等で定められた保存義務者は，清算結了の時から10年間，清算会社の帳簿と重要資料を保存しなければならない（672）。

IV 本条違反の効果

持分会社においては，原則としてすべての社員は業務を執行する（590 I）。定款で業務執行社員を定めた場合は，業務執行社員は会社に対して善管注意義務，法令定款遵守義務を負う（593 I II）。したがって社員または業務執行社員が，本条に違反して会計帳簿の作成を怠った場合，業務執行社員が計算書類の全部または一部の作成を怠ることにより法令違反行為を行い，その結果として会社に損害を生じさせた場合には，その社員は会社に対して損害賠償責任を負う（596）。また第三者に対しても同様である（597）。

〔岸田雅雄〕

（会計帳簿の提出命令）
第 616 条 裁判所は，申立てにより又は職権で，訴訟の当事者に対し，会計帳簿の全部又は一部の提出を命ずることができる。

I 総　説

裁判所は，申立てによりまたは職権で，訴訟の当事者に対し，会計帳簿または計算書類の全部または一部の提出を命ずることができる（本条・619）。

会計帳簿は，後日の紛争時に証拠資料として用いられることが想定されているが，「その事業に関する重要な資料」（615 II 参照）は，会社法上，裁判所の提出命令の対象とはされていない。しかし，事業に関する資料が後日の紛争時に証拠資料となり得ることは十分に予想されることであり，ここにいう「その事業に関する重要な資料」の範囲は，そのような証拠資料となり得るものかどうかという観点から判断されるべきである。具体的には，事業の過程で取得されたすべての重要な受領書や信書等である。

会計帳簿は，持分会社の事業から生ずる一切の取引を継続的かつ組織的に記録する帳簿であり，貸借対照表その他持分会社の財産の状況を示す計算書類（617 I II 参照）作成の基礎となるものである（会社則 159，会社計算 4-56）〔詳細については，☞§615〕。仕訳帳および総勘定元帳は会計帳簿に含まれるが，現金出

〔中　島〕

§616　　　　　　　　　　　　　　　第3編　持分会社　第5章　計算等

納帳のような補助記入帳，得意先元帳，仕入先元帳などの補助元帳も会計帳簿に含まれる。このように，会計帳簿は，会社の取引を組織的，規則的，機械的かつ継続的に記録したものであるため，会社の事業に関してさまざまな法的紛争が生じた場合に，会計帳簿は，会社の事業に関する重要な情報を含むものとして，訴訟上重要な証拠資料となることが多い（以上につき，新基本法コンメ(2) 399頁・406頁［出口正義］，新基本法コンメ(3) 44頁［青竹正一］参照）。また，刑事訴訟法上，会社帳簿を含む商業帳簿につき，伝聞法則（伝聞証拠は原則として証拠にできないとする原則）の例外が認められていること（刑訴323②）にも顕れているように，会計帳簿は，業務の通常の過程で作成され，一般に業務の遂行に際して規則的，機械的かつ継続的に作成されるものであることから，作為の入り込む余地が少なく，正確に記載されることが一般に期待できるという点でも訴訟上重要な証拠資料となる［☞§434 I］。

　そこで，本条は，会計帳簿の所持者を一方当事者とする民事訴訟において，当該会計帳簿が事案の解明の上で書証として必要となったときは，文書提出命令に関する民事訴訟法所定の要件を充たさなくても，裁判所が，会計帳簿の所持者たる訴訟当事者に対してそれらの提出を命じることができる旨を定めている。その意味で，本条は，民事訴訟法の特則に当たる。

　なお，平成17年改正前商法にも，訴訟当事者が所持する商業帳簿につき，裁判所がその全部または一部の提出を命ずることができる旨の規定があったが（同法35），商法19条4項，会社法434条および本条は，これを引き継いだ規定である。

II　会計帳簿の提出命令

　裁判官が，文書を閲読してこれに記載された意味内容を係争事実の認定のための証拠資料とする証拠調べのことを書証という。民事訴訟の当事者が書証の申出をするには，自分で文書を所持している場合にはこれを裁判所に提出してすればよい（民訴219前段）。しかし，民事訴訟の相手方や第三者が所持している文書について書証の申出をするには，その文書を所持者から裁判所に提出してもらう必要がある。その方法としては，文書の所持者に対する文書提出命令または文書送付嘱託を裁判所に申し立てるという方法がある（同条後段・226）。このうち，文書送付嘱託は，裁判所が所持者に文書の送付を依頼して，その文書を裁判所に取り寄せ（同条），そのまま証拠方法として利用すること

第 2 節　会計帳簿　　　　　　　　　　　　　　　　　　　　§616

を可能にする手続である（最判昭和 45・3・26 民集 24 巻 3 号 165 頁参照）。これに対し，文書提出命令（同法 223）は，相手方当事者または第三者が所持する文書を裁判所の命令によって裁判所に提出させ，証拠方法として利用することを可能にする手続である。

　民事訴訟法上の文書提出命令は，文書の所持者が民事訴訟法 220 条所定の提出義務を負っている場合にのみ申し立てることができる（同条所定の文書提出義務が問題となった裁判例を分析したものとして，西口元＝春日偉知郎編・文書提出等をめぐる判例の分析と展開〔金判増刊 1311 号〕〔2009〕がある）。しかし，会計帳簿は，会社の財産および損益の状態を明らかにし，株主に対して剰余金配当等の基礎を明確にするとともに，会社債権者に対して会社の支払能力・信用力に関する情報を提供するための資料として，432 条が会社に対して作成・保存を義務付けたものである（同条Ⅰ Ⅱ）。会計帳簿は，会社の財産を唯一の責任財産とする会社債権者や剰余金配当等に与る株主の保護を図る上で重要な意味を持つ。そのため，例えば，会社債権者・株主と会社間の訴訟において，事案解明の上で，会計帳簿が重要な証拠資料となることがあり得る。そうした場合に，本条は，会計帳簿については，民事訴訟法 220 条所定の文書提出義務の存否を問うことなく，裁判所がその所持者たる訴訟当事者に対して会計帳簿の提出を命ずることができるとしたものである。したがって，本条所定の会計帳簿に該当する限り，所持者たる訴訟当事者は提出を拒否できない（江頭 708 頁注 3，新基本法コンメ(3) 44 頁〔青竹〕）。

　民事訴訟法の原則によれば，裁判所は，当事者の申立てがあるときに限り文書の提出を命じることができる（民訴 219・221Ⅰ）。しかし，本条は，会計帳簿については，当事者からの申立てがなくても，職権をもってその提出を所持者たる当事者に対して命ずることができるとしている。弁論主義の例外を定めたものである。もっとも，会計帳簿について，当事者から書証の申出（申立て）がないのに，裁判所が自ら進んで証拠調べを行い，それによって得た証拠資料を訴訟資料（判決の基礎をなす事実の確定に必要な資料）とすることは，当事者にとって不意打ちとなるおそれがあるので，裁判所の側で当事者に対して書証の申出（申立て）をさせるなどの慎重な対応が求められよう（弁論主義については，さしあたり，新堂幸司・新民事訴訟法〔第 5 版〕〔弘文堂，2011〕470 頁，伊藤眞・民事訴訟法〔第 5 版〕〔有斐閣，2016〕302 頁，梅本吉彦・民事訴訟法〔第 4 版〕〔信山社，2009〕469 頁，松本博之＝上野泰男・民事訴訟法〔第 8 版〕〔弘文堂，2015〕43 頁，高橋宏志・重点講義民事訴訟法〔上〕〔第 2 版補訂版〕〔有斐閣，2013〕404 頁，上

〔中　島〕

野粂男「弁論主義」伊藤眞＝山本和彦編・民事訴訟法の争点〔有斐閣，2009〕132頁など参照）。

会計帳簿について，訴訟当事者から提出命令の申立てがなされても，裁判所としては証拠調べを不要と判断すれば，その申立てを却下できることは，いうまでもない。

III 提出義務者

民事訴訟法上，文書の提出義務を負うのは，訴訟当事者だけでなく，第三者も含まれる（民訴220参照）。しかし，本条の特則の適用があるのは，訴訟の当事者に限られる。実際の訴訟で，会計帳簿について本条により提出が命じられるのは，会社法が会計帳簿についてその保存を義務付けている会社（615 II 参照）が訴訟当事者である場合が多いと思われる。

しかし，本条による会計帳簿の提出義務者が，保存義務者たる会社に限られるか，所持者一般を含むか否かについては，なお検討を要する。本条の前身である平成17年改正前商法35条所定の商業帳簿（会計帳簿・貸借対照表等）の提出義務者に関しては，保存義務者に限られるとする見解と所持者一般を含むとする見解とが対立していた。限定されるとする説は，同条により商業帳簿の提出義務を負う者は，当然に商業帳簿の保存義務を負う者（同法36 I 参照）および保存義務者であった者に限られるとする（松本烝治・商法総論〔訂再版〕〔中央大学，1923〕281頁，小町谷操三・窪田宏・商法講義総則〔有斐閣，1967〕59頁，田中誠二＝喜多了祐・全訂コンメンタール商法総則〔勁草書房，1975〕370頁，服部榮三・商法総則〔第3版〕〔青林書院，1983〕360頁など）。これに対し，保存義務者に限らず，所持者一般について提出義務を認める説は，同法35条の提出義務は，当該文書が商業帳簿であるという性質に基づくものであるから，限定する必要はないとする（竹田省・商法総則〔弘文堂書店，1932〕151頁，大隅226頁注2，小橋一郎・商法総則〔成文堂，1985〕170頁など）。会社法制定前の判例も，法が商業帳簿の作成を命じた趣旨を根拠として，訴訟当事者たる代表取締役または清算人が職務上それを保管している場合について，提出義務を認めている（東京高決昭和54・1・17下民集32巻9-12号1369頁，東京高決昭和56・12・7下民集32巻9-12号1606頁）。

そこで，本条所定の会計帳簿の提出義務者に関しても，訴訟当事者が保存義務者である場合に限られるか否かが問題となるが，会計帳簿が，会社の事業か

ら生ずる一切の取引を継続的かつ組織的に記録する帳簿であり，会社の財産および損益の状態を利害関係人に明らかにするものであるという点を考慮すると，本条の提出義務は，当該文書が会計帳簿であるという性質に基づくものと解すべきである。したがって，訴訟当事者が現に会計帳簿を所持している限り，その者が会計帳簿の保存義務者でなくても，本条による提出義務を負うと解される（同旨，新基本法コンメ(3) 45頁[青竹]）。また，会社は，会計帳簿の閉鎖の時から10年間，その会計帳簿を保存しなければならないとされているが（615 II），本条の提出命令は，会計帳簿の保存義務の存在を要件として発令されるものではないから，会社が保存期間経過後になお会計帳簿を所持する場合であっても，所持の事実が明らかであれば，本条による提出義務を負うと解される。これに対し，訴訟当事者以外の第三者が所持する会計帳簿について提出を命ずるためには，当該第三者が民事訴訟法220条所定の文書提出義務を負う場合でなければならない。

IV 提出命令の対象

文書提出命令の対象としての「文書」とは，文字その他の記号によって思想的意味内容を表現した有形物のことをいう。図画や写真，録音テープ，ビデオテープは，文字その他の記号を使用しない点で文書には当たらないが，情報を表わすために作成されたものであるから，いわゆる「準文書」として，文書提出命令の対象となる（民訴231）。「文書」の証拠調べ（書証）は，裁判官が，文書を閲読してこれを行う。これに対し，録音テープを準文書として証拠調べをするには，挙証者が，録音テープを反訳した書面を裁判所に提出して，それを書証の手続により取り調べることになる。ここにいう「準文書」は，必ずしも民事訴訟法231条に例示されたものに限定されず，例えば，フロッピーディスク，USBメモリなどのいわゆる新種証拠についても，録音テープと同様と解されている。すなわち，フロッピーディスク，USBメモリなどに記録された思想内容を証拠資料とする場合には，プリントアウトされ閲読可能となった文書（これが原本となる）を書証の手続により取り調べることになる（加藤新太郎・民事事実認定論〔弘文堂，2014〕327頁，賀集唱ほか編・基本法コンメンタール民事訴訟法(2)〔第3版追補版〕〔日本評論社，2012〕251頁[土屋文昭]参照）。

会計帳簿が，文書の形で保存されている場合に，本条の提出命令が発令されたときの証拠調べは，通常の書証と同様に，裁判官が当該会計帳簿を閲読して

行えばよい。これに対し、会計帳簿が、文書の形ではなく、コンピュータのハードディスク上にデータとして記録・保存されている場合に、本条の提出命令が発令されたときに、そのデータを取り調べる方法は、基本的には、以上と同様である。すなわち、ハードディスクは、情報を表すために作成された物件であるが文書ではないから、準文書に該当する。したがって、ハードディスクに記録・保存されたデータを証拠資料とする場合は、書証に準じて、記録内容をプリントアウトして書面化し、閲読可能となったものを原本として証拠調べをすべきである（兼子一ほか・条解民事訴訟法〔第2版〕〔弘文堂、2011〕1273頁〔松浦馨=加藤新太郎〕参照）。もっとも、ディスクの内容の同一性に争いがある場合には、鑑定（民訴212以下）または検証（同法232以下）の方法による必要が生じることもある（加藤・前掲327-328頁、兼子ほか・前掲1276頁〔松浦=加藤〕参照）。さらに、プリントアウトした文書では、システム上に存在するデータの実体を正確に把握することができないという性質のデジタルデータシステムに記録・保存された情報を証拠資料とする場合には、専門家による鑑定が最適であることもある（中村壽宏「デジタルデータの証拠調べ」吉村徳重先生古稀記念論文集刊行委員会編・吉村徳重先生古稀記念・弁論と証拠調べの理論と実践〔法律文化社、2002〕427-428頁、兼子ほか・前掲1276頁〔松浦=加藤〕参照）。

　民事訴訟法223条1項は、裁判所が、文書提出命令の申立てを理由があると認める場合において、当該文書に取り調べる必要がないと認める部分または提出義務があると認めることができない部分があるときは、その部分を除いて、提出を命ずることができると規定している。本条も、民事訴訟法223条1項と同様に、会計帳簿の一部についてのみ提出命令を発令できることを明記している。一部提出命令の制度は、当該訴訟と無関係な部分を提出させられるという不利益から文書の所持者を保護するだけでなく、その部分を除いて提出を命ずることを可能にするものであるから、本条の提出命令の発令自体を促す効果もある（田原睦夫「文書提出義務の範囲と不提出の効果」ジュリ1098号〔1996〕64頁参照）。もっとも、どこまで会計帳簿の特定の項目ないし事項を削除（黒塗り）して、提出を命ずることができるかについては、議論の余地がある。一般論としては、本条は、削除（黒塗り）により提出させることの意味がなくならない限り、会計帳簿から特定の項目ないし事項を削除して提出することを認めたものと解される（民事訴訟法223条1項所定の文書の一部提出命令に関する議論につき、三木浩一・民事訴訟における手続運営の理論〔有斐閣、2013〕545頁参照）。

第 2 節　会計帳簿　　　　　　　　　　　　　　　　　　§616

V　不提出の効果

　文書の所持者たる訴訟当事者が，本条の提出命令に従わない場合において，相手方が当該会計帳簿により証明すべき事実を他の代替証拠により証明することが著しく困難であるときは，裁判所は，当該会計帳簿により証明すべき事実に関する相手方の主張を真実と認めることができる（民訴 224 Ⅲ）。
　ところで，平成 8 年改正前民事訴訟法下では，訴訟の当事者が文書提出命令に従わない場合の効果・制裁につき，同法 316 条は，「裁判所ハ文書ニ関スル相手方ノ主張ヲ真実ト認ムルコトヲ得」と規定していた。同法下における通説・判例は，この規定を，当該文書の記載内容を真実と認めることができるにとどまり，その文書により証明すべき事実まで真実と認めることを意味するものではないと解していた（最判昭和 31・9・28 民集 10 巻 9 号 1197 頁，菊井維大＝村松俊夫・全訂民事訴訟法 Ⅱ〔日本評論社，1989〕630 頁など）。証明すべき事実まで真実と認めると，実際に文書が提出されたとき以上に申立人に有利になるからであるというのが，その理由であった。
　しかし，かかる見解によると，証拠偏在型訴訟のように，挙証者が証明しようとする事実関係から隔絶され，文書の記載内容を具体的に主張し得ない場合には，文書の記載内容を真実と擬制する制裁を機能させる余地はなく，文書提出命令は実効性を欠く結果となる。そこで，このような場合には，文書によって証明すべき事実を真実と認めることができるとする裁判例が現れ（東京高判昭和 54・10・18 下民集 33 巻 5-8 号 1031 頁），これを契機として，学説上も，一定の場合について，当該文書により証明すべき事実を真実と認めることかできるとする見解が有力となっていった（竹下守夫「模索的証明と文書提出命令違反の効果」山木戸克己編集代表・吉川大二郎博士追悼・手続法の理論と実践（下）〔法律文化社，1981〕183 頁，小林秀之「文書提出命令をめぐる最近の判例の動向(3)」判評 267 号〔判時 995 号〕〔1980〕8 頁，野村秀敏「文書提出命令」鈴木忠一＝三ヶ月章監修・新・実務民事訴訟講座(2)〔日本評論社，1981〕186 頁，兼子一ほか・条解民事訴訟法〔弘文堂，1986〕1068 頁［松浦馨］，林屋礼二・民事訴訟法概要〔有斐閣，1991〕363 頁など）。
　そこで，民事訴訟法 224 条 3 項は，平成 8 年改正前同法下における裁判例・有力学説の動向を考慮して，当事者が文書提出命令に従わない場合において，訴訟の相手方が，当該文書の記載に関して具体的な主張をすることおよび当該

〔中　島〕

文書により証明すべき事実を他の証拠により証明することが著しく困難であるときは，裁判所が，当該文書により相手方が証明すべき事実を真実と認めることを許容するにいたった（以上につき，賀集ほか編・前掲246頁［髙田昌宏］参照）。したがって，当事者が，会計帳簿についての本条の提出命令に従わない場合の効果・制裁についても，基本的にこれと同様に考えてよい。ただし，会計帳簿が提出命令の対象であるときは，その記載に関する相手方の主張（すなわち民事訴訟法221条1項1号・2号所定の文書の表示と趣旨に対応する）は明らかであるから，相手方が当該会計帳簿により証明すべき事実を他の代替証拠により証明することが著しく困難であることを明らかにすれば，裁判所は，相手方が当該会計帳簿により証明すべき事実を真実と認めることができると解される（同法224Ⅲ。もっとも，新基本法コンメ(3)45頁［青竹］は，同項の適用を否定する趣旨のようにも見える）。もちろん，会計帳簿の所持者たる当事者が提出命令に従わないときに，裁判所が常にその事実に関する相手方当事者の主張を真実と認めなければならないというわけではない。例えば，他の証拠や弁論の全趣旨（同法247）から当該事実が真実ではないとの確信を抱いた場合や，当該事実を会計帳簿によって証明できないことが明らかであるときは，当該事実を真実と認めることは許されない（竹下・前掲181頁，法務省民事局参事官室編・一問一答新民事訴訟法〔商事法務研究会，1996〕270-271頁，梅本・前掲861頁，賀集ほか編・前掲246頁［髙田］参照）。

Ⅵ 当事者による使用妨害の効果

本条の提出命令が発令されたにもかかわらず，訴訟の当事者が，相手方の使用を妨げる目的でその所持する会計帳簿を滅失させ，その他これを使用することができないようにした場合についても，相手方が当該会計帳簿により証明すべき事実を他の証拠により証明することが著しく困難であるときは，当事者が本条の提出命令に従わない場合と同様に，裁判所は，当該会計帳簿により証明すべき事実に関する相手方の主張を真実と認めることができると解される（民訴224Ⅲ）。

相手方の使用を妨げる目的とは，訴訟上，書証として用いることを妨害する意図があればよく，使用を妨げる目的が具体的である必要はない。しかし，所持者（当事者）が過失によって使用不能にした場合には，当該会計帳簿により証明すべき事実に関する相手方の主張を真実と認めることはできない（以上に

第 2 節　会計帳簿　　　　　　　　　　　　　　　　§616

つき，菊井＝村松・前掲632頁，兼子ほか・前掲1254頁［松浦＝加藤］，賀集ほか編・前掲246頁［髙田］参照)。

(中島弘雅)

第3節　計算書類

> **（計算書類の作成及び保存）**
> **第617条①**　持分会社は，法務省令で定めるところにより，その成立の日における貸借対照表を作成しなければならない。
> ②　持分会社は，法務省令で定めるところにより，各事業年度に係る計算書類（貸借対照表その他持分会社の財産の状況を示すために必要かつ適切なものとして法務省令で定めるものをいう。以下この章において同じ。）を作成しなければならない。
> ③　計算書類は，電磁的記録をもって作成することができる。
> ④　持分会社は，計算書類を作成した時から10年間，これを保存しなければならない。

I　本条の沿革と趣旨

　本条は，計算書類の作成義務および保存義務を規定するものである。本条1項・2項は平成17年改正前商法33条2項を受け継いでいる。本条3項は平成17年改正前商法33条ノ2，本条4項は平成17年改正前商法36条を受け継いでいる。本条1項・2項は，持分会社において，株式会社と同様（435 I II），法務省令で定めるところにより，成立の日における貸借対照表および各事業年度に係る計算書類を作成しなければならないことを定めている。本条3項・4項も，株式会社の計算書類と同様（435 III IV），計算書類は電磁的記録をもって作成できること，および，計算書類の10年間の保存義務を定めている。

II　持分会社の計算書類

　会社計算規則71条3項は，平成17年改正前商法33条2項に相当する規定であるが，各事業年度に係る貸借対照表のみならず，その他の各事業年度に係る計算書類も会計帳簿に基づき作成しなければならないとする。昭和37年商

〔岸田〕

第3節　計算書類　　　　　　　　　　　　　　　　　　§617

　法改正により，会社の計算は企業の継続を前提として，企業の収益力を正確に把握し，これを表示することが目的の1つとされ，会計の大原則の一である費用収益対応の原則の適用により，期間損益計算をする方法がとられることとなった（前田庸「商法等の一部を改正する法律案要綱（案）の解説（下）」商事1519号〔1999〕8頁，鈴木＝竹内〔新版〕〔1987〕300頁）。

　各事業年度に係る計算書類等の作成に当たっては，会計帳簿の記載から計算書類を誘導する誘導法が採用されているのは，適正な損益計算を行うためには，複式簿記による継続的な帳簿記録が必要だからである。持分会社においても，その会計は法務省令である会社計算規則の定めるところにより，適時に正確な会計帳簿（仕訳帳，日記帳，総勘定元帳，各種の補助元帳等）を作成しなければならないのである（432 I・615 I）。

　持分会社では「貸借対照表その他持分会社の財産の状況を示すために必要かつ適切なものとして法務省令で定めるもの」を計算書類という（本条II）。これを受けて法務省令たる会社計算規則71条ではその内容を具体的に規定している。まず合名会社および合資会社については，平成17年改正前商法32条1項の下での規定の仕方をそのまま維持し，貸借対照表のみの作成が強制されている。さらに会社計算規則71条1項1号では合名会社および合資会社が，損益計算書，社員資本等変動計算書または個別注記表の全部または一部を会社計算規則第3編の規定に従い作成するものと定めた場合には，同編の規定に従い作成される損益計算書，社員資本等変動計算書または個別注記表は計算書類としての規律の対象となるものとする。合名会社または合資会社であっても，損益計算書，社員資本等変動計算書または個別注記表を作成することを禁止する理由はなく，さまざまな理由で作成することを望む場合があるからであると思われる（コンメ商施規353頁）。

　合同会社については，貸借対照表のほか，損益計算書，社員資本等変動計算書および個別注記表の作成が要求されているのは，合同会社の社員は，原則として，会社の債務につき，会社債権者に対して責任を負わないため，会社債権者にとっては合同会社の財産の状況を知る必要性が高いからである。損益計算書については会社計算規則87条から94条に，社員資本等変動計算書については同規則96条に，個別注記表については同規則97条から99条，101条および116条に，それぞれ規定が置かれている。

　会社法には，会社の1事業年度の長さについては制約を加えていないが，会社計算規則71条2項では，「各事業年度に係る計算書類の作成に係る期間は，

当該事業年度の前事業年度の末日の翌日（当該事業年度の前事業年度がない場合にあっては，成立の日）から当該事業年度の末日までの期間」であるとした上で，その「期間は，1年（事業年度の末日を変更する場合における変更後の最初の事業年度については，1年6箇月）を超えることができない」と定め，事業年度の末日を変更する場合における変更後の最初の事業年度を除き，事業年度は1年を超えることはできないことになる。他方，1年以内であれば，3か月を1事業年度としたり，6か月を1事業年度とすることなどは可能であり，会社の任意に委ねられている（コンメ商施規354頁）。

III 計算書類の作成方法

1 成立の日における貸借対照表

持分会社は，平成17年改正前商法33条2項と同じく，会社設立時の計算書類として貸借対照表の作成のみが強制されている。持分会社は，その成立の日，すなわち，本店の所在地において設立の登記をした日（579）における貸借対照表を作成しなければならない（本条I，会社計算70）。成立日貸借対照表である。貸借対照表は，会社の財産状態を明らかにするため，すべての資産，負債および純資産を記載するものである（企業会計原則第三・一）。貸借対照表は，資産の部，負債の部および純資産の部に区分して表示しなければならない（会社計算73 I）。貸借対照表は，資産の部を左側（借方），負債および純資産の部を右側（貸方）に対照させて記載する勘定様式が通常である。資産の部および負債の部の区分は，株式会社と持分会社でとくに異なるところはない（同則74・75）。純資産の部は，社員資本と評価・換算差額等に区分され（同則76 I③），社員資本は，①資本金，②出資金申込証拠金，③資本剰余金，④利益剰余金に区分される（同条III）。

2 各事業年度に係る計算書類

持分会社は，各事業年度に係る計算書類を作成しなければならない（本条II）。計算書類は，貸借対照表その他持分会社の財産の状況を示すために適切なものとして法務省令で定めるものをいう（同項括弧書）。持分会社は，貸借対照表に加えて，次の各号に掲げる持分会社の区分に応じ，計算書類を作成しなければならない。

① 合名会社および合資会社は，当該合名会社および合資会社が損益計算

書，社員資本等変動計算書または個別注記表の全部または一部を会社計算規則第3編の規定に従い作成するものと定めた場合は，同編の規定に従い作成される損益計算書，社員資本等変動計算書または個別注記表（会社計算71Ⅰ①）
② 合同会社は，会社計算規則第3編の規定に従い作成される損益計算書，社員資本等変動計算書および個別注記表（会社計算71Ⅰ②）

　合名会社，合資会社とも，損益計算書，社員資本等変動計算書または個別注記表の全部または一部を会社計算規則「第3編　計算関係書類」の規定に従い作成するものと定めた場合にはじめて，同編の規定に従い作成される損益計算書，社員資本等変動計算書または個別注記表が計算書類とされる（同則71Ⅰ①）。この理由の一は，会社の計算に係る負担を軽減するためであり，理由の二は合名会社，合資会社では計算書類の形で情報が提供されなくても，それらの社員は業務執行社員であれば，当然に会計帳簿を閲覧等することによって情報を得ることができ，業務執行社員でなくとも，各社員は，その会社の業務および財産の状況を調査して（592Ⅰ），情報を得ることができるからである（会社債権者には計算書類の閲覧等の権利が認められないため，会社債権者のために計算書類を作成する必要はない）。このように合名会社・合資会社においては，会社債務について無限に責任を負う無限責任社員が存在することから（576Ⅱ Ⅲ・580），計算書類の作成義務を軽減して簡易なものとしたものである。

　なお合同会社は計算書類として貸借対照表のほか損益計算書，社員資本等変動計算書または個別注記表を会社計算規則「第3編　計算関係書類」の規定に従い作成しなければならない（同則71Ⅰ②）。合同会社については，計算書類として貸借対照表のほか，損益計算書，社員資本等変動計算書および個別注記表を作成しなければならない（同号）。これは，株式会社の計算書類と同様のものである（435Ⅱ，会社計算59Ⅰ）。合同会社の社員は会社の債務につき直接に会社債権者に対して責任を負わないため（576Ⅳ・578本文），会社債権者にとって合同会社の財産の状況，経営成績を知る必要性が高いからである。

3　計算書類の様式

(1)　損益計算書

　損益計算書は，会社の経営成績を明らかにするため1会計期間（通常は1年）の会社の期間損益，すなわち事業年度に発生した利益とそれに対応する費用を記載するものである（企業会計原則第二・一）。損益計算書については，株

式会社と持分会社とでまったく同じである。損益計算書は，①売上高，②売上原価，③販売費および一般管理費，④営業外収益，⑤営業外費用，⑥特別利益，⑦特別損失に区分して表示しなければならない（会社計算88Ⅰ）。損益計算書は，損益取引のうち，当期に属する収益（売上高ないし営業収益，営業外収益，特別利益）とこれに対応する費用（売上原価，販売費および一般管理費，営業外費用，特別損失）との差引計算によって当期純利益または当期純損失を算出する。これを費用・収益対応原則という。多くの場合に損益計算において，当期純利益または当期純損失の算出までに，3段階に分けて計算する。売上高から，販売した商品の製造あるいは仕入原価（売上原価）を控除した差額が，売上総利益または売上総損失であり（同則89），これから，当期の収益活動に関する販売および一般管理業務に係る費用を差し引くことによって営業利益ないし営業損失（同則90）が算出され，次に受取利息や受取配当などの主として金融取引から生じる営業外収益と，支払利息や資産の評価損などの営業外費用とを加減した経常利益ないし経常損失（同則91）が計算される。経常損益に，非日常的（臨時的）な特別利益や特別損失を加減した額が税引前当期純利益ないし税引前当期純損失となり（同則92），同額から当期の法人税その他の税額，税効果会計を採用した場合の法人税等調整額（同則93Ⅰ②）等を加減した額が，当期純利益ないし当期純損失として示される（同則94）。

(2) **社員資本等変動計算書**

社員資本等変動計算書は，いわゆる損益取引以外の取引により，純資産の部の計数が変動する場合に，純資産の部の変動を明らかにするものであって，基本的に株式会社の株主資本等変動計算書に準じた枠組みとなっている。その区分は，純資産の区分，社員資本の区分と同様である（会社計算96Ⅱ③Ⅲ③）。社員資本等変動計算書は，純資産の期中変動を網羅的に明示することを目的とする。持分会社では，純資産の期末残高を貸借対照表に区分表示するだけでなく，各項目の期首残高が期中変動を経て期末残高にいたる過程を明らかにするため，社員資本等変動計算書の作成が求められる（617Ⅱ，会社計算71Ⅰ）。

(3) **個別注記表**

個別注記表は，従来，貸借対照表または損益計算書に注記すべきものとされていたものをまとめて記載するものである。持分会社の個別注記表は，重要な会計方針に係る事項およびその他の注記の区分で足りるものとしている（会社計算98Ⅱ⑤）。個別注記表は，計算書類の内容の正確な理解に資する情報である。

4 電磁的記録

計算書類は，電磁的記録をもって作成することができる（本条Ⅲ）。電磁的記録とは，電子的方式，磁気的方式，その他，人の知覚によって認識することができない方式で作られる記録であって，磁気ディスクその他これに準ずる方法により一定の情報を確実に記録しておくことができる物をもって調製するファイルに情報を記録したものをいう（26Ⅱ，会社則224）。

Ⅳ 計算書類の保存義務

本条4項は，持分会社に計算書類の保存義務を課している。持分会社の会計帳簿の保存について定めている615条2項と同様の規定である。持分会社の財産の状況を示す計算書類は，会計帳簿と同じく，後日紛争が生じた場合に重要な証拠資料となるからである。保存期間は10年であるが，会計帳簿（615Ⅲ）と異なり，起算点は計算書類を作成した時である（本条Ⅳ）。

Ⅴ 本条違反の効果

持分会社においては，原則として社員は業務を執行する（590Ⅰ）。定款で業務執行社員を定めた場合は，業務執行社員は会社に対して善管注意義務，法令定款遵守義務を負う（593ⅠⅡ）。したがって業務執行社員が，本条に違反して計算書類の全部または一部の作成を怠った結果として会社に損害が生じたときは，法令違反行為を行ったものとして，その社員は会社に対して損害賠償責任を負う（596）。また第三者に対しても同様である（597）。

〔岸田雅雄〕

（計算書類の閲覧等）
第618条① 持分会社の社員は，当該持分会社の営業時間内は，いつでも，次に掲げる請求をすることができる。
 1 計算書類が書面をもって作成されているときは，当該書面の閲覧又は謄写の請求
 2 計算書類が電磁的記録をもって作成されているときは，当該電磁的記録に記

録された事項を法務省令で定める方法により表示したものの閲覧又は謄写の請求
② 前項の規定は，定款で別段の定めをすることを妨げない。ただし，定款によっても，社員が事業年度の終了時に同項各号に掲げる請求をすることを制限する旨を定めることができない。

I 沿　革

　本条は，持分会社の社員の計算書類の閲覧および謄写を定める規定である。沿革的にみると，明治32年商法191条2項では株主および債権者の計算書類等の閲覧請求について規定しており，昭和13年改正商法282条2項ではさらに謄本，抄本の交付請求権を規定し，これらの規定が会社法で本条に引き継がれたものである。また本条は，合資会社の有限責任社員の監督権として，有限責任社員に営業年度の終わりにおいて営業時間内に限り，貸借対照表の閲覧・謄写請求権を認めていた平成17年改正前商法153条1項を受け継いでいる。

　なお平成17年改正前商法153条1項に規定されていた合資会社の有限責任社員の貸借対照表の閲覧・謄写請求権は，定款で別段の定めをすることは妨げられないと解されていた。別段の定めは権利を拡張することだけではなく，権利を制限することも認められるとする見解があった（新注会(1)629頁〔鴻常夫〕）。これは合資会社における内部関係の事柄であり，定款自治が認められることを理由とする。

II 意　義

1 閲覧・謄写請求権

　本条1項は，持分会社の社員に計算書類の閲覧・謄写請求権が認められることを定めている。持分会社の財産の状況を示す計算書類の閲覧・謄写請求権は，業務財産状況の調査権（592 I）と同じく，持分会社の社員の権利の確保または行使に関する調査をするために重要となるからである。持分会社のうち合名会社および合資会社においては，その社員についてのみ，会社の計算書類の閲覧等の権利が定められており（本条），会社債権者が閲覧等をする権利は会社法上は存しない。会社の計算は会社自身のため，あるいは，業務執行社員以

第3節　計算書類　　　　　　　　　　　　　　　　　　　　§618

外の社員が会社の損益および財政状態を知るために規定されている。合名会社および合資会社には1人以上の無限責任社員が存在し、また、出資の履行および利益の配当については私的自治に広く委ねられていることから、会社の財政状態を知ることは、会社債権者にとっては必ずしも重要ではないからである。なお合同会社においては債権者も計算書類の閲覧・謄写請求権が認められている（625）。

　計算書類の閲覧・謄写を請求できる者は、持分会社の社員である。従来、合資会社の有限責任社員は会社の業務執行権を有しなかったが（平17改正前商156）、会社法の下では、社員が業務執行に関与できること、定款で制限できることは、すべての持分会社に共通するからである（590 I）。持分会社の社員は、当該持分会社の営業時間内であれば、いつでも、閲覧・謄写を請求することができる（本条I）。株式会社の場合（442 III ②）と異なり、謄本抄本の交付請求は認められていない。閲覧・謄写の対象となる計算書類は、合名会社・合資会社においては、その他の書類を作成する旨の定めがない限り、貸借対照表のみである（617 II、会社計算71 I ①）。合同会社においては、貸借対照表のほか、損益計算書、社員資本等変動計算書および個別注記表である（617 II、会社計算71 I ②）。

　計算書類が電磁的記録をもって作成されているときは、当該電磁的記録に記録された事項を法務省令で定める方法により表示したものの閲覧または謄写を請求することができる（本条I②）。法務省令で定める方法は、電磁的記録に記録された事項を紙面または映像面に表示する方法である（会社則226㉚）。

2　別段の定めと権利の制限

　本条2項は、社員の閲覧・謄写請求権について定款で別段の規定をすることを定めている。株式会社の場合（433 I）と異なり、会計帳簿の閲覧・謄写請求権については定めはない。また株式会社の場合（442 I）と異なり、計算書類の備置きについての定めはない。

　本条は持分会社の社員に認められる計算書類の閲覧・謄写請求権について、定款で別段の定めをすることを認めている（本条II本文）。持分会社の内部事項であることから別段の定めにより、社員の権利を制限することも認められると解される。しかし定款によっても、社員が事業年度の終了時に請求することを制限する旨を定めることはできない（同項ただし書）。平成17年改正前商法153条1項は合資会社の有限責任社員は営業年度の終わりにおいて営業時間内に限

り請求することができると定めていたから，事業年度の終了時の請求を制限する定めを認めないこととしたものと解される。

3　任務懈怠の責任

業務執行社員が閲覧・謄写請求を拒否し社員の閲覧・謄写請求権を侵害した場合に損害が生じた場合には，業務執行社員の任務懈怠責任として業務執行社員に会社および第三者に対する損害賠償責任が生ずる場合がある（596・597）。

〔岸田雅雄〕

（計算書類の提出命令）
第 619 条　裁判所は，申立てにより又は職権で，訴訟の当事者に対し，計算書類の全部又は一部の提出を命ずることができる。

I　総　　説

617条1項・2項は，持分会社においても，株式会社と同様に（435ⅠⅡ），法務省令で定めるところにより，成立の日における貸借対照表，および各事業年度に係る計算書類を作成しなければならないと規定している。ここにいう計算書類とは，貸借対照表その他持分会社の財産の状況を示すために適切なものとして法務省令で定めるものをいう（617Ⅱ括弧書）〔詳細については，☞§617〕。

合名会社・合資会社については，平成17年改正前商法32条1項と同じく，計算書類として貸借対照表の作成のみが強制されている。合名会社・合資会社には，無限責任社員が存在することから（576ⅡⅢ），計算書類の作成義務を軽減して簡易なものとしたものである。ただし，合名会社・合資会社が，損益計算書，社員資本等変動計算書または個別注記表の全部または一部を会計計算規則の「第3編　計算関係書類」の規定に従い作成するものと定めた場合は，同編の規定に従い作成される損益計算書，社員資本等変動計算書または個別注記表は，合名会社・合資会社に係る計算書類として取り扱われる（会社計算71Ⅰ①）。これに対し，合同会社については，計算書類として貸借対照表のほか，損益計算書，社員資本等変動計算書および個別注記表も作成しなければならない（同項②）。この扱いは，株式会社の計算書類の場合と同じである。合同会

〔中島〕

第3節　計算書類　　　　　　　　　　　　　　　　　　　　§619

社の社員は，株主と同様に，会社の債務につき直接に会社債権者に対して責任を負わないため（576Ⅳ，会社計算59Ⅰ参照），会社債権者にとって合同会社の財産の状況，経営成績を知る必要性が高いからである（以上につき，新基本法コンメ(3)46頁［青竹正一］参照）。このように持分会社の計算書類には，社員や会社債権者にとって重要な会社の財産状況に関する情報が記載されているので，持分会社でさまざまな法的紛争が生じた場合に，計算書類は，会計帳簿と同様に，訴訟上重要な証拠資料となると考えられる。

そこで，本条は，計算書類の所持者を一方当事者とする民事訴訟において，当該計算書類が事案の解明の上で書証として必要となったときは，文書提出命令に関する民事訴訟法所定の要件を充たさなくても，裁判所が，計算書類の所持者に対してそれらの提出を命じることができる旨を定めている。その意味で，本条は，民事訴訟法の特則に当たる。

なお，平成17年改正前商法にも，訴訟当事者が所持する商業帳簿（会計帳簿・貸借対照表）につき，裁判所がその全部または一部の提出を命ずることができる旨の規定があったが（同法35），商法19条4項，会社法443条および本条は，これを引き継いだ規定である。

Ⅱ　計算書類の提出命令

民事訴訟法上の文書提出命令（同法219後段・223）は，文書の所持者が同法220条所定の文書提出義務を負っている場合にのみ申し立てることができる［同法上の文書提出命令については，☞§616Ⅱ］。

しかし，計算書類には，前述のように持分会社の社員や会社債権者にとって重要な会社の財産状況に関する情報が記載されていることから，例えば，会社債権者・社員と持分会社間の訴訟において，事案解明の上で，計算書類が重要な証拠資料となることがあり得る。そうした場合に，本条は，計算書類については，民事訴訟法220条所定の文書提出義務を充たさなくても，裁判所が所持者たる当事者に対してそれらの提出を命ずることができるとしたものである。したがって，本条所定の計算書類に該当する限り，所持者たる訴訟当事者は提出を拒否できない（新基本法コンメ(3)48頁［青竹］）。

民事訴訟法の原則によれば，裁判所は，当事者の申立てがあるときに限り文書の提出を命じることができるが（民訴219・221Ⅰ），本条は，計算書類については，当事者からの申立てがなくても，職権で所持者たる当事者に対して提出

［中島］

を命ずることができるとしている（弁論主義の例外）。もっとも，逆に，当事者から提出命令の申立てがなされても，裁判所が証拠調べを不要と判断したときは，申立てを却下することができる。これらの点は，616条所定の会計帳簿の提出命令の場合と同様である［詳細については，☞§616Ⅱ］。

Ⅲ 提出義務者

民事訴訟法上は，訴訟当事者だけでなく，第三者も文書提出義務を負う（同法220参照）。しかし，本条による提出義務を負うのは，訴訟当事者に限られる。

本条による計算書類の提出義務者が，保存義務を負う持分会社（617Ⅳ）に限られるか，それとも所持者一般を含むかどうかによついては，616条所定の会計帳簿の提出命令の場合と同様に，議論があり得る［詳細については，☞§616Ⅲ］。

なお，訴訟当事者以外の第三者が所持する計算書類について提出を命ずるためには，当該第三者が民事訴訟法220条所定の文書提出義務を負う場合でなければならない点も，616条所定の会計帳簿の提出命令の場合と同様である［詳細については，☞§616Ⅲ］。

Ⅳ 提出命令の対象

計算書類が，文書の形で存在する場合に本条の提出命令が発令されたときの取調べの方法，および，計算書類が，文書の形ではなく，コンピュータのハードディスク上にデータとして記録・保存されている場合に（617Ⅲ参照），本条の提出命令が発令されたときのデータの取調べ方法は，基本的に，616条所定の会計帳簿の提出命令の場合と同様である［詳細については，☞§616Ⅳ］。

本条は，616条の会計帳簿の提出命令の場合と同様に［詳細については，☞§616Ⅳ］，計算書類の一部についてのみ提出命令を発令できる旨を規定している。もっとも，どこまで計算書類の特定の項目ないし事項を削除（黒塗り）して，提出を命ずることができるかについては，同条の場合と同様に，議論の余地がある［詳細については，☞§616Ⅳ］。

V 不提出の効果

　計算書類を所持する訴訟当事者が，本条の提出命令に従わない場合の効果については，会計帳簿の所持者たる当事者が616条の提出命令に従わなかった場合と同様に［☞§616 V］，相手方が当該計算書類により証明すべき事実を他の証拠により証明することが著しく困難であることを明らかにすれば，裁判所は，相手方が当該計算書類により証明すべき事実を真実と認めることができると解される（民訴224 Ⅲ。もっとも，新基本法コンメ⑶48頁［青竹］は，同項の適用を否定する趣旨のようにもみえる）。

VI 当事者による使用妨害の効果

　本条の提出命令が発令されたにもかかわらず，訴訟の当事者が，相手方の使用を妨げる目的でその所持する計算書類を滅失させ，その他これを使用することができないようにした場合についても，616条の提出命令が発令された場合と基本的に同様である［詳細については，☞§616 Ⅵ］。

（中島弘雅）

第4節　資本金の額の減少

> **第620条** ① 持分会社は，損失のてん補のために，その資本金の額を減少することができる。
> ② 前項の規定により減少する資本金の額は，損失の額として法務省令で定める方法により算定される額を超えることができない。

細目次

I　総説
 1　本条の趣旨
 2　本条の沿革
 3　会社法制定前の合名会社・合資会社の資本金
II　持分会社の資本金・剰余金
 1　設立時の資本金・資本剰余金の額
  (1)　資本金
  (2)　資本剰余金
 2　出資の履行と資本金・資本剰余金の額
  (1)　出資の履行と資本金
  (2)　資本剰余金
 3　出資履行請求権
  (1)　出資履行請求権と資本金・資本剰余金
  (2)　出資履行請求権について履行がされた場合
  (3)　出資履行請求権の計上取りやめ
  (4)　労務出資の履行請求権の計上
 4　資本金・資本剰余金の額に関する問題
  (1)　信用・労務の出資
  (2)　定款に定められる出資の価額との関係
  (3)　資本金に計上すべき額
 5　利益剰余金の額
 6　資本金・剰余金の額の増加・減少
  (1)　資本金の額が増加・減少する場合
  (2)　資本剰余金の額が減少する場合
  (3)　利益剰余金の額が減少する場合
 7　資本金・剰余金の額の割振り
III　損失のてん補のための資本金の額の減少（本条1項）
 1　損失のてん補
 2　損失の処理
  (1)　意義
  (2)　損失の処理と各社員の計算
  (3)　損失の処理と出資の価額等
IV　減少する資本金の額の限度（本条2項）

【文献】稲葉威雄・会社法の解明（中央経済社，2010），大杉謙一「持分会社・民法組合の法律問題」岩原ほか・上53頁

I　総　説

1　本条の趣旨

本条1項は，持分会社の損失のてん補のための資本金の額の減少について定めるものである。本条2項は，持分会社が損失のてん補のために減少する資本金の額の限度を定めるものである。

〔伊藤〕

第4節　資本金の額の減少　　　　　　　　　　　　　　　　§620

本条は、すべての持分会社に共通してこれらの規律を定める。合同会社については、さらに、626条および627条にも資本金の額の減少に関する定めが置かれる。

2　本条の沿革

本条は、会社法の制定に伴って新設された規定である。

平成17年改正前商法には、合名会社・合資会社について、「資本」ないし「資本金」に関する規定は置かれていなかった。これは、合名会社・合資会社には、「資本」という概念が存在しなかったからではなく［☞3］、「資本」について法律で定めなければならない事項がとくに存在しなかったからであるとされる（法務省令162頁）。

これに対して、会社法では、合同会社における財源規制上の控除額として資本金の額を利用することとしている（626 IV ③）ことから、資本金に関する規律を設けたものとされる（立案担当164頁）。本条の新設については、合同会社に関する特則を定める必要があったことから、それに対応する一般規定の明文化が求められたのではないかともいわれる（大杉56頁。なお、本条を新設したことが立法として適切ではなかったとする見解として、稲葉159-161頁）。

3　会社法制定前の合名会社・合資会社の資本金

会社法の立案担当者は、平成17年改正前商法8条および商法中改正法律施行法3条が、平成17年改正前商法において、合名会社・合資会社について「資本金額」というものがあることを前提とする規定であるとする（立案担当164頁）。会社法制定前のこれらの規定は小商人の定義を定める規定であり、小商人とは、資本金額が50万円に満たない商人であって、会社でないものをいうとするものである。立案担当者の理解は、これらの規定が、合名会社・合資会社についても観念的には「資本金額」というものがあることを前提に、合名会社・合資会社はたとえ「資本金額」が50万円に満たないものであっても小商人には含まれない旨を述べた規定であるとするものなのであろう（会社法制定前にこれと同様の理解を示していたように読めるものとして、例えば、大隅113頁）。

上記の規定にそこまでの意味を読み込めるかはともかく、会社法制定前にも、合名会社・合資会社について、「資本」というものが観念されていた。合名会社・合資会社について、社員の出資の目的およびその価格または評価の標

準(以下ではこれらをまとめて「出資の価額」という)は，定款の絶対的記載事項とされていた(平17改正前商63Ⅰ⑤・148。現行会社法の576Ⅰ⑥に相当。なお，昭和37年商法改正前は，出資の目的と，財産出資の価格・既履行部分が，登記事項でもあった。昭37改正前商64Ⅰ④)。合名会社・合資会社の「資本」は，そのような出資の価額と関連しつつ，出資の価額の総額とは異なるものであった。

　すなわち，合名会社・合資会社においては，財産出資(金銭出資，現物出資)のほか，信用や労務の出資が認められる(平17改正前商89参照。現行法については，576Ⅰ⑥参照)。定款には，信用や労務の出資については評価の標準を記載しなければならず，これらの出資を含む出資の価額は，定款に別段の定めがない限り，損益の分配の基準とされる(平17改正前商68，民674。現行会社法の622条1項に相当)。ここで基準とされる出資の価額は，既履行分のみを含むものとされる(石井・下404頁，大隅＝今井・上105頁，田中誠・下1224頁。反対，新注会(1)217頁〔伊沢和平〕)。

　以上に対して，合名会社・合資会社において，「資本」とは，財産出資の総額をいうものとされ(信用や労務の出資は含まない)，純資産額からこの「資本」の額を控除したものが利益とされた。もっとも，このような意味での「資本」について，平成17年改正前商法では資本維持の原則や資本不変の原則は認められず(昭和13年改正前商法においては，これらの原則を示すルールとして，社員の出資の減少はこれをもって会社の債権者に対抗することができず，また，会社は損失をてん補した後でなければ利益の配当ができないものとされていた。昭13改正前商66・67)，「資本」には，社員の財産出資の総額を表示するという意味しかなかった(以上について，松本519頁，田中耕・上126頁，石井・下404頁，新注会(1)215頁〔伊沢〕，田中誠・下1202頁，鈴木＝竹内557頁注3)。

Ⅱ　持分会社の資本金・剰余金

1　設立時の資本金・資本剰余金の額

⑴　資　本　金

　持分会社の資本金・剰余金の額については，持分会社が作成すべき会計帳簿に関する規定として(615Ⅰ，会社計算4)，会社計算規則に定めが置かれる。本条の内容について説明する前提として，Ⅱでは，これらの会社計算規則の規定の内容などを概観する。

　持分会社の設立(新設合併および新設分割による設立を除く)時の資本金の額

第4節　資本金の額の減少

は，次の(A)の範囲内で社員になろうとする者が定めた額（零以上の額に限る）とされる（会社計算44 I）。

> (A)＝(B)－(C)
> (B)＝設立に際して出資の履行として持分会社が払込みまたは給付を受けた財産（出資財産）の出資時における価額。ただし次の(イ)・(ロ)の場合はそれぞれ次に記す額（会社計算44 I ①）
>   (イ)　当該持分会社と当該出資財産の給付をした者が共通支配下関係となる場合（当該出資財産に時価を付すべき場合を除く）は，当該出資財産の当該払込みまたは給付をした者における当該払込みまたは給付の直前の帳簿価額
>   (ロ)　上記(イ)以外の場合であって，当該給付を受けた出資財産の価額により資本金または資本剰余金の額として計上すべき額を計算することが適切でないときは，(イ)に定める帳簿価額
> (C)＝設立時の社員になろうとする者が設立に要した費用のうち，設立に際して資本金または資本剰余金の額として計上すべき額から減ずるべき額と定めた額（会社計算44 I ②）

(C)の額は，当分の間は零とされる（会社計算附則11⑥）。現在のところ，設立費用を設立の際の資本金から減ずる会計慣行は存在しないからであり（コンメ商施規279頁），株式会社の場合（同則43 I ③・附則11⑤）と同様のルールである。したがって，原則として，出資財産の出資時における価額の範囲内で社員になろうとする者が定めた額（ただしマイナスにはできない）が，持分会社の設立時の資本金の額となる。

出資財産の出資時における価額とは同財産の時価をいい（法務省令170頁，コンメ商施規277頁），時価ではなく払込みまたは給付の直前の出資者における帳簿価額を基準とする場合が(B)(イ)(ロ)として定められる。(イ)は，当該持分会社と出資者が共通支配下関係となる場合のうち，現物出資財産が事業に当たらないときを除くものと考えられる。また，どのような場合が(ロ)に該当するかは一般に公正妥当と認められる企業会計の基準その他の企業会計の慣行をしん酌して判断され（会社計算3），例えば，企業会計基準適用指針第10号「企業結合会計基準及び事業分離等会計基準に関する適用指針」が定める現物出資が共同支配企業の形成に当たる場合（同指針87項）がこれに当たると考えられる（コンメ商施規277-278頁参照）。

〔伊藤〕

(2) 資本剰余金

持分会社の設立時の資本剰余金の額は，出資財産の価額から設立時の資本金の額を減じて得た額とされる（会社計算44Ⅱ）。ここでいう「出資財産の価額」とは，上記(B)の額ではなく，上記(B)から(C)を減じた額だと考えられる（コンメ商施規279頁）。

2　出資の履行と資本金・資本剰余金の額

(1) 出資の履行と資本金

持分会社の資本金の額は，社員が出資の履行をした場合に，次の(A)の範囲内で持分会社が資本金の額に計上するものと定めた額が増加する（会社計算30Ⅰ①）。

(A)＝(B)－(C)
(B)＝次の(イ)および(ロ)に掲げる額の合計額
　(イ)　当該社員が履行した出資により持分会社に対し払込みまたは給付がされた財産（(ロ)に規定する財産に該当する場合における当該財産を除く）の価額（会社計算30Ⅰ①イ）
　(ロ)　当該社員が履行した出資により持分会社に対し払込みまたは給付がされた財産（当該財産の持分会社における帳簿価額として，当該財産の払込みまたは給付をした者における当該払込みまたは給付の直前の帳簿価額を付すべき場合における当該財産に限る）の払込みまたは給付をした者における当該払込みまたは給付の直前の帳簿価額の合計額（会社計算30Ⅰ①ロ）
(C)＝当該出資の履行の受領に係る費用のうち，持分会社が資本金または資本剰余金から減ずるべき額と定めた額（会社計算30Ⅰ①ハ）

(C)の額は，当分の間は零とされる（会社計算附則11④）。1(1)の(C)の額と同様の理由によるものであり，株式会社の株式交付費（同則14Ⅰ③・附則11①）と同様のルールである（コンメ商施規224頁）。したがって，原則として，出資された財産の価額の範囲内で持分会社が定めた額だけ，資本金の額が増加する。

(B)(イ)の出資された財産の価額とは時価をいい（法務省令170頁，コンメ商施規224頁），同(ロ)は時価ではなく払込みまたは給付の直前の出資者における帳簿価額を基準とする場合を定める。どのような場合が(ロ)に該当するかは一般に公正妥当と認められる企業会計の基準その他の企業会計の慣行をしん酌して判

第4節　資本金の額の減少　　　　　　　　　　　　　　　　　　§620

断され（会社計算3），例えば，企業会計基準第21号「企業結合に関する会計基準」が定める共通支配下の取引（同基準41項）および共同支配企業の形成（同基準38項）の場合がこれに当たると考えられる（コンメ商施規224頁参照）。

　上記の(A)の範囲内でどれだけの額を資本金の額に計上するかを定めるのは，持分会社とされる（会社計算30Ⅰ柱書）。具体的には，定款にとくに定めのない限り，業務執行社員がこれを定める（590・591。法務省令170頁）。

(2) **資本剰余金**

(1)に述べた(A)の範囲内で資本金の額に計上しなかった額については，資本剰余金の額が増加する（会社計算31Ⅰ①）。

3　出資履行請求権

(1) **出資履行請求権と資本金・資本剰余金**

　持分会社の資本金の額は，持分会社が社員に対して出資の履行をすべきことを請求する権利に係る債権（出資履行請求権）を資産として計上することと定めた場合に，当該債権の価額の範囲内で持分会社が資本金の額に計上するものと定めた額が増加する（会社計算30Ⅰ②）。

　合名会社・合資会社において，定款に定められた出資（576Ⅰ⑥）が会社成立前に全部履行されている必要はない。会社成立後に定款を変更して，新たに社員を加入させる場合や，既存の社員の出資を増加させる場合も同様である。そのような未履行の出資について，会社は，当該社員に対して出資履行請求権を有する。合同会社においては，設立登記前に出資の全部が履行されていなければならないが（578），実際にはそれまでに出資の全部が履行されていなかった場合に，会社は出資履行請求権を有する（コンメ商施規225頁）。なお，合同会社の会社成立後の加入・出資増加の場合には，604条により，出資の完了まで加入・追加出資の効力が生じない［☞§604ⅡⅤ］。

　以上のような出資履行請求権について，これを資産として計上するかどうかは，会社の任意とされる。もし計上するのであれば，計上された出資履行請求権の価額に相当する額だけ，上記のように資本金の額を増加させるか，会社計算規則31条1項2号により資本剰余金の額を増加させなければならないわけである（以上について，法務省令173頁，コンメ商施規225頁）。どれだけの額を資本金の額に計上するかを定めるのは持分会社とされ（会社計算30Ⅰ柱書），具体的には，定款にとくに定めのない限り，業務執行社員がこれを定める（590・591。法務省令170頁）。

〔伊　藤〕

(2) 出資履行請求権について履行がされた場合

　資産として計上された出資履行請求権について履行がされた場合，原則としてその時点では資本金・資本剰余金の額は増加しない（会社計算30Ⅰ①第1括弧書・31Ⅰ①括弧書）。ただし，出資履行請求権が資産計上された額と，現実に会社に給付された財産の価額が異なる場合，当初の払込資本の計上の誤りとして，その差額は資本剰余金の額の増減（会社計算31Ⅰ⑤Ⅱ⑥）によって調整される（法務省令173頁）。

　そのような調整は，出資履行請求権の相手勘定の全部が資本金とされていた場合に難しい問題を生じさせる。これについて会社法の立案担当者は，すでに計上されている（別の出資を理由とする）資本剰余金があればその額を減少（会社計算31Ⅱ⑥）すれば足り，また，合名会社・合資会社は資本金を資本剰余金に振り替える（同則30Ⅱ④）ことで対応することもできるとする（法務省令173頁）。これに対して，合同会社ではそのような目的で資本金を資本剰余金に振り替えることはできないと考えられる（626Ⅰ，会社計算30Ⅱ④括弧書）。

(3) 出資履行請求権の計上取りやめ

　合名会社・合資会社は，出資履行請求権の資産計上をやめることができる。その場合，当該請求権について資本金・資本剰余金に計上されていた額をそれぞれ減少する（会社計算30Ⅱ③・31Ⅱ③）。これに対して，合同会社は，原則として出資履行請求権の資産計上をやめることはできないが（同則30Ⅱ③括弧書・31Ⅱ③括弧書。法務省令173-174頁），株式会社への組織変更や，株式会社を存続会社・新設会社とする吸収合併・新設合併の消滅会社となることによって，出資履行請求権の資産計上をしないものとみなされる場合（同則9）には，当該請求権について資本金・資本剰余金に計上されていた額の合計を資本剰余金から減少する（同則31Ⅱ⑤）。

(4) 労務出資の履行請求権の計上

　無限責任社員に認められる労務出資（576Ⅰ⑥括弧書参照）について，その履行請求権を資産計上することもでき，その場合，労務出資履行請求権が資産計上された額だけ，資本金または資本剰余金の額を増加させるとする見解がある。同見解は，このような会計処理をしても会社債権者保護の観点から弊害はないとする（コンメ商施規225頁）。同見解は，労務出資履行請求権をどのように金銭評価するのかを明らかにしていないが，金銭評価額が定款記載の労務出資の評価の標準（同号）とは異なる金額になる可能性もあると解するものと思われる。

〔伊　藤〕

第4節 資本金の額の減少　　　　　　　　　　　　　　　　§620

4　資本金・資本剰余金の額に関する問題

(1)　信用・労務の出資

　無限責任社員が出資の目的にすることができるものは金銭等（金銭その他の財産。151）に限られず，信用や労務を出資の目的とすることができる。信用や労務の出資については，定款にその評価の標準が記載または記録される（576Ⅰ⑥）[☞§576Ⅱ6]。しかし，出資の際に資本金・資本剰余金の額になり得るのは，「出資の履行として持分会社が払込み又は給付を受けた財産」「社員が履行した出資により持分会社に対し払込み又は給付がされた財産」の時価ないし出資者における帳簿価額である（会社計算30Ⅰ①・31Ⅰ①・44Ⅰ①Ⅱ）[☞1(1)・2(1)]。信用や労務は「財産」ではなく，その出資について払込みや給付は行われないため，その出資により資本金・資本剰余金の額は増加しない。

　信用や労務の出資について，出資履行請求権を資産計上できるかは問題になり得るが[☞3(4)]，信用や労務そのものは資産計上されない（このような出資は会計処理の対象とはならないとされる。法務省令170頁）。

(2)　定款に定められる出資の価額との関係

　1・2に述べたようにして定められる資本金・資本剰余金の額は，定款に定められる出資の価額とは必ずしも一致しない。後者が社員間で各社員が出資すべきものとして定めた額であるのに対して，前者は社員が現に出資した財産の価額の合計額であり，出資の履行時の財産の評価方法等により両者に差異が生じることはあり得る（法務省令162頁）。また，(1)に述べたように，信用や労務の出資は，定款にその評価の標準が記載または記録されるが（576Ⅰ⑥），出資の時点で会計処理の対象にならない。

(3)　資本金に計上すべき額

　持分会社については，株式会社と異なり，出資財産の価額の2分の1以上は資本金に計上しなければならない（445Ⅱ）といった規制はなく，社員による払込みまたは給付に係る額の全額を資本剰余金の額とすることも可能である。その理由は，出資の履行時に計上される払込資本について，必ずしも一定の配当拘束をかける必要がないためだと説明される（法務省令170頁）。

5　利益剰余金の額

　持分会社の設立時の利益剰余金の額は，零とされる（会社計算44Ⅲ）。社員が出資の履行をする場合には，当該社員が履行した出資により持分会社に対し

〔伊藤〕

払込みまたは給付がされた財産の価額または帳簿価額が負である場合，その分だけ利益剰余金の額が減少する（会社計算32Ⅱ③）。

　持分会社の利益剰余金の額は，当期純利益金額・当期純損失金額が生じた場合，当該額だけ増加・減少する（会社計算32Ⅰ①Ⅱ①）。

6　資本金・剰余金の額の増加・減少

(1)　資本金の額が増加・減少する場合

　1から3に述べたように，設立時およびその後の出資に伴い，資本金・資本剰余金の額が増加する。また，5に述べたように，利益剰余金の額は出資に伴い減少することがあり，当期純利益金額・当期純損失金額が生じればその分増加・減少する。そのほかに持分会社の資本金・剰余金が増加・減少する場合をまとめれば，以下のようになる（次頁の表も参照）。

　持分会社は，任意に資本剰余金の額の全部または一部を資本金の額とする（資本剰余金を資本金に振り替える）ことができる（会社計算30Ⅰ③・31Ⅱ④）。このような資本金の額の増加は，会社債権者の利益となるし，定款に別段の定めがない限り社員全員の同意を要することであるため社員に不測の不利益を与えることはないこと，また，資本剰余金と利益剰余金の区別を損なうものでもないことから，認められるものと考えられる（コンメ商施規226頁・232頁）。

　合同会社は，損失のてん補のためにする場合（その場合，資本金が資本剰余金に振り替えられる）のほか，出資の払戻しまたは持分の払戻しのためにしか，資本金の額を減少することができない。いずれの場合にも，627条の規定による手続（債権者異議手続）を経る必要がある（以上について，本条Ⅰ・626Ⅰ・627，会社計算30Ⅱ①②⑤・31Ⅰ④）。合同会社には無限責任社員がおらず（576Ⅳ），会社債権者を保護するため，資本金の額が，利益の配当等の社員に対する会社財産の払戻しの際に会社に留保されなければならない財産の額を定める基準とされているからである（立案担当164頁参照）。

　これに対して，合名会社・合資会社は，損失のてん補・出資の払戻し・持分の払戻しのために資本金の額を減少することができる（本条Ⅰ，会社計算30Ⅱ①②⑤・31Ⅰ④）のに加えて，任意に資本金の額の全部または一部を資本剰余金の額とする（資本金を資本剰余金に振り替える）ことができる（同則30Ⅱ④・31Ⅰ③）。また，合名会社・合資会社では，資本金の額の減少のために債権者異議手続を経る必要はない。その理由は，合名会社・合資会社の無限責任社員に対する利益の配当等の会社財産の払戻しについては，資本金の額が制約になるわ

第4節　資本金の額の減少　　　　　　　　　　　　　　　　§620

	増加する項目	減少する項目	資産の増減
設立・出資の履行	資本金（30Ⅰ①） 資本剰余金（31Ⅰ①）	利益剰余金（32Ⅱ③）	増加
出資履行請求権の資産計上	資本金（30Ⅰ②） 資本剰余金（31Ⅰ②）	—	増加
出資履行請求権の資産計上取りやめ等	—	資本金（30Ⅱ③） 資本剰余金（31Ⅱ③⑤）	減少
出資の払戻し	—	資本金（30Ⅱ②） 資本剰余金（31Ⅱ②）	減少
持分の払戻し	利益剰余金（32Ⅰ②）	資本金（30Ⅱ①） 資本剰余金（31Ⅱ①） 利益剰余金（32Ⅱ②）	減少
利益の配当	—	利益剰余金（32Ⅱ④）	減少
当期純利益金額の発生	利益剰余金（32Ⅰ①）	—	—
当期純損失金額の発生	—	利益剰余金（32Ⅱ①）	—
資本剰余金の資本金への振替え	資本金（30Ⅰ③）	資本剰余金（31Ⅱ④）	—
損失のてん補	資本剰余金（31Ⅰ④）	資本金（30Ⅱ⑤）	—
資本金の資本剰余金への振替え	資本剰余金（31Ⅰ③）	資本金（30Ⅱ④）	—
資本剰余金の利益剰余金への振替え	利益剰余金（32Ⅰ③）	資本剰余金（31Ⅱ⑥）	—
利益剰余金の資本剰余金への振替え	資本剰余金（31Ⅰ⑤）	利益剰余金（32Ⅱ④）	—

＊表の引用条文は会社計算規則の条文

けではなく［☞§623Ⅳ１⑵］，資本金の額には拠出資本に相当する額を表示する以外の役割がないからだと説明できる（立案担当164頁）。合名会社・合資会社には無限責任社員が存在することも理由に挙げられるが（新基本法コンメ⑶58頁［青竹正一］），会社法の立案担当者は，合名会社・合資会社と合同会社とで債権者保護ルールが異なることの理由を無限責任社員の有無に求めることに対して懐疑的な見解を示している（立案担当274-276頁。このような見解については，さらに，大系⑴42-49頁［仮屋広郷］参照）。

〔伊　藤〕

(2) **資本剰余金の額が減少する場合**

持分会社が出資の払戻しまたは持分の払戻しをすれば、それに伴い資本剰余金の額が減少する（会社計算31Ⅱ①②）。

そのほか、持分会社は、適切な場合には、資本剰余金の額を利益剰余金の額とする（資本剰余金を利益剰余金に振り替える）ことができる（会社計算31Ⅱ⑥・32Ⅰ③）。ここでいう適切な場合がどのような場合かは、一般に公正妥当と認められる企業会計の基準その他の企業会計の慣行をしん酌して判断される（同則3）。例えば、損失の処理［☞Ⅲ2］を行う場合が、これに含まれると考えられる。

(3) **利益剰余金の額が減少する場合**

持分会社が利益の配当をすれば、それに伴い利益剰余金が減少する（会社計算32Ⅱ④）。また、持分の払戻しをすれば、それに伴い利益剰余金の額が増加または減少する（同条Ⅰ②Ⅱ②）。

そのほか、持分会社は、適切な場合には、利益剰余金の額を資本剰余金の額とする（利益剰余金を資本剰余金に振り替える）ことができる（会社計算31Ⅰ⑤・32Ⅱ④）。ここでいう適切な場合がどのような場合かは、一般に公正妥当と認められる企業会計の基準その他の企業会計の慣行をしん酌して判断される（同則3）。会社法の立案担当者は、利益剰余金を資本剰余金に振り替えることを正当化する規定は会社法にはなく、それを認める会計慣行もないため、そのような振替えは認められないとする（法務省令169頁）。これに対して、期中の会計処理の結果、資本剰余金の残高が負の値になった場合、マイナス分を埋め合わせるために利益剰余金を資本剰余金に振り替えることは認められるとする見解もある（コンメ商施規231頁・235-236頁）。

7 資本金・剰余金の額の割振り

持分会社の資本金・資本剰余金・利益剰余金は、計算上、各社員に割り振られる（論点解説592頁、大杉64頁）。会社計算規則の規定上、「社員の出資につき資本金の額に計上されていた額」といった表現がとられる場合（会社計算30Ⅱ①②・31Ⅱ①・32Ⅰ②イⅡ②ロ・164③イロ(1)ハ(2)）、このように各社員に割り振られた額を指す。

事業年度ごとに計算書類の作成によって会社の利益・損失の額が明らかになれば、それは各社員に分配される（損益の分配。622）。損益の分配とは、持分会社の損益を各社員の利益剰余金に計算上反映させることをいい、これに従って

第4節　資本金の額の減少　　　　　　　　　　　　　　　　　§620

各社員に割り振られた利益剰余金の額が増減する。これに対して，各社員が自己に分配された利益に相当する財産について，持分会社から現実に払戻しを受けることを利益の配当（621など）という（以上について，立案担当163頁，法務省令164-165頁，論点解説592頁，大杉64頁）。以上のことは，会社計算規則163条2号が「社員に対して既に分配された利益〔損失〕の額」と「社員に対して既に利益の配当により交付された金銭等の帳簿価格」を問題にすることからも明らかになる。

　資本金・資本剰余金・利益剰余金が各社員に割り振られるといっても，会社は，各社員についてのこれらの額を計算書類に表示したり，社員ごとの資本金・資本剰余金・利益剰余金の帳簿を作成することを義務付けられるわけではない（大杉64頁注28）。各社員についてのこれらの額を確認する必要があるときに確認できるよう記録が行われていれば足りる。

III　損失のてん補のための資本金の額の減少（本条1項）

1　損失のてん補

　本条1項は，持分会社は，損失のてん補のために，その資本金の額を減少することができるものとする。

　合同会社は，損失のてん補のためにする場合のほか，出資の払戻しまたは持分の払戻しのためにしか，資本金の額を減少することができない（626 I）。これに対して，合名会社・合資会社は，それらの場合に限らず，任意に資本金を資本剰余金に振り替えることができる（会社計算30 II ④・31 I ③）。そのため，本条は持分会社に共通した規律として定められるものの，本条が実質的に意味を有するのは合同会社においてである。

　会社法の立案担当者は，「損失のてん補」とは，株式会社の場合と同様に，社員に払い戻すことが可能な財源を回復するという意味で用いられているものとする（法務省令168頁）。これは，「損失のてん補」が，株式会社における「欠損のてん補」（309 II ⑨ロ参照。計算詳解280-281頁，江頭697頁）に相当するという趣旨であろう。

　損失のてん補のために資本金の額を減少する場合，同額だけ資本剰余金の額が増加する（会社計算31 I ④）。資本剰余金と利益剰余金の混同を防ぐため（資本取引と損益取引の区別），損失のてん補に伴い直接に利益剰余金の額を増加させることはできない（会社計算規則32条1項には，同規則31条1項4号に相当する

〔伊　藤〕

規定がない。コンメ商施規230-231頁参照)。

　持分会社では，資本金の額は各社員に割り振られる。資本金の額を減少する場合，原則として，履行済みの出資の割合に応じて減少額を各社員に割り振ることになる。それとは異なる形で特定の社員の出資に対応する資本金の額を減少する場合には，定款の定めがあるか，対象となる社員の同意を要するであろう（法務省令169頁参照）。

2　損失の処理

(1)　意　　義

　損失のてん補に加えて，利益剰余金が零未満である場合（繰越損失がある場合）に，資本剰余金の額を減少させ，同額だけ利益剰余金の額を増加させる（ただし資本剰余金の額がプラスであるときにその範囲内に限る）ことは可能だと考えられる（会社計算31Ⅱ⑥・32Ⅰ③。法務省令168頁）。株式会社についても表示上の欠損金（その他利益剰余金のマイナス額）を消去するために「その他資本剰余金」から「その他利益剰余金」への振替えをすることが可能であると考えられ（法務省令78頁・107頁，計算詳解281頁），このような行為は「損失の処理」と呼ばれる（法務省令168頁）。

　例えば，社員A・Bの2人から成る合同会社において，利益の分配割合（622）が1：1であるとし，同会社の資本金が100，資本剰余金が0，利益剰余金がマイナス40（また，A・Bに割り振られた資本金・資本剰余金・利益剰余金は50・0・マイナス20ずつ）であるとする。(ア)同会社が損失のてん補のために資本金を40減少し（会社計算30Ⅱ⑤），資本剰余金を40増加させる（同則31Ⅰ④）と同時に，損失の処理として資本剰余金を40減少し（同条Ⅱ⑥），利益剰余金を40増加させれば（同則32Ⅰ③），損失のてん補・損失の処理後の同会社の資本金は60，資本剰余金は0，利益剰余金は0となる。(イ)次の決算の際に，同会社に20の当期純利益金額が生じれば，利益剰余金は20となる（同条Ⅰ①）。A・Bに割り振られる利益剰余金は10ずつであり〔☞(2)〕，A・Bはそれぞれ10までの会社財産の配当を請求することができる（621Ⅰ）。

(2)　損失の処理と各社員の計算

　損失の処理によって持分会社の資本剰余金の額が減少し，利益剰余金の額が増加する場合，そのような減少・増加は，各社員に割り振られる資本剰余金・利益剰余金の額に反映される。

　持分会社の資本剰余金の額の減少に伴い，各社員に割り振られる資本剰余金

第4節　資本金の額の減少　　　　　　　　　　　　　　　　　　§620

の額が減少する。これにより，各社員が出資の払戻し（624）に伴って会社から交付を受けられる財産の額が減少する。出資の払戻しによって減少するのは資本金または資本剰余金の額に限られる（会社計算30Ⅱ②・31Ⅱ②・32Ⅱただし書）ため，資本剰余金の額が減少すれば，それに対応して，出資の払戻しによって各社員が会社から交付を受けられる財産の額も減少するわけである（法務省令168頁）。

　資本剰余金の額を減少する場合，原則として，履行済みの出資の割合に応じて減少額を各社員に割り振ることになる。それとは異なる形で特定の社員の出資に対応する資本剰余金の額を減少する場合には，定款の定めがあるか，対象となる社員の同意を要する（法務省令169頁）。

　資本剰余金の額の減少に伴い増加した利益剰余金の額は，損益分配の基準に関する622条に従って各社員に割り振られる（法務省令168頁）。

　以上のことから，履行済みの出資の割合と損益分配の基準とが異なる場合，損失の処理によって減少する資本剰余金の各社員に割り振られる額と，増加する利益剰余金の各社員に割り振られる額は，一致しないことになる。

(3)　**損失の処理と出資の価額等**

　損失の処理は，出資の払戻しとは異なり，定款に記載された各社員の出資の価額（576Ⅰ⑥）を減少させるものではない。損失の処理によって減少した資本剰余金相当分が出資未履行状態になるものでもない（法務省令169頁）。

　出資履行請求権を資産計上していた場合〔☞Ⅱ3〕に，相手勘定として計上していた資本金・資本剰余金の金額が損失の処理によって利益剰余金に振り替えられたとしても，当該社員の出資が未履行であることに変わりはなく，当該社員は出資義務を免れない（法務省令169頁）。

Ⅳ　減少する資本金の額の限度（本条2項）

　本条2項は，本条1項の規定により減少する資本金の額，つまり，損失のてん補のために減少する資本金の額は，損失の額として法務省令で定める方法により算定される額を超えることができないものとする。

　会社計算規則は，本条2項にいう損失の額を算定する方法を，次のように定める（会社計算162）。

〔伊　藤〕

§620

> 本条2項により算定される額（損失の額）＝①または②のいずれか少ない額
> ①＝零から本条1項の規定により資本金の額を減少する日における資本剰余金の額および利益剰余金の額の合計額を減じて得た額（零未満であるときは，零）（会社計算162①）
> ②＝本条1項の規定により資本金の額を減少する日における資本金の額（会社計算162②）

　①から，損失の額は，原則として，資本剰余金および利益剰余金の合計額がマイナスである場合の絶対値であることがわかる。例えば，資本金が60，資本剰余金が20，利益剰余金がマイナス40であれば，損失の額は20である。また，このルールから，たとえ利益剰余金の額がマイナスであっても，資本剰余金の額がそれを補うのであれば，損失はないことになる。例えば，資本剰余金が40，利益剰余金がマイナス20であれば，①の額は（零未満であるため）零である。

　②から，資本金の額が①の額よりも少なければ，資本金の額が損失の額になる。資本金の額をマイナスにするような損失のてん補は許されないわけである。会社計算規則31条1項4号は，「持分会社が資本金の額の範囲内で損失のてん補に充てるものとして定めた額」の資本剰余金が増加すると定めており，これも，資本金の額をマイナスにすることが許されないことを前提にしている（コンメ商施規724頁）。例えば，資本金が60，資本剰余金が20，利益剰余金がマイナス100であれば，①の額は80であるが，②の資本金の額は60であるため，損失の額は60である。

（伊藤靖史）

第5節　利益の配当

> （利益の配当）
> 第621条① 社員は，持分会社に対し，利益の配当を請求することができる。
> ② 持分会社は，利益の配当を請求する方法その他の利益の配当に関する事項を定款で定めることができる。
> ③ 社員の持分の差押えは，利益の配当を請求する権利に対しても，その効力を有する。

【文献】江頭憲治郎編著・合同会社のモデル定款——利用目的別8類型（商事法務，2016），江頭憲治郎ほか「座談会・合同会社等の実態と課題（下）」商事1945号（2011）27頁，大杉謙一「持分会社・民法組合の法律問題」岩原ほか・上53頁，鈴木禄彌編・新版注釈民法(17)（有斐閣，1993），田中耕太郎・改正商法及有限会社法概説（有斐閣，1939），中野貞一郎＝下村正明・民事執行法（青林書院，2016），我妻榮・債権各論中2（岩波書店，1962）

I　総　　説

1　本条の趣旨

本条1項は，持分会社の社員の利益配当請求権について定めるものである。本条2項は，持分会社が利益の配当に関する事項について定款で定めることができる旨を定めるものである。本条3項は，持分会社の社員の持分の差押えが利益配当請求権に対しても効力を有する旨を定めるものである。

本条は，すべての持分会社に共通してこれらの規律を定める。合同会社については，さらに，628条以下にも利益の配当に関する定めが置かれる。

2　本条の沿革

本条1項および2項は，会社法の制定に伴って新設された規定である。

平成17年改正前商法は，合名会社・合資会社の内部関係について，組合に関する民法の規定を準用していた（平17改正前商68・147）。そのような規定の中には，組合の損益分配の割合に関する民法674条が含まれていた。

〔伊藤〕

§621

会社法では,「利益の配当」を損益分配とは区別する形で規定の整理が行われることになり,これに伴い,本条をはじめとする持分会社の利益の配当に関する規定を設けたものとされる（立案担当163頁）。本条の新設については,合同会社に関する特則を定める必要があったことから,それに対応する一般規定の明文化が求められたのではないかともいわれる（大杉56頁）。

本条3項は,平成17年改正前商法90条の一部を引き継ぐものである。同条は,合名会社について,「社員ノ持分ノ差押ハ社員ガ将来利益ノ配当及持分ノ払戻ヲ請求スル権利ニ対シテモ亦其ノ効力ヲ有ス」と定めていた。同条の「利益ノ配当……ヲ請求スル権利」に関する内容が,本条3項に引き継がれている。

3 会社法制定前の合名会社・合資会社の社員の利益配当請求権

民法674条については,組合の事業によって利益が生じたときにはこれを各組合員に分配し,損失を生じたときにはこれを各組合員が分担することが通例であり,民法は,このことを前提にその割合についてだけ規定を設けているものと理解される。そして,営利を目的とする組合においては,利益の分配（組合財産の現実の分配を含む）は組合の業務の一部として行うべきであるが,利益の分配がされないときには,組合員が,組合の収支を計算して利益を分配することを請求することができるといわれる（以上について,我妻822-824頁,新注民(17)125頁・127-128頁〔品川孝次〕）。

会社法制定前には,以上と同様に,合名会社・合資会社について,定款に別段の定めがない限り,社員は会社に対して事業年度末において利益の配当を請求することができると考えられていた（松本521頁）。定款の規定または総社員の同意をもって利益の全部または一部を会社に留保することもできるとされていた（新注会(1)217頁〔伊沢和平〕,大隅＝今井・上105頁,鈴木＝竹内556頁）のも,原則として各社員が利益の配当を請求できることを前提とするものであろう。

II 利益配当請求権（本条1項）

1 持分会社の利益の配当

(1) 損益の分配と利益の配当

民法674条は,組合の損益分配の割合について定める。そこで問題とされる

第5節　利益の配当　　　　　　　　　　　　　　　　　　　§621

　利益の分配は，原則として各組合員に現実に金銭を分配するものであるが，利益を現実に分配せずに組合財産とし，各組合員の持分を増加させることもできるとされる（我妻 821 頁，新注民(17) 128 頁［品川］）。会社法制定前には，合名会社・合資会社についても，以上と同様に，利益は原則として現実に分配されるが，定款または総社員の同意によりその全部または一部を社内に留保することができるとされていた（石井・下 404 頁，大隅＝今井・上 105 頁，田中誠・下 1224-1225 頁，鈴木＝竹内 556 頁）。つまり，民法 674 条が定める利益の分配には，事業によって生じた利益が各社員の持分を増加させることと，そのような利益に相当する財産を現実に各社員に払い戻すことが，ともに含まれるわけである。

　以上に対して，会社法は，持分会社について，損益の分配と利益の配当を規定の上で区別する。損益の分配とは，持分会社が上げた損益が各社員の持分との関係でどのように分配されるか（損益が各社員の利益剰余金にどのように計算上反映されるか）という問題であり［☞§622 II 1］，622 条はその割合について定める。これに対して，利益の配当とは，そのように各組合員に分配された利益に相当する会社財産を現実に払い戻す行為であり，これについて本条等で定められる（以上について，立案担当 163 頁，大杉 64 頁）。例えば，会社計算規則 163 条 2 号においても，利益・損失の分配（同号イロ）と利益の配当（同号ハ）が以上のような意味で区別されている。

　損益の分配と利益の配当が以上のように区別されたのは，株式会社について「配当」の概念が変容したことに伴うものとされる（立案担当 163 頁）。これは，次のような意味であろう。すなわち，株式会社では，利益のみならず，利益以外を財源とするものであっても，剰余金に相当する会社財産を払い戻す行為が剰余金の配当とされる（立案担当 131 頁）。「配当」という概念が，利益とは必ずしも結びつかず，会社財産を払い戻す行為を意味するようになったのである。そのため，持分会社についても，会社財産を現実に払い戻す行為が利益の配当とされ，その前提として持分会社の損益を各株主に割り振ることが損益の分配とされたわけである。

(2)　**利益の配当と剰余金の配当**

　持分会社の利益の配当は，株式会社の剰余金の配当とも異なる。すなわち，後者の財源である剰余金には，資本取引によって生じた「その他資本剰余金」が含まれる。これに対して，持分会社において利益の配当によって払い戻すことができる剰余金は利益剰余金だけであり，資本剰余金は出資の払戻し（624）によって払い戻されるが，利益の配当によっては払い戻すことができな

い（会社計算 31 II ただし書。法務省令 164 頁も参照）。もっとも，損失の処理として資本剰余金を利益剰余金に振り替えることは可能であり［☞§620 III 2］，そのような区別が徹底されているわけではない。

2 利益配当請求権

(1) 利益配当請求権

本条 1 項は，社員は，持分会社に対し，利益の配当を請求することができるとする。この権利を，（抽象的な）利益配当請求権という。

持分会社の利益の配当とは，各組合員に分配された利益に相当する会社財産を現実に払い戻す行為である［☞ 1(1)］。このことから，持分会社の社員が利益の配当による払戻しを請求することができる財産の価額は，当該社員に分配された損益の額の合計額から過去に当該社員が払戻しを受けた額を減じて得た額の範囲内に限られるものとされる（法務省令 165 頁）。ある事業年度において利益があればそれ以前の事業年度までの損失をてん補せずに配当をすることができるかという問題を含め，社員が利益の配当を請求できる額については，さらに，623 条の注釈を参照されたい［☞§623 IV 1］。

(2) 具体的配当受領権との関係

社員が会社に対して利益の配当の請求をすれば，当該社員には利益の配当を受ける具体的な請求権が発生する。この権利を，具体的配当受領権という。具体的配当受領権は，利益の配当を請求する意思表示が会社に到達した時に発生し，その時点から遅延利息が生じる（大杉 69 頁）。具体的配当受領権は，その発生後は，社員の持分とは独立に譲渡・質入れ・差押等の対象となる（株式会社の具体的剰余金配当請求権と同様）［☞§453 III］。具体的配当受領権の消滅時効期間は，平成 29 年法律第 44 号による民法改正の施行後は，原則として，権利を行使することができることを知った時（これは，利益の配当を請求する意思表示が会社に到達した時であろう）から 5 年と考えられる。

以上のように，（抽象的な）利益配当請求権と具体的配当受領権の関係は，株式会社の株主の抽象的剰余金配当請求権（105 I①）・具体的剰余金配当請求権と同様，基本権と支分権の関係にある（大杉 69 頁）。もっとも，株式会社においては，権限のある機関が剰余金の配当について決定をしない限り株主は会社に配当の支払を請求することができず，抽象的剰余金配当請求権は，観念的な一種の期待権とされる（江頭 691 頁）。これに対して，本条 1 項の利益配当請求権は，定款に別段の定めがない限り［☞ III 2］，配当に関する機関決定がなくと

第5節　利益の配当　　　　　　　　　　　　　　　　　§621

も，各社員が利益の配当の請求をすることができるというものである（大杉68頁）。他方で，株式会社においては，権限のある機関が剰余金の配当について決定をすれば利益配当請求権を有するすべての株主に具体的剰余金配当請求権が発生するのに対して，持分会社においては，定款に別段の定めがない限り〔☞Ⅲ2〕，各社員が利益の配当の請求をする限りで具体的配当受領権が発生する。

(3) 社員の入社と利益の配当

　持分会社の損益の分配（622）とは，1(1)に述べたように，事業年度の損益を社員に分配することを意味する。そのため，例えば，ある事業年度Ⅱに新たに入社した社員には，その前の事業年度Ⅰ（また，さらにそれ以前の事業年度）の損益は，定款で別段の定めをしない限り分配されない（法務省令165頁）。したがって，そのような社員には，原則として，上記の例では事業年度Ⅰおよびそれ以前の事業年度の利益に相当する会社財産の払戻し（利益の配当）は行われない（新基本法コンメ(3)50頁〔青竹正一〕）。

3　利益の配当の会計処理等

　持分会社が利益の配当をした場合，配当のために払い戻された会社財産について資産を減少するとともに，同額の利益剰余金を減少する（会社計算32Ⅱ④。法務省令165頁，コンメ商施規235頁）。また，配当を受領した社員については，配当された額だけ，当該社員に割り振られた利益剰余金の額が減少する（法務省令165頁）。例えば，社員A・Bの2人から成る合名会社において，Aに割り振られた利益剰余金が40，Bに割り振られた利益剰余金が30であれば，同社の利益剰余金は70である。Aに20の利益が配当されれば，Aに割り振られた利益剰余金は20，同社の利益剰余金は50に減少する。

Ⅲ　利益の配当に関する事項（本条2項）

1　定款の定め

　本条2項は，持分会社は，利益の配当を請求する方法その他の利益の配当に関する事項を定款で定めることができるものとする。そのような事項として，利益の配当を請求することができる時期，回数，配当する財産の種類・額が挙げられる（論点解説594頁，新基本法コンメ(3)50頁〔青竹〕）。
　社員が利益の配当を請求することができる時期や回数について，利益の配当

〔伊　藤〕

§621　　　　　　　　　　　　　　　　　　第3編　持分会社　第5章　計算等

は定款に定めがない限り事業年度の終わりに定期的に実行されるが，定款で定めれば事業年度中いつでも回数の制限なく利益の配当をすることが認められるとする見解がある（新基本法コンメ(3)50頁［青竹］，論点体系(4)482頁［道野真弘］）。たしかに，損益の分配は，計算書類が作成され事業年度の損益が明らかになるごとになされるものであるが［☞§622Ⅱ1］，各社員に分配された利益に相当する会社財産を現実に払い戻す時期や回数について，そのような制約は本来存在しない（株式会社の剰余金の配当についても，その時期や回数そのものに関する制限はない）［☞§453Ⅳ・454Ⅲ］。定款に別段の定めがない限り，各社員は，いつでも，また，一事業年度中に何度でも，利益の配当を請求することができると解するべきである。

　株式会社の剰余金の配当と同様（454Ⅰ①Ⅳ参照），利益の配当として払い戻される会社財産の種類に制約はなく，金銭以外の財産を交付することもできる（新基本法コンメ(3)51頁［青竹］）。配当財産の種類について定款に定めがあればそれに従う。

　本条2項の定款の定めとして利益の配当を行わない旨を定めることができるかという問題については，622条の注釈を参照されたい［☞§622Ⅱ2(1)］。

2　株式会社型の利益の配当

　本条1項が定めるように，持分会社では，株式会社と異なり，利益の配当は原則として各社員の請求（のみ）に基づいて行われる。しかし，本条2項の定款規定として，持分会社が利益の配当をしようとするときは，そのつど，社員の過半数によって，①配当財産の種類・帳簿価額の総額，②社員に対する配当の割当てに関する事項，③当該利益の配当が効力を生ずる日を定めなければならない旨を，定めることもできる。合同会社の場合，このような定めを設けることが多いとされる（江頭編著・合同会社66-67頁。同書では，それと同時に，各社員が利益の配当を請求することができるとする定款の定めの例も紹介される。同書97-98頁）。そのような定めの下では，株式会社と同様に，上記の「当該利益の配当が効力を生ずる日」において，各社員に具体的配当受領権が生じるものと考えられているようである（江頭ほか・実態と課題34頁［新家寛＝黒田裕］）。

　しかし，株式会社において「当該剰余金の配当がその効力を生ずる日」（454Ⅰ③）に具体的剰余金配当請求権が生じると考えられる［☞§454Ⅱ］のは，株式会社では権限のある機関が剰余金の配当について決定をすれば利益配当請求権を有するすべての株主について具体的剰余金配当請求権が発生するという仕

第5節　利益の配当　　　　　　　　　　　　　　　　　　§621

組みがとられている［☞ II 2(2)］からである。持分会社において上記のような趣旨の定款規定を設けるのであれば，上記①から③の事項を社員の過半数が定めれば，本条1項所定の請求を要せず，会社は各社員に利益の配当を行う旨を明示することが望ましいように思われる。

IV　持分の差押えの効力（本条3項）

1　持分の差押えの可否

　平成17年改正前商法90条は，合名会社について，「社員ノ持分ノ差押ハ社員ガ将来利益ノ配当及持分ノ払戻ヲ請求スル権利ニ対シテモ亦其ノ効力ヲ有ス」と定め，これが合資会社にも準用されていた（同法147）。同法90条は，昭和13年商法改正によって新設された規定である。同改正前は，合名会社・合資会社の社員の持分の差押えが可能かどうかについて争いがあった。持分の差押えが認められなければ具体的配当受領権［☞ II 2(2)］等を個々に差し押えなければならず，それでは社員の債権者の保護として十分ではないと考えられ，持分の差押えが認められることと，差押えの効力を明確に定めるため，同条が新設された（田中耕・改正商法107-108頁）。同条の内容を引き継ぐ本条3項・611条7項（また，会社法において新設された出資の払戻しに関する624条3項）も，持分会社の社員の持分の差押えが認められることを前提とし，差押えの効力について定める。

2　持分の差押えの方法と効力

　持分会社の社員の持分の差押えは，民事執行法167条によって行われ，原則として債権執行の例による。会社を第三債務者とし，これに差押命令が送達された時に，差押えの効力が生じる（同法167 I・145 III IV）。

　差押債権者は差し押えた持分を換価することもできるが，そのためには他の社員の同意を要する（585 I）。

　社員の持分の差押えは，利益の配当を請求する権利（本条III）のほか，持分の払戻しを請求する権利（611 VII）・出資の払戻しを請求する権利（624 III）に対しても，その効力を有する。明文の規定はないが，社員の持分の差押えは，残余財産分配請求権に対しても，その効力を有するものと解されている（大隅＝今井・上92頁，新注会(1)343頁［古瀬村邦夫］，中野＝下村774頁）。差押債権者は，事業年度の終了時において当該社員を退社させることができる（609 I）。

〔伊　藤〕

持分会社の任意清算のための財産の処分には，差押債権者の同意を要する (671 I)。

　持分の差押後も，社員は，当該持分について共益的権利を行使することができる（新注会(1)344頁［古瀬村］，中野＝下村774頁）。会社は，社員の持分の差押後に，定款変更などの方法で差押債権者に不利益を与えることはできず，そのような変更は差押債権者に対抗することができない（新注会(1)345頁［古瀬村］）。

3　利益の配当を請求する権利に対する効力

　本条3項は，社員の持分の差押えは，利益の配当を請求する権利に対しても，その効力を有するものとする。「利益の配当を請求する権利に対しても，その効力を有する」ということの意味は，次のように考えられる。

　まず，社員の持分の差押えが利益の配当を請求する権利に対してもその効力を有する結果，差押命令による債務者に対する処分禁止・第三債務者である会社に対する弁済禁止（民執145 I・167 I）は利益の配当を請求する権利にも及び，当該持分について会社に対する利益の配当の請求（本条 I）・会社による配当財産の交付が禁止されることになる。

　差押債権者が利益の配当の取立等を行う方法について，平成17年改正前商法90条の下で，通説は，社員の持分の差押えの後，利益配当請求権が具体化し，それを行使できる時期に達するごとに，その取立て（民執155）をしたり，転付命令（同法159）や譲渡命令等（同法161）の申立てをすることができるものとしていた（大隅＝今井・上92頁，五全訂コンメ121頁，新注会(1)343-344頁［古瀬村］。現行会社法を前提にそのように述べるものとして，新基本法コンメ(3)51頁［青竹］，中野＝下村774頁）。利益配当請求権が具体化する時期とは，決算期ごとに損益計算の上で総社員の同意によって利益の分配について決定をするといった方法がとられることを前提に（大隅＝今井・上104頁参照），そのような総社員の同意が得られた時期のことを指していたのであろう。

　本条3項も，このような通説を変更することを意図するものではないと思われる。したがって，例えば，定款で，社員の過半数によって定めた「当該利益の配当が効力を生ずる日」において，各社員に具体的配当受領権が生じるものとする会社［☞Ⅲ2］では，そのような社員の過半数による決定があれば，持分の差押債権者は具体的配当受領権の取立てをしたり，転付命令等の申立てができる。そのような定款の定めがなく，各社員の請求に応じて利益の配当が行

第5節　利益の配当　　　　　　　　　　　　　　　　　　　§622

われる会社においては，持分の差押債権者はいつでも（抽象的な）利益配当請求権の取立てとして利益の配当の請求をした上で（利益配当請求権を代位行使〔民423〕することもできると思われる），それによって生じた具体的配当受領権の取立てをしたり，転付命令等の申立てができると考えてよいであろう。以上のように考えるなら，本条3項にいう「利益の配当を請求する権利」には，（抽象的な）利益配当請求権と具体的配当受領権の双方が含まれることになる。

（伊藤靖史）

（社員の損益分配の割合）
第622条　①　損益分配の割合について定款の定めがないときは，その割合は，各社員の出資の価額に応じて定める。
②　利益又は損失の一方についてのみ分配の割合についての定めを定款で定めたときは，その割合は，利益及び損失の分配に共通であるものと推定する。

【文献】江頭憲治郎編著・合同会社のモデル定款——利用目的別8類型（商事法務，2016），大杉謙一「持分会社・民法組合の法律問題」岩原ほか・上53頁，落合誠一「会社の営利性について」江頭還暦（上）1頁，神作裕之「会社法総則・疑似外国会社」ジュリ1295号（2005）134頁，鈴木禄彌編・新版注釈民法(17)（有斐閣，1993），新家寛＝桑田智昭「合同会社の活用に際しての留意点」資料版商事344号（2012）30頁，我妻榮・債権各論中2（岩波書店，1962）

I　総　説

1　本条の趣旨

本条は，持分会社の損益分配の割合について定めるものである。本条はすべての持分会社に共通して適用される。

2　本条の沿革

本条は，会社法の制定に伴って新設された規定である。

平成17年改正前商法は，合名会社・合資会社の内部関係について，組合に関する民法の規定を準用していた（平17改正前商68・147）。そのような規定の中には，組合の損益分配の割合に関する民法674条が含まれていた。

会社法では，II 1に述べるように利益の配当を損益分配とは区別する形で規

定の整理が行われることになり，これに伴い，利益の配当とは区別された損益分配に関する規定として本条が設けられることになった（立案担当163頁）。

3　会社法制定前の合名会社・合資会社の損益分配

民法674条は，組合の損益分配の割合について，当事者がこれを定めなかったときは，その割合は各組合員の出資の価額に応じて定めるものとし，利益または損失についてのみ分配の割合を定めたときは，その割合は，利益および損失に共通であるものと推定するものとする。同条にいう損益分配は，利益に相当する組合財産を現実に組合員に分配することを含む概念である（我妻821頁，新注民(17)128頁［品川孝次］参照）［☞§621 Ⅱ 1(1)］。平成17年改正前商法は，合名会社・合資会社について同条を準用していた（同法68・147）。

II　損益分配の割合（本条1項）

1　持分会社の損益の分配

会社法は，持分会社について，損益の分配と利益の配当を規定の上で区別する。損益の分配とは，持分会社が上げた損益が各社員の持分との関係でどのように分配されるか（損益が各社員の利益剰余金にどのように計算上反映されるか）という問題であり，この割合が本条に定められる。これに対して，利益の配当とは，そのように各組合員に分配された利益に相当する会社財産を現実に払い戻す行為であり，これについて621条等で定められる（以上について，立案担当163頁，大杉64頁）［☞§621 Ⅱ 1(1)］。例えば，会社計算規則163条2号においても，利益・損失の分配（同号イロ）と利益の配当（同号ハ）が同様に区別されている。

損益の分配は，持分会社の損益の各社員への分配（計算上の割振り）であるから，計算書類が作成され事業年度の損益が明らかになるごとに，定款が定める割合か，そのような定めがなければ本条の定める割合に従って当然になされる。定款に別段の定めをしない限り，損益の分配自体のために会社機関の行為等を要するものではない（例えば，江頭編著・合同会社が掲げる合同会社のモデル定款も，損益の分配自体は一定の割合に従って当然になされることを前提とする。同書65頁参照）。

各社員に分配された損失について，社員が追加出資をして現実にてん補する必要はない。損失が現実化するのは退社または清算によって社員関係が終了す

第5節　利益の配当　　　　　　　　　　　　　　　　　§622

るときである（田中耕・上127頁，石井・下404-405頁，大隅＝今井・上105-106頁，田中誠・下1224頁，鈴木＝竹内556頁，新基本法コンメ(3)52頁［青竹正一］）。もっとも，社員が損失をただちにてん補する義務を負う旨を定款で定めることは可能であると考えられる（大杉65頁）。

　上に述べたように，損益の分配とは，各事業年度の損益を社員に分配することを意味する。そのため，ある事業年度に新たに入社した社員には，それ以前の事業年度の損益は，定款で別段の定めをしない限り分配されない（法務省令165頁）。

2　損益分配の割合

(1)　定款の定め

　本条は，持分会社の損益の分配の割合について，定款で定めることができることを前提として，そのような定めがない場合について規定するものである。

　持分会社は，定款により，損益の分配の割合について柔軟に定めることができる。各社員の出資の価額［☞(2)］に比例しない割合を定めることができるし，利益の分配の割合と損失の分配の割合を別のものとすることもできる。一部の社員に損失がまったく分配されない旨の定めも，社員相互間の問題として許容される（以上について，新基本法コンメ(3)52頁［青竹］。民法上の組合についても，同様に考えられている。我妻822-823頁，新注民(17)127頁［品川］）。合同会社で出資比率と異なる利益分配をすることについては税務上の問題も指摘されるが，利益配当について内容の異なる種類持分について定款で定める例もあるようである（新家＝桑田32頁・36-37頁。そこでいう「利益配当」には，利益配当の前提としての利益の分配も含むのであろう）。

　会社法制定前に，一部の社員に利益がまったく分配されない旨の定めは，合名会社の営利性に反するため，許容されないといわれていた（新注会(1)217頁［伊沢和平］。会社法の下で同様の理由を挙げるものとして，新基本法コンメ(3)52頁［青竹］，論点体系(4)484頁［道野真弘］）。民法上の組合のうち，営利組合については，そのように考えられている（我妻823頁，新注民(17)127頁［品川］）。

　ここでいう会社の営利性を示すものと考えられてきたのが平成17年改正前商法52条であるが（新注会(1)38-39頁［谷川久］），会社法はこれに相当する規定を置かない。また，株式会社については剰余金配当請求権と残余財産分配請求権の全部を与えない旨の定款の定めが無効であると明文で定められるが（105Ⅱ），持分会社についてはこれに相当する規定がなく，定款によって利益

〔伊　藤〕

配当請求権と残余財産分配請求権のいずれも与えない旨を定めることもできるようにも見える (621 II・666)。しかし，会社法の下でも，社員に一切の経済的利益を否定する旨の定款の定めは，会社の本質に反するものとして無効であると解する余地があるとする見解（神作139頁）や，5条が持分会社を含む会社の営利性の根拠であるとする見解（落合24-25頁）も有力である。

上記の会社法制定前の議論は会社財産の現実の分配を含む意味での損益分配［☞ I 3］を前提とし，会社法の下での営利性をめぐる議論も利益の配当を対象とするものであるが，本条1項についても，少なくとも，社員に一切の経済的利益を否定することになるような損益分配の割合を定める定款規定は無効だと考えるべきであろう。

(2) 定款の定めがない場合

本条1項は，損益分配の割合について定款の定めがないときは，その割合は，各社員の出資の価額に応じて定めるものとする。出資は会社の目的達成のために社員がその資格において行う給付であり（田中耕・上112頁，石井・下401頁，大隅＝今井・上76頁，田中誠・下1199頁，鈴木＝竹内555頁），会社の事業によって生じる損益をこのような出資の価額に応じて分配することが，通常の当事者の意思に合致し公平だと考えられるからである（本条1項と同様に定める民法674条1項について，新注民(17)127頁［品川］）。

持分会社の定款には，社員の出資の目的およびその価額または評価の標準を記載しまたは記録しなければならない (576 I ⑥)。合名会社・合資会社において，定款に定められた出資が会社成立前に全部履行されている必要はない。合同会社においては，設立登記前に出資の全部が履行されていなければならないが (578)，実際にはそれまでに出資の全部が履行されていなかったという事態は生じ得る。その場合，会社は出資履行請求権を有する［☞§620 II 3(1)］。そのため，いずれの持分会社においても，本条1項にいう「出資の価額」の意義について，これが既履行分のみを含むのか，未履行分も含むのかが問題となる。

会社法制定前にも，平成17年改正前商法68条が民法674条を準用することにより，定款に別段の定めがないときは，出資の価額に応じて損益を分配するものとされており，上に述べた問題については従来から争われてきた。通説は，損益の分配の基準としての「出資の価額」は，既履行分のみを含むとしていた。そのように解することが，社員間の公平に合致すると考えられるからである（石井・下404頁，大隅＝今井・上105頁，田中誠・下1224頁）。これに対し

第5節　利益の配当　　　　　　　　　　　　　　　§622

て，少数説として，未履行分についての出資履行請求権も会社財産を構成すること，そのような出資を予定できることから会社はより大きな事業を行うことができたと考えられることから，「出資の価額」には未履行分も含まれるとする見解もあった（新注会(1)217頁[伊沢]）。

　会社法の下では，「出資の価額」として既履行分を基準とすることが多くの場合には合理的であるとしつつ，未履行分を含む定款記載の出資の価額を基準とすることが合理的な場合もあるとする見解が唱えられる。そのような場合として，①計算書類の作成の際に，帳簿上，会社に生じた損益を定款記載の額に応じて各社員の利益剰余金に反映させている会社の場合，②そのような記帳をしていなくとも，業務執行社員について利益の配当と別に報酬が約定されていない（あるいはごく少額である）会社の場合が挙げられる。③そのほかの場合にも，定款記載の額を基準とすることが会社設立時の社員の意思であったことを証明することが許されるといわれる（大杉 67-68 頁）。また，出資額として定められたものが予定された会社の規模に直結するものであり，とりわけ損失が生じそうな場合に未履行部分の履行を躊躇させるような解釈はすべきではないという理由から，「出資の価額」には未履行分も含まれるとする見解もある（論点体系(4) 485 頁[道野]）。

　しかし，定款に定めがない場合の損益分配の割合としては，既履行の出資額を基準にすることが多くの場合に合理的であるし，素朴な常識に合致するであろう。それと異なる割合を望むのであれば定款で明確に定めればよいのであり，定款に定めがない場合の基準としては，一律に既履行の出資額を基準とする会社法制定前の通説を支持すべきである。また，以上のように「出資の価額」の意義については見解が分かれるのであるから，定款で損益分配の割合として「出資の価額」を用いた定めをする場合には，それが既履行分のみを指すのか未履行分を含むのかを明示することが望ましい（江頭編著・合同会社 65 頁等に掲げられる合同会社のモデル定款規定ではこのことが明示されていない。しかし，上に述べたように，合同会社においても実際には出資の全部が履行されていないという事態は生じ得る）。

(3) 有限責任社員への損失の分配

　会社法制定前には，定款に特段の定めがない場合に合資会社の有限責任社員がその出資額を超えて損失を分担するかどうかが争われていた。これについて，否定説は，（社員の対外的な責任と対内的な損失分担が必然的に関連するものではないことは認めつつ）有限責任社員は外部関係において出資の価額を限度とする

[伊藤]

責任を負うと同時に，内部関係においても出資額を超えて損失を分担しない（消極持分は生じない）と解することが当事者の意思に合致するとしていた（田中耕・上196頁，注会(1)563頁［中馬義直］，田中誠・下1273-1274頁，大隅＝今井・上138頁）。これに対して，肯定説は，社員の対外的責任と対内的な損失分担は異なること，損益分配の割合は出資の価額に従うことが原則であり，有限責任社員のみ消極持分が生じないとすることは不自然であることを根拠とする。もっとも，肯定説も，仮に消極持分が生じたとしても，退社等の際に現実に出資額を超える支払をする必要はないとしていた（石井・下432頁，新注会(1)609頁［江頭憲治郎］・618-619頁［林竧］，鈴木＝竹内572頁）。

定款で別段の定めを置くことは可能であること，会社法においては有限責任社員のみを社員とする合同会社形態が存在し，有限責任社員に消極持分が生じないとすることは不自然であること，また，いずれにせよ有限責任社員が現実に出資額を超える支払をする必要はないことから，肯定説を支持すべきであろう。

III　利益または損失の一方についてのみ分配の割合を定めた場合（本条2項）

本条2項は，利益または損失の一方についてのみ分配の割合についての定めを定款で定めたときは，その割合は，利益および損失の分配に共通であるものと推定するものとする。利益と損失の分配の割合を共通のものとすることが，通常の当事者の意思に合致し公平だと考えられるからである（本条2項と同様に定める民法674条2項について，我妻823頁）。

〔伊藤靖史〕

（有限責任社員の利益の配当に関する責任）
第623条① 持分会社が利益の配当により有限責任社員に対して交付した金銭等の帳簿価額（以下この項において「配当額」という。）が当該利益の配当をする日における利益額（持分会社の利益の額として法務省令で定める方法により算定される額をいう。以下この章において同じ。）を超える場合には，当該利益の配当を受けた有限責任社員は，当該持分会社に対し，連帯して，当該配当額に相当

第5節　利益の配当　　　　　　　　　　　　　　　　　§623

する金銭を支払う義務を負う。
② 前項に規定する場合における同項の利益の配当を受けた有限責任社員についての第580条第2項の規定の適用については、同項中「を限度として」とあるのは、「及び第623条第1項の配当額が同項の利益額を超過する額（同項の義務を履行した額を除く。）の合計額を限度として」とする。

【文献】稲葉威雄・会社法の解明（中央経済社，2010），江頭憲治郎編著・合同会社のモデル定款——利用目的別8類型（商事法務，2016），大杉謙一「持分会社・民法組合の法律問題」岩原ほか・上53頁

I　総　　説

1　本条の趣旨

本条1項は、持分会社の有限責任社員への配当額が利益額を超える場合の、当該利益の配当を受けた有限責任社員の会社に対する支払義務について定めるものである。本条2項は、そのような場合の、利益の配当を受けた有限責任社員の持分会社の債務を弁済する責任の限度について定めるものである。

本条は、すべての持分会社に共通してこれらの規律を定める（もっとも、合名会社に有限責任社員は存在しない。576 II）が、本条2項は合同会社の社員については適用されない（630 III）。合同会社については、さらに、628条以下にも利益の配当に関する定めが置かれる。

2　本条の沿革

本条1項は、会社法の制定に伴って新設された規定である。本条2項は、平成17年改正前商法157条2項と同様の問題を扱うものであるが、次に述べるように、規制の内容を合理的なものにするために文言があらためられている。

平成17年改正前商法157条1項は、「有限責任社員ハ其ノ出資ノ価額ヲ限度トシテ会社ノ債務ヲ弁済スル責ニ任ズ但シ既ニ会社ニ対シ履行ヲ為シタル出資ノ価額ニ付テハ此ノ限ニ在ラズ」とし、これを受けて同条2項は、「前項但書ノ規定ノ適用ニ付テハ会社ニ利益ナキニ拘ラズ配当ヲ受ケタル金額ハ之ヲ控除シテ其ノ出資ノ価額ヲ定ム」としていた。このような規定からすれば、出資の価額を超えて配当を受けた有限責任社員も、その出資の価額を限度として責任を負うにとどまる。そのようなルールは合理的ではないと考えられ、本条2項

〔伊藤〕

によって，合資会社については（630Ⅲ），配当額が利益額を超える場合，有限責任社員が会社の債務を弁済する責任の限度は，(A)出資の価額のうち未履行分と，(B)配当額が利益額を超える部分の額（本条1項の義務を履行した額を除く）の合計額として計算するものとされた（立案担当163頁）。

　他方で，利益がないにもかかわらず配当を受けた場合に有限責任社員が会社に対してどのような責任を負うかということは，会社法制定前は明文では定められていなかった。そこで，会社法の制定によって合同会社が創設されたことに伴い，本条1項によって，合資会社・合同会社の有限責任社員について，株式会社の株主の責任と同様のルールが定められた（立案担当163頁。なお，合資会社についてそのようなルールを設ける必要はなかったとする見解として，稲葉516頁）。

II　有限責任社員への配当額が利益額を超える場合の会社に対する支払義務（本条1項）

1　支払義務が生じる場合

(1)　支払義務の内容

　本条1項は，配当額（持分会社が利益の配当により有限責任社員に対して交付した金銭等の帳簿価額）が当該利益の配当をする日における利益額（持分会社の利益の額として法務省令で定める方法により算定される額）を超える場合には，当該利益の配当を受けた有限責任社員は，当該持分会社に対し，連帯して，当該配当額に相当する金銭を支払う義務を負うものとする。

　本条1項の支払義務は，配当額が利益額を超過した部分だけではなく，配当額全体について課される。また，配当として金銭以外の財産が交付された場合も，本条1項の支払義務は，当該財産の帳簿価額に相当する金銭を支払う義務として生じる（新基本法コンメ(3)53頁［青竹正一］）。支払義務の範囲がこのように定められた理由は，分配可能額の規制に違反した剰余金の配当によって金銭等の交付を受けた株主の責任（462Ⅰ）との整合性に求められる（立案担当163-164頁）。

(2)　利　益　額

　会社計算規則は，本条1項および本条以下の会社法第3編第5章（持分会社の計算等）の規定にいう利益額を算定する方法を，次のように定める（会社計算163）。

第5節　利益の配当　　　　　　　　　　　　　　　　　　　§623

> 持分会社の利益額＝①または②のいずれか少ない額
> （ただし629条2項ただし書に規定する利益額にあっては①の額）
> ①＝621条1項の規定による請求に応じて利益の配当をした日における利益剰余金の額（会社計算163①）
> ②＝次の(イ)－((ロ)＋(ハ))（つまり，(イ)－(ロ)－(ハ)）（会社計算163②）
> 　　(イ)　当該請求をした社員に対して622条の規定によりすでに分配された利益の額（会社計算規則32条1項3号に定める額がある場合には，当該額を含む）
> 　　(ロ)　当該請求をした社員に対して622条の規定によりすでに分配された損失の額（会社計算規則32条2項4号に定める額がある場合には，当該額を含む）
> 　　(ハ)　当該請求をした社員に対してすでに利益の配当により交付された金銭等の帳簿価格

　以上の(イ)(ロ)に挙げられる会社計算規則32条1項3号2項4号自体は，持分会社の利益剰余金が増加・減少する額を定めるものであるが，(イ)(ロ)において問題とされるのは，そのように増加・減少した利益剰余金の額のうち，当該有限責任社員に割り振られた額であると考えられる（コンメ商施規726頁参照）。

　以上の②から，ある有限責任社員に，当該社員に対してこれまでに分配された損益の合計額（プラス分）から当該社員がこれまで利益の配当として交付された金銭等の帳簿価格を差し引いた額（以下では表現を簡単にするためにこのような額を「留保利益」とよぶ）を超える利益の配当が行われた場合，当該社員は本条1項の支払義務を負う（会社計算163②）。配当額が会社の利益剰余金の額の範囲内であってもこのような義務を負わせるのは，ある有限責任社員に帰属する留保利益を超える配当が行われることで，そのような配当を受けないほかの社員との公平が損なわれると考えられるからである（コンメ商施規726頁参照）。合同会社については，会社全体の利益剰余金の額を基準とする払戻規制（628，会社計算163①）が課せられているので，ほかの社員が同規制との関係で影響を受けるという説明もされる（法務省令166-167頁）。

　さらに，①から，ある有限責任社員に，当該社員に帰属する留保利益の範囲内ではあっても，利益の配当をした日における会社の利益剰余金の額を超える利益の配当が行われた場合（ほかの有限責任社員に割り振られる利益剰余金がマ

〔伊　藤〕

イナスであれば，そのようなこともあり得る。大杉 72 頁），当該社員は本条 1 項の支払義務を負う（会社計算 163 ①）。このような支払義務を課す理由は，そのような配当が，とりわけ合同会社について，会社債権者の利益を害することに求められる（法務省令 166 頁，コンメ商施規 726 頁参照）。

(3) 本条 1 項以外の規定における利益額

本条 1 項第 2 括弧書から，本条 1 項にいう「利益額」は，本条以下の会社法第 3 編第 5 章（持分会社の計算等）の規定にいう「利益額」と共通する意味を有するものである。そのような「利益額」の算定方法は(2)に述べた会社計算規則の規定に定められるが，629 条 2 項ただし書については(2)の ① の額が利益額であるとされる（会社計算 163 柱書括弧書）。629 条 2 項が合同会社における利益の配当の制限（628）に違反して利益の配当をした場合の業務を執行した社員の責任の総社員の同意による免除に制限を設けるのは，会社債権者の利益を保護するためであり，会社債権者の利益にとって意味を有するのは ① だからである（コンメ商施規 726 頁参照）。

629 条 2 項のほかに「利益額」が問題になるのは 628 条と 630 条 1 項であり，これらの条文の「利益額」の意味は本条と同じである。

2 義務の連帯

本条 1 項は，有限責任社員に対する配当額が利益額を超える場合に，当該利益の配当を受けた有限責任社員が，「連帯して」支払義務を負うものとする。これは，定款の定めにより，一度の利益の配当の機会に，配当受領社員が 2 人以上いる場合の連帯責任を規定するものとされる（法務省令 166 頁）。

その場合，各社員は，同時に配当された総額ではなく，自己に交付された配当額について，本条 1 項の支払義務を負うと考えられる。株式会社においても，分配可能額を超える剰余金の配当を受けた株主は，自己に交付された金銭等の帳簿価額に相当する金銭を会社に支払う義務を負うと考えられているのであり，配当総額について義務を負うとは考えられていない〔☞§462 Ⅲ 1〕。

例えば，合同会社の場合，会社が利益の配当をしようとするときは，そのつど，社員の過半数によって，① 配当財産の種類・帳簿価額の総額，② 社員に対する配当の割当てに関する事項，③ 当該利益の配当が効力を生ずる日を定めなければならない旨を，定めることが多いとされる（江頭編著・合同会社 66-67 頁）。このような定めが置かれる場合，株式会社と同様に，上記の「当該利益の配当が効力を生ずる日」において，各社員に具体的配当受領権が生じるも

第5節　利益の配当　　　　　　　　　　　　　　　　　　§623

のと考えられている［☞§621 Ⅲ 2］。このような会社では，一度の利益の配当の機会に配当受領社員が複数いることになり，①の配当財産の帳簿価額の総額が利益額を超えれば，配当を受領した各社員は，本条1項により，自己に交付された金銭等の帳簿価額に相当する金銭を会社に支払う義務を負うと考えられる。

3　義務の履行

有限責任社員が本条1項による支払義務を履行した場合，これによって会社に支払われた金銭の分だけ，会社の利益剰余金の額が増加する（会社計算32Ⅰ③）。このような利益は，各社員に分配される（622）のではなく，支払義務を履行した社員にのみ分配される（当該社員に割り振られる利益剰余金のみが増加する。法務省令167頁）。また，そのような履行分については，有限責任社員が会社の債務を弁済する責任の限度が減少する（本条Ⅱ）。

Ⅲ　合資会社の有限責任社員への配当額が利益額を超える場合の会社の債務を弁済する責任（本条2項）

本条2項は，本条1項に規定する場合における本条1項の利益の配当を受けた有限責任社員，つまり，利益額を超える利益の配当を受けた有限責任社員についての580条2項の適用については，同項中「を限度として」とあるのは「及び第623条第1項の配当額が同項の利益額を超過する額（同項の義務を履行した額を除く。）の合計額を限度として」とするものとする。また，本条2項は合同会社の社員については適用されない（630Ⅲ）。

以上の定めから，合資会社の有限責任社員への配当額が利益額を超える場合，当該有限責任社員が会社の債務を弁済する責任の限度は，(A)出資の価額のうち未履行分と，(B)「配当額が利益額を超過する額－本条1項の義務を履行した額」の合計として計算される。平成17年改正前商法157条と異なり，利益額を超えて配当された超過額（から本条1項の義務を履行した額を差し引いたもの）は，出資の価額のうち未履行分の額とは別に，有限責任社員が会社の債務を弁済する責任の限度を構成する［☞Ⅰ2］。

〔伊　藤〕

IV 利益の配当を請求できる額・利益額を超える配当が行われた場合

1 利益の配当を請求できる額

(1) 有限責任社員が利益の配当を請求できる額

　会社法は，持分会社の社員が会社に対して利益の配当を請求できる額や，利益の額を超える配当が行われた場合の当該配当を受領した社員の責任に関連して，本条と628条に断片的な定めを置くにとどまる。そのため，そのような場合の会社法のルールには，明確でない点も多い。

　合同会社については，628条により，配当額が利益の配当をする日における利益額を超える場合，会社は利益の配当をすることができず，社員からの利益の配当の請求を拒むことができるものとされる。同条にいう「利益額」も会社計算規則163条によって定められるため［☞ II 1(3)］，ある有限責任社員は，当該社員に帰属する留保利益［☞ II 1(2)］の範囲内ではあっても，利益の配当をする日における会社の利益剰余金の額を超える利益の配当を請求することはできないことになる。628条の文言からは明確ではないが，621条が社員の権利として利益配当請求権を定めていることを重視すべきであり，会社が請求を拒むことができるのは，利益の配当をする日における利益額を超える分に限られると解するべきであろう。例えば，社員A・Bの2人から成る合同会社において，Aに割り振られた利益剰余金が40，Bに割り振られた利益剰余金がマイナス30であれば，同会社の利益剰余金は10であり，Aは10までしか利益の配当を請求することができないと考えられる［これと異なる見解として，☞§628 III］。

　合資会社については，628条に相当する規定が会社法に置かれておらず，有限責任社員が利益額を超える利益の配当を請求する場合，会社は配当を拒むことができないようにも考えられる。しかし，実際に利益額を超える利益の配当が行われれば，有限責任社員は本条1項により会社に対する支払義務を負うのであるから，そのような資金の循環を認める必要性も乏しく，利益額を超える利益の配当の請求が行われても当該超過分について会社は配当を拒むことができると解される（大杉72頁）。

(2) 無限責任社員が利益の配当を請求できる額

　合名会社・合資会社の無限責任社員については，以上のような問題について

第5節　利益の配当

会社法に規定が置かれていない。持分会社の利益の配当とは，各組合員に分配された利益に相当する会社財産を現実に払い戻す行為である［☞ §621 Ⅱ 1 (1)］。このことから，持分会社の社員は一般的に，自己に帰属する留保利益［☞ Ⅱ 1 (2)］の範囲内で，利益の配当による払戻しを請求することができるものとされる（法務省令165頁）。会社法の立案担当者はその根拠を会社計算規則163条2号（平成21年法務省令第7号による改正の前は会社計算規則191条2号）に求めるが（法務省令165頁），むしろ，持分会社の利益の配当とは上記の意味の行為であり，各社員について見れば当該社員に帰属する留保利益を超える額の会社財産の交付を「利益の配当」として請求する（621 Ⅰ）ことはできない（超過分は621条にいう「利益」とはいえない）ということに，その根拠を求めるべきであろう。

以上のことからすれば，合名会社・合資会社の無限責任社員が自己に帰属する留保利益の額を超える利益の配当を請求しても，当該超過分について会社は配当を拒むことができると考えられる（大杉71頁）。他方で，無限責任社員については，会社の利益剰余金の額を超える配当の請求を認めない趣旨を含む規定は定められておらず（本条Ⅰ・628，会社計算163①対照），たとえ会社の利益剰余金の額を超えるとしても，当該無限責任社員に帰属する留保利益の額までは，会社に対して配当を請求することができるものと考えられる。例えば，社員A・Bの2人から成る合名会社において，Aに割り振られた利益剰余金が40，Bに割り振られた利益剰余金がマイナス30であれば，同会社の利益剰余金は10であるが，Aは40までは利益の配当を請求することができると考えられる。

会社法制定前には，合名会社について，ある事業年度において利益があれば，それ以前の事業年度までの損失をてん補せずに，配当をすることができると考えられていた。会社全体の損益の合計額がマイナスであっても，ある事業年度に利益（以下では表現を簡単にするためにこのような利益を「単年度利益」とよぶ）が生じれば，それに相当する額の会社財産を配当することができると考えられていたわけである。例えば，社員A・Bの2人から成る合名会社において，Aに割り振られた利益剰余金がマイナス40，Bに割り振られた利益剰余金がマイナス40であり，同社の利益剰余金がマイナス80であるとする。同社に20の単年度利益が生じても，同社の利益剰余金もA・Bに割り振られた利益剰余金もプラスにはならないが，上記の見解は，単年度利益の額に相当する20までは利益の配当をすることが認められるとしていたわけである。以上の

〔伊　藤〕

§623

ように考えられたのは，昭和13年商法改正によって，会社は損失をてん補した後でなければ利益の配当ができないものとしていた同改正前商法67条が削除されたこと，また，無限責任社員が会社債権者に責任を負うことで会社債権者の保護は十分だと考えられたことによる（以上について，新注会(1) 215-216頁〔伊沢和平〕，大隅＝今井・上104-105頁）。

会社法の下で，以上と同様に解する見解もあるが（新基本法コンメ(3) 51頁〔青竹〕，論点体系(4) 484頁〔道野真弘〕。なお，大杉71頁は，このような会社法制定前の通説に与するべきであるとしつつ，「利益（当該社員に属する利益剰余金）の額を限度としてのみ配当を請求することができ……る」と述べる），上記のような持分会社の「利益」に関する理解からすれば，単年度利益の配当の請求はできないとも考えられる。

2 利益額を超える配当が行われた場合

(1) 各社員への割振り

1で検討したのは，持分会社の社員が権利として利益の配当を請求できる（621 I）額がいくらまでかということである。そのような利益の配当の請求の限度を超えて実際に配当（会社財産の交付）が行われた場合については，それとは別に検討する必要がある。

まず，無限責任社員・有限責任社員とも，利益の配当を受ければ，自己に割り振られる利益剰余金が減少する（これによって留保利益が減少する）［☞§621 II 3］。利益の配当を請求できる額を超えて配当が行われた場合もそれと同様であり，例えば，当該社員に帰属する留保利益を超える配当が行われれば，その超過分は当該社員に損失として分配される（当該社員に割り振られる利益剰余金の額が減少する）。しかし，ほかの社員に帰属する留保利益は，それによって減少しない（法務省令166頁）。例えば，社員A・Bの2人から成る合名会社において，Aに割り振られた利益剰余金が40，Bに割り振られた利益剰余金が30であり，同社の利益剰余金が70であるとする。利益の配当としてAに60の会社財産が交付されれば，同社の利益剰余金は10，Aに割り振られた利益剰余金はマイナス20に減少するが，Bに割り振られた利益剰余金は30のままで変わらない。

(2) 有限責任社員の支払義務

合資会社・合同会社の有限責任社員に対して利益額を超える配当が行われれば，IIに述べたように，本条1項により，当該社員は（超過分にとどまらず）当

第5節　利益の配当　　　　　　　　　　　　　　　§623

該配当額に相当する金銭を会社に支払う義務を負う。

　合資会社の有限責任社員については，Ⅲに述べたように，当該有限責任社員が会社の債務を弁済する責任の限度が増加する（本条Ⅱ）。合同会社の社員について同ルールは適用されず（630Ⅲ），利益額を超える配当が行われる場合については，利益の配当に関する業務を執行した社員の責任が定められる（629）。

(3) 無限責任社員の支払義務

　合名会社・合資会社の無限責任社員については，1(2)に述べたように，会社は，当該無限責任社員に帰属する留保利益の額を超える分の配当を拒むことができるものと考えられる。それでは，実際に当該社員に帰属する留保利益の額（また，1(2)に述べたように留保利益がマイナスでも単年度利益の配当が認められるのであれば，単年度利益の額）を超えて利益の配当が行われれば，それを受領した無限責任社員は，超過分を会社に支払う義務を負うだろうか。

　会社法制定前には，合名会社において利益がないにもかかわらず財産の分配をしても，違法ではないと考えられていた（田中耕・上126-127頁，石井・下404頁，新注会(1)216頁［伊沢］，大隅＝今井・上105頁，鈴木＝竹内556頁）。会社法の下でも，無限責任社員は会社債権者に対して無限責任を負うのであり（580Ⅰ），そのような配当によって会社債権者の利益がただちに害されるとはいえない。また，ある無限責任社員が自己に帰属する留保利益を超える会社財産を交付されたとしても，上記のようにほかの無限責任社員の留保利益が減少するわけではなく，合名会社では会社に資産がある限りほかの無限責任社員への利益の配当は妨げられない。以上のことから，無限責任社員は自己に帰属する留保利益を超える利益の配当を受けても，超過分を会社に支払う義務を負わないと考えられる（法務省令166-167頁）。

　もっとも，合資会社の場合，有限責任社員への利益の配当の限度は，会社の利益剰余金の額によって画される［☞Ⅱ1(2)・Ⅳ1(1)］。そのため，無限責任社員に多くの利益が配当されれば，有限責任社員に配当が可能な額が減少する可能性もある。このことから，無限責任社員に対して，当該社員に帰属する留保利益を超える利益の配当が行われた場合には，当該社員は超過分を会社に支払う義務を負うという考え方もあり得ることが指摘される（なお，そのような事態は，各社員に割り振られた利益剰余金の額によっては，ある無限責任社員に帰属する留保利益の範囲内で当該社員に配当が行われたとしても生じる可能性がある。しかし，同見解は，留保利益を超える利益の配当が行われた場合にだけそのような義務を考えるの

§623

であろう)。同義務の根拠は，超過分については利益の配当は法的に無効であり，無限責任社員は不当利得の返還義務を負うことに求められる（法務省令167頁)。

さらに，より一般的に，合名会社・合資会社の無限責任社員は，自己に帰属する留保利益を超える利益の配当を受けた場合，超過分を会社に支払う義務を負うとする見解もある（大杉71頁)。同見解は，会社からの財産流出を無制限に認めれば，会社債権者が無限責任社員の責任を追及する費用がかさむことになるし，社員間の公平という点でも問題があることを，実質的な根拠とする。そのような義務の法的根拠は，そのような社員が超過分について不当利得返還義務を負うこと，または，超過分については出資の払戻しがされた場合と同様に出資義務が復活することに求められる。

なお，合名会社・合資会社において，ある無限責任社員に対して，当該社員に帰属する留保利益を超える利益の配当が行われた結果，会社に十分な資産がなくなったためほかの社員が配当を受けられなくなったり，会社の業務の遂行に支障をきたすことになった場合には，業務執行社員が任務懈怠責任（596）を負う可能性もある（法務省令166頁・168頁)。

(伊藤靖史)

第6節　出資の払戻し

> **第624条**① 社員は，持分会社に対し，既に出資として払込み又は給付をした金銭等の払戻し（以下この編において「出資の払戻し」という。）を請求することができる。この場合において，当該金銭等が金銭以外の財産であるときは，当該財産の価額に相当する金銭の払戻しを請求することを妨げない。
> ② 持分会社は，出資の払戻しを請求する方法その他の出資の払戻しに関する事項を定款で定めることができる。
> ③ 社員の持分の差押えは，出資の払戻しを請求する権利に対しても，その効力を有する。

【文献】稲葉威雄・会社法の解明（中央経済社，2010），大杉謙一「持分会社・民法組合の法律問題」岩原ほか・上53頁

I　総　説

1　本条の趣旨

本条1項は，持分会社社員の出資払戻請求権について定めるものである。本条2項は，持分会社が出資の払戻しに関する事項について定款で定めることができる旨を定めるものである。本条3項は，持分会社の社員の持分の差押えが出資払戻請求権に対しても効力を有する旨を定めるものである。

本条は，すべての持分会社に共通してこれらの規律を定める。合同会社については，さらに，632条以下にも出資の払戻しに関する定めが置かれる。

2　本条の沿革

本条は，会社法の制定に伴って新設された規定である。

持分会社の出資の払戻しとは，社員がすでに出資として払込みまたは給付をした財産の全部または一部を会社が当該社員に払い戻す行為である（立案担当164頁，法務省令164頁参照）。本条によって，社員がそのような出資の払戻しを

〔伊　藤〕

§624　　　　　　　　　　　　　第3編　持分会社　第5章　計算等

持分会社に対して請求することが可能であることなど，出資の払戻しに関する基本的なルールが定められる。本条の新設については，合同会社に関する特則を定める必要があったことから，それに対応する一般規定の明文化が求められたのではないかともいわれる（大杉56頁。なお，持分会社の通則として本条を新設する必要はなかったとする見解として，稲葉516頁）。

II　出資払戻請求権（本条1項）

1　出資払戻請求権

　本条1項前段は，社員は，持分会社に対し，すでに出資として払込みまたは給付をした金銭等の払戻し（出資の払戻し）を請求することができるとする。もっとも，損失の処理によって利益剰余金に振り替えられている部分については，出資の払戻しとしての財産の払戻しはできない（会社計算32IIただし書。法務省令168頁・171頁）。

　出資の払戻しとは，社員がすでに出資として払込みまたは給付をした財産の全部または一部を会社が当該社員に払い戻す行為であり（立案担当164頁，法務省令164頁参照），合名会社・合資会社の場合，当該払戻しに相当する部分は出資を履行していない状態になる（論点解説600頁）。そのため，合資会社の有限責任社員が出資の払戻しを受ければ，会社の債務を弁済する責任を負う限度が増加する（580II）。これに対して，合同会社の場合，定款を変更してその出資の価額を減少する場合を除き，出資の払戻しを請求することができない（632I）。合同会社においては設立時または社員の入社時に定款で定めた出資の全部を履行しなければならないことになっており（578・604III），そのような状態は出資の払戻しの後でも維持されなければならないからである（立案担当164頁，論点解説600頁参照）。

　利益の配当と同様に，出資払戻請求権についても，（抽象的な）出資払戻請求権と具体的払戻受領権を区別することができる［利益の配当の場合の両者の区別について，☞§621 II 2(2)］。

2　出資の払戻しの会計処理等

(1)　金銭出資の払戻し

　持分会社が金銭出資の払戻しをする場合，払い戻された金銭の額を持分会社の資産から減額するとともに，当該出資について計上されていた資本金・資本

〔伊　藤〕

第6節　出資の払戻し　§624

剰余金の額を以下で述べるように減少する。このときに利益剰余金の額を減少することはできない（会社計算32Ⅱただし書）。

合名会社・合資会社では，資本金の額から減少する額を，当該社員の出資につき資本金の額に計上されていた額（出資の払戻しを請求する社員に割り振られている資本金の額）以下で会社が定めることができ（定款にとくに定めのない限り，業務執行社員がこれを定めるものと考えられる。590・591，法務省令170頁参照），残額については資本剰余金の額を減少する（以上，会社計算30Ⅱ②・31Ⅱ②）。

合同会社では，当該社員の出資につき資本剰余金に計上されている額を先に減少しなければならない［☞§626Ⅲ］。その額を出資払戻額（632Ⅱ）が超える場合に限り，627条の規定による手続（債権者異議手続）を経た上で，資本金の額を減少することができる（会社計算30Ⅱ②）。

(2)　現物出資の払戻し

本条1項前段は，文言上，現物出資について，現物出資された財産そのものの払戻しの請求が許容されることを前提とする（「既に出資として……給付をした金銭等の払戻し」。現物出資された財産そのものの払戻しを無制限に認めることには問題があるとする見解として，論点体系(4)490頁［道野真弘］）。さらに，同項後段により，現物出資について，現物出資された財産そのものではなく，当該財産の価額に相当する金銭の払戻しを請求することを妨げないものとされる。後者の場合の当該財産の価額とは，当該財産の出資時の帳簿価額を指す。当該財産の出資時の帳簿価額とその後の時価との差額は持分会社の損益として各社員に分配（622）されるべき性質のものであること，および，会社がすでに当該財産を有しない場合には時価を測定することが難しいことが，そのように解する根拠とされる（法務省令171頁）。

現物出資財産の価額に相当する金銭の払戻しが行われる場合，その「価額」は上に述べたように出資時の帳簿価額であるため，払い戻される金銭の額と当該出資につき資本金・資本剰余金に計上されている額は同額であり，会計上の処理は金銭出資の払戻し［☞(1)］と同様になる。現物出資財産の帳簿価額が出資の払戻しの時までに変動していない場合に，当該財産そのものが払い戻されれば，払い戻される財産の帳簿価額と当該出資につき資本金・資本剰余金に計上されている額はやはり同額であり，会計上の処理は金銭出資の払戻し［☞(1)］と同様になる（法務省令171頁）。

以上に対して，現物出資財産の帳簿価額が出資の払戻しの時までに変動している場合に，当該財産そのものが払い戻されれば，以下のような会計上の処理

が行われるものとされる（法務省令171-172頁）。

　㈺　**現物出資財産について減価償却（会社計算5Ⅱ）・減損処理（同条Ⅲ）・低価法の適用（同条Ⅵ①）が行われている場合**

　このような処理によって減額された分は，会社の損失として，622条に従って各社員に分配される。そのような現物出資財産が払い戻されれば，会社の資産は，払戻時の帳簿価額（減額後の額）の相当分しか減少せず，資本金・資本剰余金の額もそれと同額しか減少しない。これに対して，現物出資財産が減額された分に相当する資本金・資本剰余金については，これを利益剰余金に振り替えるという処理と，そのまま当該社員の出資についての資本金・資本剰余金として計上し続けるという処理があり得るものとされる。

　㈻　**現物出資された債権について貸倒引当金が計上されている場合**（会社計算5Ⅳ）

　このような債権が弁済期前に払い戻されれば，当該債権額に相当する額の資本金・資本剰余金が減少し，計上されていた貸倒引当金は取り崩されて利益となり，622条に従って各社員に分配される。このような債権の弁済期後になお弁済されていない状態で同債権を払い戻す場合も，以上と同様の処理になる。これに対して，当該債権がすでに弁済されているのであれば，その債権を払い戻すことはできず，金銭による払戻し（本条Ⅰ後段）だけが可能である。

　㈼　**現物出資財産について，その払戻しの時の帳簿価額が出資時よりも高い場合**

　売買目的有価証券に評価益が生じている場合（会社計算5Ⅵ②），また，債権を償還額よりも低い価額で出資して償却原価法を適用する場合（同条Ⅴ参照）が，これに当たる。この場合に，出資された財産全部が払い戻されれば，まず，出資時の帳簿価額に相当する額の資本金・資本剰余金を減少する。そして，評価益の部分（出資された財産の現在の帳簿価額－出資時の帳簿価額）は利益であるが，この分について利益剰余金を減少することはできないため（同則32Ⅱただし書），当該額については利益の配当を請求することになるとされる。

　⑶　**信用・労務の出資の払戻し**

　信用や労務の出資は，出資の時点で，会計処理の対象にならない（法務省令170頁）［☞§620Ⅱ4⑴］。そのため，信用や労務の出資の払戻しは，行うことができない（法務省令173頁）。会社財産が増加している限りにおいて，信用や労務の出資についても一定の払戻しを行うことが可能であるとする見解もあるが（論点体系⑷491頁［道野］），退社の際の払戻財産の価額の計算（611Ⅱ）の際にそのような出資が考慮されれば足りるのであり（法務省令175頁参照），信用や

労務の出資の払戻しを認める必要はないというべきである。

III 出資の払戻しに関する事項（本条2項）

本条2項は，持分会社は，出資の払戻しを請求する方法その他の出資の払戻しに関する事項を定款で定めることができるものとする。利益の配当に関する621条2項と同様の規定であり，出資の払戻しを請求する時期，回数，払い戻される財産の種類（例えば，現物出資の払戻しは必ず当該財産の価額に相当する金銭の払戻しによるなど）について定めることができるものと思われる。

本条2項の定款の定めについても，出資の払戻しを行わない旨を定めることができるかが問題となる。これについては，利益の分配や利益の配当を行わない旨を定款に定めることができるかという問題と同様に考えることになるだろう［☞§622 II 2(1)］。

IV 持分の差押えの効力（本条3項）

本条3項は，社員の持分の差押えは，出資の払戻しを請求する権利に対しても，その効力を有するものとする。会社法制定によって持分会社の出資の払戻しに関する規定が設けられたのに伴い，持分の差押えの利益の配当を請求する権利（621 III）・持分の払戻しを請求する権利（611 VII）への効力と同様の定めが置かれたものである［持分の差押えの可否・持分の差押えの方法と効力については☞§621 IV 1・2］。

「出資の払戻しを請求する権利に対しても，その効力を有する」ということの意味は，利益の配当を請求する権利の場合（621 III）と同様に考えられる。利益の配当と異なり，出資の払戻しを定期的に行うことにしている持分会社は通常はないであろうから，持分の差押債権者はいつでも（抽象的な）出資払戻請求権の取立てとして出資の払戻しの請求をした上で（出資払戻請求権を代位行使〔民423〕することもできると考えられる），それによって生じた具体的払戻受領権の取立てをしたり，転付命令等の申立てができると考えてよいであろう［☞§621 IV 3］。

〔伊藤〕

V　出資の払戻しを請求できる額・出資額を超える払戻しが行われた場合

1　合同会社

　合同会社については，632条2項により，出資払戻額が，出資の払戻しの請求をした日における剰余金額（出資の払戻しのために資本金の額を減少した場合〔626 I〕にあっては，その減少をした後の剰余金額），または，定款を変更して社員の出資の価額を減少した（632 I）額の，いずれか少ない額を超える場合，出資の払戻しをすることができず，社員からの出資の払戻しの請求を拒むことができるものとされる。同条にいう剰余金額とは，出資の払戻しの請求に応じて出資の払戻しをした日における利益剰余金の額および資本剰余金の額の合計額と，当該社員の出資につき資本剰余金に計上されている額のうち，いずれか少ない額である（会社計算164①②③ハ）。

　以上のことから，結局，合同会社では，出資の払戻しは，①定款を変更して社員の出資の価額を減少した額の範囲内で，②当該社員の出資につき資本剰余金に計上されている額の範囲内で，かつ，③出資の払戻しをする日における会社の利益剰余金の額および資本剰余金の額の範囲内で，行わなければならない。①は，II 1に述べたように，合同会社においては定款で定めた社員の出資の全部が履行されているという状態が維持されなければならないからである。②は社員間の公平のため，③は会社債権者の保護のために定められる制限とされる（論点解説601頁）。

　以上のルールに違反して出資の払戻しがされた場合，当該出資の払戻しに関する業務を執行した社員は，当該出資の払戻しを受けた社員と連帯して，合同会社に対して当該出資払戻額に相当する金銭を支払う義務を負う（633 I）。また，合同会社の債権者は，自己の有する債権額の範囲内で，出資の払戻しを受けた社員に対して，出資払戻額に相当する金銭を支払わせることができる（634 II）。

2　合名会社・合資会社

　合名会社・合資会社について1に述べたような規定は定められておらず，各社員は，すでに出資として払込みまたは給付をした財産については，その払戻しを請求することができる（法務省令164頁）。

〔伊　藤〕

第6節　出資の払戻し　　　　　　　　　　　　　　　§624

　合名会社・合資会社の社員に当該社員がすでに出資として払込みまたは給付をした財産の価額を超える財産が「出資の払戻し」として交付された場合，超過分については会社が当該社員に対して寄付を行った場合と同様の状況になり，債権者は無限責任社員に対する責任の追及（580 I）や詐害行為取消権の行使を行うことができるとされる（論点解説600頁）。寄付を行った場合と同様の状況とは，そのような場合の会計上の処理として，当該社員に割り振られた資本金・資本剰余金の額がマイナスになることはなく，当該超過分は会社の損失とされるということであろうか。そのように解するとしても，当該超過分を622条により各社員に分配することは妥当ではなく，利益の配当を請求できる額を超えて配当が行われた場合［☞§623 Ⅳ 2(1)］と同様に，そのような「出資の払戻し」を受けた社員に割り振られた利益剰余金が当該超過分だけ減少すると解するべきである。

（伊藤靖史）

第7節　合同会社の計算等に関する特則

第1款　計算書類の閲覧に関する特則

> 第625条　合同会社の債権者は，当該合同会社の営業時間内は，いつでも，その計算書類（作成した日から5年以内のものに限る。）について第618条第1項各号に掲げる請求をすることができる。

1　本条の趣旨

本条は，合同会社の計算書類の閲覧に関する特則として，合同会社の債権者にも計算書類の閲覧・謄写請求権が認められることを定めている。本条は，合同会社の創設に伴い，会社法において新設された規定である。

2　債権者の閲覧・謄写請求権と閲覧・謄写の対象

これは持分会社のうち，有限責任社員のみしか存在しない合同会社の債権者保護のための制度である。すなわち合同会社の債権者は，当該合同会社の営業時間内であれば，いつでも，計算書類の閲覧・謄写を請求することができる（本条）。これは債権者の情報開示請求権である。合同会社においてはその社員全員が会社債権者に対し間接有限責任しか負わないため（576Ⅳ・578本文），株式会社の場合（442Ⅲ）と同じく，会社債権者に計算書類を開示させる必要があると考えられたものである。逆に合名会社・合資会社においては，社員についてのみ閲覧・謄写が認められ（618Ⅰ），債権者には計算書類の閲覧・謄写請求権はない。ただし，株式会社の場合（440Ⅰ）と異なり，合同会社においても，貸借対照表の公告は要求されていない。

閲覧・謄写の対象となる計算書類は，貸借対照表のほか，損益計算書，社員資本等変動計算書および個別注記表である（617Ⅱ，会社計算71Ⅰ②）。計算書類は計算書類作成日から5年以内のものに限られる（本条括弧書）。閲覧・謄写の対象を5年以内のものとしたのは，株式会社の計算書類は定時株主総会の日の1週間前または2週間前から5年間，本店に備え置かなければならないこと（442Ⅰ①）に整合させるためである（新基本法コンメ(3)56頁［青竹正一］）。しか

し，持分会社は，計算書類の備置きについて定めがなく，計算書類を作成した日から10年間保存しなければならないから（617 IV），5年以内と制限することにあまり意味はない。

3 行使方法

債権者は，計算書類が書面をもって作成されているときは，当該書面の閲覧または謄写を請求することができる（本条・618 I ①）。計算書類が電磁的記録をもって作成されているときは，電磁的記録に記録された事項を紙面または映像面に表示したものの閲覧または謄写を請求することができる（本条・618 I ②，会社則226 ㉚）。

持分会社の社員の計算書類閲覧・謄写請求権は，会社の内部関係として，定款で別段の定めをすることができる（618 II 本文）。しかし，合同会社の債権者の計算書類閲覧・謄写請求権は，外部関係として，定款で別段の定めをすることができない。

〔岸田雅雄〕

第2款　資本金の額の減少に関する特則

（出資の払戻し又は持分の払戻しを行う場合の資本金の額の減少）
第626条 ①　合同会社は，第620条第1項の場合のほか，出資の払戻し又は持分の払戻しのために，その資本金の額を減少することができる。
②　前項の規定により出資の払戻しのために減少する資本金の額は，第632条第2項に規定する出資払戻額から出資の払戻しをする日における剰余金額を控除して得た額を超えてはならない。
③　第1項の規定により持分の払戻しのために減少する資本金の額は，第635条第1項に規定する持分払戻額から持分の払戻しをする日における剰余金額を控除して得た額を超えてはならない。
④　前2項に規定する「剰余金額」とは，第1号に掲げる額から第2号から第4号までに掲げる額の合計額を減じて得た額をいう（第4款及び第5款において同じ。）。
　1　資産の額
　2　負債の額

〔伊　藤〕

3　資本金の額
　　4　前2号に掲げるもののほか，法務省令で定める各勘定科目に計上した額の合計額

I　総　　説

1　本条の趣旨

　本条および627条は，合同会社について，資本金の額の減少に関する特則を定める。本条は合同会社が損失のてん補のためにする場合（620）のほかに資本金の額の減少をすることができる場合を定め，627条は合同会社が資本金の額の減少をする場合に経なければならない手続（債権者異議手続）を定める。

　本条1項は，合同会社は損失のてん補のためにする場合のほか，出資の払戻しまたは持分の払戻しのために，その資本金の額を減少することができる旨を定めるものである。本条2項は，合同会社が出資の払戻しのために減少する資本金の額の限度について定めるものである。本条3項は，合同会社が持分の払戻しのために減少する資本金の額の限度について定めるものである。本条4項は，それらの場合に限度額とされる「剰余金額」の意義について定めるものである。

2　本条の沿革

　本条は，会社法の制定に伴って新設された規定である。会社法制定当初は本条1項・2項・4項に相当する規定が本条1項から3項として定められていたが，「信託法の施行に伴う関係法律の整備等に関する法律」（平成18年法律第109号）により，持分の払戻しに関連する本条3項が追加され，それに伴い本条の見出しと旧1項から3項の文言があらためられるとともに，旧3項は4項に繰り下げられた。

II　合同会社が資本金の額を減少することができる場合（本条1項）

　本条1項は，合同会社は，損失のてん補のためにする場合（620）のほか，出資の払戻しまたは持分の払戻しのために，その資本金の額を減少することが

第7節　第2款　資本金の額の減少に関する特則　　　　　　　　§626

できるものとする。合同会社は，それ以外の場合には，資本金の額を減少することができない。

　このように，資本金の額を減少することができる場合が限定され，さらに，本条2項以下にその場合の減少の限度が定められるのは，合同会社には無限責任社員がおらず（576 Ⅳ），会社債権者を保護するため，資本金の額が，利益の配当等の社員に対する会社財産の払戻しの際に会社に留保されなければならない財産の額を定める基準とされているからである（立案担当164頁参照）。

Ⅲ　合同会社が出資の払戻しのために減少する資本金の額の限度（本条2項）

　本条2項は，本条1項の規定により（つまり，合同会社が）出資の払戻しのために減少する資本金の額は，632条2項に規定する出資払戻額（合同会社が出資の払戻しにより社員に対して交付する金銭等の帳簿価額）から出資の払戻しをする日における剰余金額を控除して得た額を超えてはならないものとする。本条2項に規定する「剰余金額」とは，Ⅴに述べるように，当該社員の出資につき資本剰余金に計上されている額である（本条Ⅳ，会社計算164①②③イ）。

　以上のことから，結局，合同会社がある社員に出資の払戻しを行う場合には，当該社員の出資につき資本剰余金に計上されている額を先に減少しなければならず，出資払戻額がその額を超える場合に限り，当該超過額について資本金の額を減少することができる。また，そのような資本金の額の減少をするためには，627条の規定による手続（債権者異議手続）を経なければならない（627，会社計算30Ⅱ②）。

　出資の払戻しに関する会計処理については，624条の注釈を参照されたい［☞§624 Ⅱ 2］。

Ⅳ　合同会社が持分の払戻しのために減少する資本金の額の限度（本条3項）

1　持分の払戻しの会計処理等

(1)　社員に払い戻される財産の価額

　退社した社員は，その持分の払戻しを受けることができる（611 Ⅰ）。これによって払い戻される財産は，退社した社員が過去に履行した出資と，当該社員

〔伊　藤〕

に帰属する損益に相当するものである。持分の払戻しにより，社員はその地位を失い，それと引換えに会社財産の払戻しを受ける。そのため，持分の払戻しの性質は，株式会社における自己株式の取得に近いといわれる（以上について，法務省令164-165頁）。

退社した社員と持分会社の間の計算は，退社の時における持分会社の財産の状況に従ってしなければならない（611Ⅱ）。したがって，退社に伴う払戻財産の価額は，会社の企業価値（資産・負債等を企業の継続を前提に時価評価し，将来収益その他の状況を適宜勘案して算定されるもの）を前提に計算される（法務省令174頁）。

(2) 持分の払戻しの会計処理

持分の払戻しに伴い，(1)に述べたように計算された額の払戻財産が会社から払い戻されるとともに，会社の資本金・資本剰余金・利益剰余金が（場合によっては，退社する社員以外の社員の出資につき資本金・資本剰余金・利益剰余金に計上されている額も），以下のように減少する。

退社する社員の出資相当分については，当該退社する社員の出資につき資本金・資本剰余金の額に計上されていた額だけ，会社の資本金・資本剰余金の額が減少する（会社計算30Ⅱ①・31Ⅱ①）。信用や労務の出資については，そのような処理は行われない。これらの出資は，出資の時点で会計処理の対象になっていない［☞§620Ⅱ4(1)］からである（法務省令175頁）。

合同会社が資本金の額を減少するためには，627条の規定による手続（債権者異議手続）を経る必要があり，そのような手続を経た場合に限り資本金の額が減少する（会社計算30Ⅱ①）。もっとも，会社の資本剰余金の額に余裕があれば，退社する社員と退社しない社員の間で各社員の出資につき計上されていた資本金・資本剰余金の額を振り替えた上で（会社の資本金の額を変更しないのであれば，そのような振替えは任意に行うことができる），退社する社員の出資につき資本剰余金の額に計上されている（振替後の）額を減少する（会社計算31Ⅱ①）ことによって，資本金の額の減少の手続を経ずに持分の払戻しを行うことは可能である（法務省令175頁）。例えば，社員A・Bの2人から成る合同会社において，A・Bの出資につき計上されていた資本金・資本剰余金の額はともに100・100であるとする。Aが退社する場合に，Aの出資相当分200については，あらかじめAの出資につき計上されていた資本金の額100をBに振り替え，Bの出資につき計上されていた資本剰余金の額100をAに振り替えた上で，会社の資本剰余金の額を200減少する（同号）という処理を行えば，資本

第7節　第2款　資本金の額の減少に関する特則　　　　　　　§626

	資本金	資本剰余金
持分払戻前の会社	200	200
Aの出資につき計上	100	100
Bの出資につき計上	100	100
Aの出資につき計上（振替後）	0	200
Bの出資につき計上（振替後）	200	0
資本剰余金減少額	—	200
持分払戻後の会社	200	0

金の額を減少せずに持分の払戻しをすることができる（表参照）。

　会社の利益剰余金の額は、(ア)当該持分の払戻しにより払い戻した財産の帳簿価額から、(イ)当該持分の払戻しを受けた社員の出資につき資本金および資本剰余金の額に計上されていた額の合計額を、減じて得た額（零未満である場合には、零）だけ減少する（会社計算32Ⅱ②）。払戻財産の帳簿価額のうち、退社する社員の出資相当分を除く額は、利益剰余金の額に反映されるわけである。

　（例えば未実現利益が払い戻されるために）払戻財産の価額が大きくなった結果、退社する社員の出資につき利益剰余金に計上されていた額を超えて会社の利益剰余金の額が減少することになる場合、当該超過部分は損失として残存する社員に分配される（622）。他方で、(ア)当該持分の払戻しにより払い戻した財産の帳簿価額が、(イ)当該持分の払戻しを受けた社員の出資につき資本金および資本剰余金の額に計上されていた額に満たない場合には、(イ)の額だけ会社の資本金・資本剰余金が減少する（会社計算30Ⅱ①・31Ⅱ①）とともに、(ア)と(イ)の差額分だけ利益剰余金が増加する（同則32Ⅰ②）。

2　本条3項

　本条3項は、本条1項の規定により（つまり、合同会社が）社員の退社に伴う持分の払戻しのために減少する資本金の額は、635条1項に規定する持分払戻額（合同会社が持分の払戻しにより社員に対して交付する金銭等の帳簿価額）から持分の払戻しをする日における剰余金額を控除して得た額を超えてはならないものとする。

〔伊藤〕

> 持分の払戻しのために減少する資本金の額≦持分払戻額－持分の払戻しをする日における剰余金額…Ⅰ式

　本条3項に規定する「剰余金額」とは，Ⅴにも述べるように，①当該社員の出資につき資本剰余金に計上されている額と，②当該持分の払戻しにより払い戻した財産の帳簿価額から③当該持分の払戻しを受けた社員の出資につき資本金および資本剰余金の額に計上されていた額の合計額を減じて得た額との，合計額である（本条Ⅳ，会社計算164①②③ロ）。

> 剰余金額＝①当該社員の出資につき資本剰余金に計上されている額＋（②当該持分の払戻しにより払い戻した財産の帳簿価額－③当該持分の払戻しを受けた社員の出資につき資本金および資本剰余金の額に計上されていた額の合計額）…Ⅱ式

　635条1項に規定する持分払戻額と②の額は同じものを意味しており，Ⅱ式をⅠ式に代入して差引計算すれば，結局，合同会社が社員の持分の払戻しのために減少する資本金の額は，持分払戻額や当該社員の出資につき資本剰余金の額に計上されていた額に関わりなく，当該社員の出資につき資本金の額に計上されていた額を超えてはならないことになる。

　上記の②から③を減じて得た額について，これが零未満である場合には零として計算すると述べる見解もある（コンメ商施規728頁）。しかし，会社計算規則32条2項2号とは異なり，同規則164条3号ロには「零未満である場合には，零」と規定されておらず，そのように解するべきではないように思われる。

3　635条による債権者異議手続

　合同会社が持分の払戻しにより社員に対して交付する金銭等の帳簿価額（持分払戻額）が当該持分の払戻しをする日における剰余金額を超える場合，627条が定めるのと同様の債権者異議手続を経る必要がある（635）。ここでいう「剰余金額」とは（会社の）資本剰余金の額および利益剰余金の額の合計額であり（本条Ⅳ，会社計算164①②③ホ），そのような持分の払戻しは，資本金の額を減少せずに行われる場合にも，資本金の額を減少した上で行われるのと実質的に同様だからである（立案担当165頁）。さらに，持分払戻額が当該合同会社の純資産額として法務省令で定める方法により算定される額を超える場合に

は，会社の清算の場合に準じた債権者異議手続を経る必要がある（635ⅡかっこⅡ括弧書・Ⅲただし書・Ⅴただし書）。簿価純資産額を超えて会社財産が社員に払い戻されるという事態は，会社債権者にとっては，退社の場合を除けば，清算の場合において生ずるのみだからである（立案担当165頁）。

以上のような635条が定める債権者異議手続は，持分の払戻しのために会社が資本金の額を減少するか否かに関わりなく要求されるものである（同条が定める債権者異議手続と627条が定める債権者異議手続では，公告および各別に催告しなければならない事項も異なる。627Ⅱ・635Ⅱ対照）。

V　剰余金額（本条4項）

本条4項は，本条2項（出資の払戻しのために減少する資本金の額の限度）および3項（持分の払戻しのために減少する資本金の額の限度）に規定する「剰余金額」とは，次の①に掲げる額から②から④までに掲げる額の合計額を減じて得た額をいうものとする。このことは，第4款（出資の払戻しに関する特則）および第5款（退社に伴う持分の払戻しに関する特則）において同じであるとされる。

```
「剰余金額」＝①－（②＋③＋④）…Ⅰ式
①＝資産の額（本条Ⅳ①）
②＝負債の額（本条Ⅳ②）
③＝資本金の額（本条Ⅳ③）
④＝②③に掲げるもののほか，法務省令で定める各勘定科目に計上した
　　額の合計額（本条Ⅳ④）
```

もっとも，以上の④の「合計額」について定める会社計算規則164条は，当該合計額を次のように計算するものと定める。

```
④の「合計額」＝(A)－((B)＋(C))…Ⅱ式
(A)＝本条4項1号に掲げる額＝上記①
(B)＝本条4項2号および3号に掲げる額の合計額＝上記②＋③
(C)＝後で説明する額
```

以上のⅡ式をⅠ式に代入して差引計算すれば，結局，「剰余金額」とは，(C)の額をいうことになる。そして，(C)の額は，次のものとされる（会社計算164③）。

〔伊　藤〕

(イ)　本条2項に規定する剰余金額を算定する場合　当該社員の出資につき資本剰余金に計上されている額
　(ロ)　本条3項に規定する剰余金額を算定する場合　次に掲げる額の合計額
　　(1)　当該社員の出資につき資本剰余金に計上されている額
　　(2)　会社計算規則32条2項2号イに掲げる額（当該持分の払戻しにより払い戻した財産の帳簿価額）から同号ロに掲げる額（当該持分の払戻しを受けた社員の出資につき資本金および資本剰余金の額に計上されていた額の合計額）を減じて得た額
　(ハ)　632条2項および634条1項に規定する剰余金額を算定する場合　次に掲げる額のいずれか少ない額
　　(1)　624条1項の規定による請求（出資の払戻しの請求）に応じて出資の払戻しをした日における利益剰余金の額および資本剰余金の額の合計額
　　(2)　当該社員の出資につき資本剰余金に計上されている額
　(ニ)　633条2項ただし書に規定する場合　(ハ)(1)に掲げる額
　(ホ)　635条1項・2項1号および636条2項に規定する剰余金額を算定する場合　資本剰余金の額および利益剰余金の額の合計額

　以上のように，持分会社に関する会社法の規定に定められる「剰余金額」の意義は，本条4項からは直接には明らかにならず，むしろ，会社計算規則164条3号から明らかになる。
　以上の(イ)および(ロ)の意味するところについては，すでに説明した［☞Ⅲ・Ⅳ2］。(ハ)～(ホ)の意味するところについては，関連する条文の注釈を参照されたい［☞§632 Ⅲ・633 Ⅳ・634 Ⅱ・635 Ⅱ 1・636 4］。

（伊藤靖史）

（債権者の異議）
第627条 ①　合同会社が資本金の額を減少する場合には，当該合同会社の債権者は，当該合同会社に対し，資本金の額の減少について異議を述べることができる。
②　前項に規定する場合には，合同会社は，次に掲げる事項を官報に公告し，かつ，知れている債権者には，各別にこれを催告しなければならない。ただし，第2号の期間は，1箇月を下ることができない。

第7節　第2款　資本金の額の減少に関する特則　　　　　　　　　§627

　　1　当該資本金の額の減少の内容
　　2　債権者が一定の期間内に異議を述べることができる旨
　③　前項の規定にかかわらず，合同会社が同項の規定による公告を，官報のほか，第939条第1項の規定による定款の定めに従い，同項第2号又は第3号に掲げる公告方法によりするときは，前項の規定による各別の催告は，することを要しない。
　④　債権者が第2項第2号の期間内に異議を述べなかったときは，当該債権者は，当該資本金の額の減少について承認をしたものとみなす。
　⑤　債権者が第2項第2号の期間内に異議を述べたときは，合同会社は，当該債権者に対し，弁済し，若しくは相当の担保を提供し，又は当該債権者に弁済を受けさせることを目的として信託会社等に相当の財産を信託しなければならない。ただし，当該資本金の額の減少をしても当該債権者を害するおそれがないときは，この限りでない。
　⑥　資本金の額の減少は，前各項の手続が終了した日に，その効力を生ずる。

I　本条の趣旨

　合同会社においては，損失てん補のための資本金額の減少（620 I），出資の払戻しまたは持分の払戻しのための資本金額の減少（626 I）が認められている。本条は，このように合同会社において資本金額の減少が認められる場合に，合同会社が債権者異議手続を行うことを要求している。合同会社における資本金の額は，配当等社員に対する会社財産の払戻しをする場合における，会社債権者に対する財産留保額の基準値となるものである。
　そこで，株式会社と同様に，資本の額の減少について，その方法に制限を課すとともに，債権者保護のための異議手続を要求することとした（立案担当164頁）。他方で，合同会社では社員間の人的な信頼関係を基礎に内部的な規律が構築されているところから，株式会社における債権者異議手続よりも，その規制は緩やかなものとなっている（立案担当276頁）。この債権者保護のための手続を経ないで，資本金の額を減少した業務執行社員は，過料の制裁を科される（976㉖）。

〔伊　藤〕

II　資本金の額の減少を生ずる場合

　合同会社において債権者異議手続が要求されるのは、出資の払戻しまたは持分の払戻しによる資本金の額の減少のほかに、損失てん補のために資本金の額を減少する場合も含まれる（620 I）。会社計算規則162条は、損失てん補のために資本金額を減少する場合に、減少することができる資本金の額の基準となる「損失の額」を定めるが、資本金額は、会社の財産を確保するための基準となる計算上の数額であり、負の額とならないので、当然に「資本金の額の範囲内」に限られることとなる（コンメ商施規227頁）。損失のてん補に充てるために減少した資本金の額は資本剰余金の増額として計算処理される（会社計算30 II ⑤・31 I ④）。

　また、合名会社・合資会社においても、損失のてん補のために資本金の額を減少することができるが（620 I）、合同会社の場合と異なり、債権者異議手続を要求されない〔☞§620 II 6(1)〕。

III　異議申述の催告

　合同会社が資本金の額の減少を行うときは、①資本金の額の減少の内容、および②債権者が一定の期間内（1か月を下ることはできない）に異議を述べることができる旨を官報に公告し、かつ、知れている債権者に対しては、各別に催告しなければならない（本条 II）。なお、官報による公告のほか、定款の定めにより、日刊新聞紙に掲載する方法または電子公告によるときは、各別の催告は不要である（本条 III）。

　株式会社における資本金等の額の減少（449）においても、債権者異議手続が要求されるが、その「知れている債権者」とは、債権者が誰であり、その債権がいかなる原因に基づき、いかなる内容のものかの大体を会社が知っている債権者をいうものと解されている〔詳細は、☞§449（およびそこに掲げる文献を参照）〕。合同会社においても同様に解されよう（葭田英人編著・合同会社の法制度と税制〔第2版〕〔税務経理協会、2015〕48-50頁）。

　もっとも、合同会社が公告の方法を定款に定めている場合（939 I ② ③）は、官報による公告のほか日刊新聞紙または電子公告による公告をなすときは、個別の催告を要しないものと定めて（本条III）手続の合理化を図っている。

〔伊　藤〕

IV 債権者が異議を述べたとき

　会社が催告に定めた一定期間内に，債権者が異議を述べたときは，会社は原則として，弁済期の到来している債権については弁済し，弁済期未到来の債権については，期限の利益を放棄してあるいは債権者の同意を得て弁済するか，もしくは債権者に相当の担保を提供するか，または債権者に弁済を受けさせることを目的として信託銀行等に相当の財産を信託することを要する（本条Ⅴ）。

　これに対し，債権者が異議を述べたにもかかわらず，会社が債権者を害するおそれがないと判断すれば，弁済等の措置をとる必要はない（本条Ⅴただし書）。債権者を害するおそれがないかどうかは，株式会社の場合と同様，その債権額，弁済期等と資本金の額の減少による影響を考慮して判断されることとなろう（新基本法コンメ(3)59頁［青竹正一］）［詳細は，☞§449］。

V 債権者が異議を述べなかったとき

　債権者が異議申立期間内に異議を述べなかった場合，資本金の額の減少を承認したものとみなされる（本条Ⅳ）。会社に知れている債権者であって，催告を受けなかったために異議を述べなかった場合は，本条の承認をしたものとみなすことはできないと解される（新基本法コンメ(3)59頁［青竹］）。

VI 債権者異議手続の開始と効力発生

　資本金の額の減少は，本条の債権者異議手続がすべて終了した日に効力を生ずる（本条Ⅵ）。資本金の額の減少による変更の登記の申請書には，異議申立ての公告・催告をしたことを証する書面を添付することが要求されている（商登120）。手続の開始時期についてとくに定めは設けられていないが，異議申述の機会や債権者に対する弁済手続等の日程を考慮して，会社内部で決定することとなろう。

　本条に定める債権者異議手続を経ないで，資本金の額を減少した業務執行社員は，過料の制裁を科される（976㉖）。

（伊藤壽英）

第3款　利益の配当に関する特則

> **(利益の配当の制限)**
> **第628条**　合同会社は，利益の配当により社員に対して交付する金銭等の帳簿価額（以下この款において「配当額」という。）が当該利益の配当をする日における利益額を超える場合には，当該利益の配当をすることができない。この場合においては，合同会社は，第621条第1項の規定による請求を拒むことができる。

I　趣　旨

　合名会社および合資会社においては，利益の配当の財源について，正面から規制する規定は置かれていない。これに対し，社員全員が有限責任社員である合同会社においては，社員に対する会社財産の交付をめぐって，社員と会社債権者との間の利害衝突が先鋭化するおそれがあることから，本条において，株式会社の場合（461）と同様の財源規制が定められている。もっとも，財源規制の内容は，株式会社のそれとまったく同一というわけではなく，合同会社では，社員間の公平を確保するための規制も定められている。

II　「利益額」の意義と本条の定める財源規制の機能

　合同会社における利益の配当に対する財源規制の指標となるのが利益額である。この利益額は，次の①と②のいずれか少ない額をいうとされている（会社計算163）。①社員の請求に応じて会社が利益の配当をした日における利益剰余金の額，②利益の配当を請求した社員に対して，その時点までに分配された利益の額から，その社員に分配された損失の額およびその時点までに配当により交付された金銭等の帳簿価額を控除した額である。①は合同会社全体としての利益剰余金の額であり，おおむねその時点までの利益および損失の累積額であるといえる（同則32）。合同会社の利益および損失は，損益分配の割合に従って各社員に分配されるのであるから，②より①のほうが多くなることが多いと考えられる。もっとも，次の例では①より②のほうが多くなる。A・B・Cが社員である合同会社Gにおいて，損益分配の割合が，利益については，A・B・Cに5：3：1，損失については1：2：4と定められていたとす

る。Gのα年度の当期純利益は900であり，Aに500，Bに300，Cに100分配された。Gのα+1年度の当期純損失が700であり，Aに100，Bに200，Cに400が分配された。この時点でAが利益の配当を請求したとすると，①の額は，当期純損益のほかに変動要因がなかったとすると900-700で200となる。他方，Aにとっての②の額は500-100で400となる。

　財源規制の機能という観点からすると，債権者との関係では，①の額のみが重要であり，①が②より多い場合に，ある社員に対する利益の配当の額を②の額に制限する必要はない。上記の例で，Bについて見ると①は200，②は100となるが，債権者との関係ではBに200の利益を配当しても問題とならない。債権者からすれば，会社から利益の配当として社員に交付される財産が200の範囲内であることこそが重要であり，どの社員に配当されるか（AかBか）は問題とならないからである。

　ある社員に対する利益の配当を②の額に制限する趣旨は，利益の配当をめぐる社員間の利害の調整にある（法務省令166-167頁）。上記の例におけるBにとっての①の額はAの場合と同じく200，②の額は300-200で100である。この場合に，Bに対して150（①の額の範囲内ではあるが②の額を超える）の利益の配当を許すと，①の額は50となる。①の額による利益の配当の制限はほかの社員にも共通するものであるため，Aに対する利益の配当の可能額にも影響する（200から50に減少する）。このように②の額による利益の配当の制限がないと，利益の配当に関して，いわば早い者勝ちの状況が生じる可能性がある。これを防止するため，②の額による利益の配当の制限が設けられている。このような①の額と②の額による利益の配当の制限の趣旨の違いは，違法配当の場合の関係者の支払義務の免除の要件にも現れている［☞§629Ⅳ］。

Ⅲ　利益の配当請求の拒否

　株式会社では，剰余金配当について，株主総会決議（454）または取締役会決議（459）がされてはじめて株主に具体的な剰余金配当請求権が生じると解されている（江頭692-693頁）。これに対し，合同会社を含む持分会社では，社員が持分会社に対して一定の額の利益の配当を請求し，その意思表示が持分会社に到達した時点で，当該社員に配当を受ける具体的権利が発生し，持分会社には配当を行う義務が生じ，遅延利息が発生すると解されている（大杉謙一

「持分会社・民法組合の法律問題」岩原ほか・上69頁)。本条の定める利益額による利益の配当の制限は，621条1項に基づく社員の利益の配当請求権を直接的に制限する形式をとっていない。このため，社員から利益額を超える利益の配当請求がされた場合に，合同会社は，当該利益配当の請求全体を拒否できるのか，利益額を超えない限度で配当請求に応じる義務を負うのかが問題となり得る。

本条は，合同会社は，利益の配当により社員に対して交付する金銭等の帳簿価額が利益額を超える場合には，当該利益の配当をすることができないとし，この場合に，社員からの利益の配当請求を拒むことができるとしている。ここでの「利益の配当」は，社員が621条1項に基づいて請求した額の「利益の配当」をいうと解され，合同会社は「当該利益の配当」をすることができないとされているから，本条は，社員からの利益の配当請求全体（利益額を超えない部分も含む）を拒否することができることを明らかにしたものと解される［これと異なる見解として，☞ 623 Ⅳ]。

なお，株式会社における剰余金配当についての財源規制を定める461条は，剰余金の配当によって株主に交付する金銭等の帳簿価額の総額が分配可能額を超えてはならないと定めており，本条とは規定振りが異なっている。両者の規定振りの違いから，株式会社が分配可能額を超えて剰余金配当をした場合と異なり，合同会社が利益額を超えて利益の配当をした場合には，当該利益の配当は無効となることが明らかにされているとするものがある（新基本法コンメ(3) 60頁［青竹正一］)。しかし，本条の規定振りが461条と異なる理由が上述の点にあるとすれば，両者の規定振りの違いが，分配可能額または利益額を超えてされた剰余金配当または利益の配当の効力の解釈に影響を及ぼすとは考えにくい。

(松尾健一)

(利益の配当に関する責任)
第629条① 合同会社が前条の規定に違反して利益の配当をした場合には，当該利益の配当に関する業務を執行した社員は，当該合同会社に対し，当該利益の配当を受けた社員と連帯して，当該配当額に相当する金銭を支払う義務を負う。ただし，当該業務を執行した社員がその職務を行うについて注意を怠らなかったことを証明した場合は，この限りでない。

第7節　合同会社の計算等に関する特則　第3款　利益の配当に関する特則　§629

② 前項の義務は，免除することができない。ただし，利益の配当をした日における利益額を限度として当該義務を免除することについて総社員の同意がある場合は，この限りでない。

I　趣　旨

　628条が定めるとおり，合同会社は，利益額を超えて利益の配当をすることができない。これに違反して，利益額を超えて利益の配当がされた場合，配当を受領した合同会社の社員は，623条1項に基づき受領した配当額に相当する金銭を合同会社に対して支払う義務を負う。さらに，利益額を超える利益の配当に関する業務を執行した合同会社の社員も，本条1項に基づき，配当を受領した社員と連帯して，配当額に相当する金銭を合同会社に対して支払う義務を負う。合同会社では，社員全員が有限責任社員であることにかんがみて，財源規制に違反する利益の配当について株式会社の場合（462）と同様の規律を設けたものである。利益額を超える利益の配当に関する業務を執行した合同会社の社員が，職務を行うについて注意を怠らなかったことを証明した場合には，支払義務を負わないとされている点も，株式会社の場合と同様である（同条Ⅱ参照）。

II　本条の支払義務を負う社員

　株式会社においても分配可能額を超えて剰余金配当がされた場合に，剰余金配当に関する職務を行った業務執行者の会社に対する支払義務が定められており，支払義務を負う者の範囲についても具体的に規定されている（462，会社計算159⑧・160・161）。本条1項の支払義務を負う社員の範囲について，株式会社の場合のように具体的には定められていない。合同会社では，社員が会社に対して一定の額の利益の配当を請求した時点で，会社に配当を行う義務が生じると解されている（大杉謙一「持分会社・民法組合の法律問題」岩原ほか・上69頁）。このことを前提とすると，同項にいう「利益の配当に関する業務を執行した社員」とは，社員からの利益の配当請求に応じて，金銭等の支払をした社員をいうと解される。590条2項または591条1項により，利益の配当の支払をすることを（業務の執行をする）社員の過半数をもって決定した場合には，当

該決定において賛成した社員も本条1項により支払義務を負うと解される。

III　本条の支払義務を履行した場合の利益の分配

　本条1項に基づき利益の配当に関する業務を執行した社員が，支払義務を履行した場合，支払を受けた合同会社に利益が生じることになると解されるところ，当該利益が，社員間においてどのように分配されるのかが問題となり得る。利益額を超える利益の配当を受領した社員が，623条1項に基づく支払義務を履行した場合に合同会社に生じる利益については，全額が支払義務を履行した社員に分配される（622条によって各社員に分配されない）と解される（法務省令167頁）。

　利益の配当に関する業務を執行した社員が本条1項の支払義務を履行した場合で，当該社員が，利益の額を超える配当を受領した社員に対して求償したときは，上述の場合と同様に，支払義務の履行によって合同会社に生じた利益の全額を，配当を受領した社員に分配してよいと解される。これに対し，同項の支払義務を履行した社員による配当を受領した社員に対する求償が制限される場合（630 I）には，当該支払義務の履行によって合同会社に生じた利益は，622条に基づいて各社員に分配されると解される。

IV　支払義務の免除（本条2項）

　本条1項の支払義務は，総社員の同意がない限り免除することができない。また，支払義務のうち，「利益額」を超える部分については，たとえ総社員の同意があったとしても，免除することができない。

　本条1項の支払義務は，628条に違反して利益の配当がされた場合，すなわち利益額を超えて利益の配当がされた場合に生じる。同条にいう「利益額」は，①社員の請求に応じて会社が利益の配当をした日における利益剰余金の額，または②利益の配当を請求した社員に対して，その時点までに分配された利益の額から，その社員に分配された損失の額およびその時点までに配当により交付された金銭等の帳簿価額を控除した額のいずれか少ない額を指す（会社計算163）。このうち①の意味における利益額の範囲に利益の配当を制限した趣旨は，利益の配当をめぐる社員と会社債権者との間の利害調整にある［詳細については，☞§628 II］。したがって，本条1項の支払義務のうち，①の意味

における利益額を超える部分については，総社員の同意がある場合であっても，免除することができない。他方，②の意味における利益額によって利益の配当を制限した趣旨は，合同会社の社員間の利害調整にある。したがって，総社員の同意があれば，②の意味における利益額による利益の配当の制限は課さないこととすることを認めても問題はない。このことから，本条2項ただし書における支払義務の免除の限度額としての利益額は，①の意味の利益額のみを指すとされている（会社計算163柱書括弧書）。

（松尾健一）

（社員に対する求償権の制限等）
第630条 ① 前条第1項に規定する場合において，利益の配当を受けた社員は，配当額が利益の配当をした日における利益額を超えることにつき善意であるときは，当該配当額について，当該利益の配当に関する業務を執行した社員からの求償の請求に応ずる義務を負わない。
② 前条第1項に規定する場合には，合同会社の債権者は，利益の配当を受けた社員に対し，配当額（当該配当額が当該債権者の合同会社に対して有する債権額を超える場合にあっては，当該債権額）に相当する金銭を支払わせることができる。
③ 第623条第2項の規定は，合同会社の社員については，適用しない。

I 趣　旨

本条1項は，利益額を超える利益の配当がされた場合に，629条1項の支払義務を履行した社員が，当該利益配当を受けた社員に求償することを，一定の場合に制限したものであり，株式会社において分配可能額を超える剰余金配当がされた場合について定める463条1項と同趣旨のものである。

本条2項は，利益額を超える利益の配当がされた場合に，会社債権者が，当該利益配当を受けた社員に対して，一定の金額を支払うことを請求することができるとするものであり，株式会社に関する463条2項と同趣旨のものである。

本条3項は，合同会社において利益額を超える利益の配当がされた場合における会社債権者と当該利益配当を受けた社員の関係については，本条2項の規

律が適用されることから，持分会社の有限責任社員が会社債権者に対して負う責任について定めた623条2項の適用を除外したものである。

II　配当を受けた社員に対する求償権行使の制限（本条1項）

　合同会社において利益額を超える利益の配当がされた場合，当該利益配当を受けた社員は，当該配当額に相当する金銭を合同会社に対して支払う義務を負う（623 I）。この場合，当該利益配当に関する業務を執行した社員も，過失がなかったことを立証しない限り，当該利益配当を受けた社員と連帯して，当該利益配当額に相当する金銭を合同会社に対して支払う義務を負う（629 I）。利益配当に関する業務を執行した社員が，629条1項の支払義務を履行した場合には，民法の一般原則に従って，623条1項の支払義務を負う社員に対して，求償権を行使することができる。

　しかし，本条1項は，配当を受けた社員が，配当を受けた時点において，当該配当が利益額を超えるものであることについて善意であった場合には，629条1項の支払義務を履行した社員は，当該配当を受けた社員に対して求償権を行使することができないとするものである［このように求償権の行使が制限される根拠については，株式会社に関する☞§463 I］。

III　会社債権者による支払請求（本条2項）

　本条2項は，株式会社に関する463条2項と同様，会社債権者の債権者代位権に基づく支払請求について定めたものであると説明されている（立案担当163-164頁）。この説明に従えば，本条2項は，合同会社に対する債権を被保全債権として，合同会社の債権者が，合同会社に代位して623条1項に基づく社員の支払義務の履行を請求できることを定めたものということになる。もっとも，民法423条の3によれば，この場合の被代位権利が金銭の支払を目的とするものであるため，債権者は，自己に対して直接支払うことを，配当を受けた社員に対して請求することができることになる。なお，本条2項と同趣旨の規定である463条2項については，債権者による支払請求の性質が，債権者代位権に基づくものであることから，会社の無資力が要件となると解するものもあるが（江頭687頁注9），463条2項は，債権者代位権の特則であり，会社の無資力は要件とならないとするものある（立案担当137頁）。

〔松　尾〕

IV 623条2項の適用除外（本条3項）

580条2項は、持分会社の有限責任社員は、定款に記載された出資の価額のうち出資が未履行の額を限度として、会社債権者に対して直接責任を負うことを定めている。623条2項は、利益額を超える利益の配当を受けた社員について、当該社員が同条1項の支払義務を履行しない限り、未履行の出資額に加えて当該配当額のうち利益額を超える額についても、会社債権者に対して直接責任を負うことを定めている。

合同会社では、設立時または社員の入社時に、定款に定めた出資の価額の全額を履行させることによって（578・604Ⅲ）、社員が580条2項に基づく債権者に対する直接責任を負わないように制度が設計されている（間接有限責任）。この合同会社の社員の間接有限責任を貫徹するため、合同会社の社員が利益額を超える配当を受けた場合についても、623条2項適用を除外し、これに代えて本条2項の債権者の支払請求権を設けた。もっとも、同項により、合同会社の債権者が、利益額を超える配当を受けた合同会社の社員に対して直接支払請求をすることができることは前述のとおりである（この場合も合同会社の社員は623条1項の支払義務の履行を請求されるのであり、会社の債務の履行を請求されるわけではない）。

〔松尾健一〕

（欠損が生じた場合の責任）
第631条① 合同会社が利益の配当をした場合において、当該利益の配当をした日の属する事業年度の末日に欠損額（合同会社の欠損の額として法務省令で定める方法により算定される額をいう。以下この項において同じ。）が生じたときは、当該利益の配当に関する業務を執行した社員は、当該合同会社に対し、当該利益の配当を受けた社員と連帯して、その欠損額（当該欠損額が配当額を超えるときは、当該配当額）を支払う義務を負う。ただし、当該業務を執行した社員がその職務を行うについて注意を怠らなかったことを証明した場合は、この限りでない。
② 前項の義務は、総社員の同意がなければ、免除することができない。

I 趣　　旨

　本条は，合同会社が利益の配当をした場合であって，当該事業年度の末日において欠損が生じたときに業務執行社員等が負う支払義務について定めるものであり，規定振りは株式会社に関する465条に類似するが，その内容は同条と大きく異なっている。

II 本条の支払義務を負う者

　本条と465条のもっとも大きな違いは，本条の支払義務を負う者として，利益の配当に関する業務を執行した社員に加えて，当該利益配当を受けた社員が含まれている点である（465条の支払義務を負うのは業務執行者のみであり，株主は支払義務を負わない）。配当を受けた社員も，本条の支払義務を負うこととされたのは「法制的な理由」によるとされており（法務省令154頁），具体的にどのような理由によるのかは不明である（なお，629条1項も，利益配当を受けた社員が業務執行社員と連帯して支払義務を負うことを定めているが，この社員の支払義務については同条とは別に根拠規定〔623 I〕がある）。

III 欠損の意義

　465条と異なり，本条の支払義務を負う者に配当を受けた社員が含まれることから，欠損の意義も，465条のそれと大きく異なっている。同条は，分配可能額の算定基準時である最終事業年度の末日以降の取引による損失等によって，剰余金配当を実施した事業年度の末日において，事後的に分配可能額がマイナスになった場合に，業務執行者に一定額の支払義務を課すことによって，剰余金配当の実施に際し，業務執行者に，最終事業年度の末日以降の会社の損益にも配慮させようとするものである。

　これに対し，本条の支払義務を負っている配当を受けた社員は，利益の配当がされた事業年度における業績予測等について，本来責任を負う立場にはない。このことから，本条にいう欠損額の算定においては，利益の配当がされた事業年度に生じた損失額は控除される（会社計算165②）。また，社員の退社に伴う持分の払戻しによって生じた利益剰余金の減少についても，利益配当を受

けた社員が責任を負うべき性質のものではあるとはいえないため、同様に欠損額の算定において控除される（同条③）。本条に基づいて業務執行社員が負う支払義務についても、欠損額の算定方法は異ならない。このため、本条の支払義務が生じるのは、利益の配当によって利益剰余金がマイナスとなり欠損が生じる場合に限られることになり、本条の支払義務が生じる場合には、629条1項に基づく支払義務も重畳的に生じることとなる（法務省令154頁）。

（松尾健一）

第4款　出資の払戻しに関する特則

（出資の払戻しの制限）
第632条 ① 第624条第1項の規定にかかわらず、合同会社の社員は、定款を変更してその出資の価額を減少する場合を除き、同項前段の規定による請求をすることができない。
② 合同会社が出資の払戻しにより社員に対して交付する金銭等の帳簿価額（以下この款において「出資払戻額」という。）が、第624条第1項前段の規定による請求をした日における剰余金額（第626条第1項の資本金の額の減少をした場合にあっては、その減少をした後の剰余金額。以下この款において同じ。）又は前項の出資の価額を減少した額のいずれか少ない額を超える場合には、当該出資の払戻しをすることができない。この場合においては、合同会社は、第624条第1項前段の規定による請求を拒むことができる。

I　趣　旨

　合同会社の社員は、出資の払戻しを請求することができる。出資の払戻しも、社員に対して合同会社の財産が交付される点は利益の配当と同じであり、社員全員が有限責任社員である合同会社においては、出資の払戻しをめぐって、会社債権者と社員との間の利害衝突が先鋭化するおそれがある。このため、本条2項において、出資の払戻しに関する財源規制が定められている。

II　合同会社における出資の払戻し

　合同会社では，設立時または社員の入社時に，定款に定めた出資の価額の全額を履行させること（578・604Ⅲ）によって定款に記載された出資の価額と履行された出資の額を一致させることにより，社員が580条2項に基づく債権者に対する直接責任を負わないように制度が設計されている（間接有限責任）。この社員の間接有限責任を確保するため，合同会社では，定款に記載された出資の価額を減少する場合に限って（本条Ⅰ），かつ減少した額の範囲内においてのみ（本条Ⅱ）出資の払戻しを行うことができるとされている。

III　出資の払戻しに関する財源規制（本条2項）

　合同会社では，出資の払戻しによって社員に交付する金銭等の帳簿価額（出資払戻額）は，前述のとおり，定款変更をして出資の価額を減少した額を超えてはならない。さらに，出資の価額を減少した額より「剰余金額」のほうが少ない場合には，出資払戻額は「剰余金額」を超えてはならない。ここでの「剰余金額」とは，次の①または②のいずれか少ない額をいう。①出資の払戻しをした日における利益剰余金の額および資本剰余金の額の合計額，または②出資の払戻請求をした社員の出資につき資本剰余金に計上されている額である（626Ⅳ，会社計算164③ハ）。

　このうち①の額による制限は，合同会社の債権者と社員との間の利害調整の観点から設けられているものであり，株式会社における分配可能額規制（461）と同趣旨のものである。②の額による制限については，まず前提として，合同会社では，社員によって出資された財産の価額は資本金と資本剰余金とに分けて計上される（会社計算30Ⅰ①・31Ⅰ①。出資された財産の価額のうちどれだけを資本金として計上するかは会社が決定する）。これは出資された財産の価額が，持分会社全体としての資本金および資本剰余金に計上されることを意味するとともに，出資された財産の価額が社員ごとに資本金と資本剰余金とに分けて割り当てられることを意味する。②の額は，社員ごとに割り当てられた資本剰余金の額を意味する。このことからすると，出資払戻額を②の額の範囲内に抑えることは，債権者の利益とは無関係であり，②の額による規制は，社員間の利害調整を目的とするものといえる（法務省令154頁）［社員間の利害調

整の意味については，☞§628 II]。

　出資の払戻請求をした社員の出資のうち資本剰余金として計上されている額が少ない場合には，②の規制により十分な出資払戻額を確保できないことになる。この場合，合同会社は，資本金の額を減少して，その減少額の分だけ資本剰余金を増加させることができ（626 I，会社計算30 II②），出資払戻額に係る「剰余金額」による規制との関係においても，資本金減少後（資本剰余金増加後）の「剰余金額」を基準とすることができる（本条 II 第2括弧書）。ただし，その場合には，資本金の額の減少について債権者異議手続（627）をとらなければならない。

（松尾健一）

（出資の払戻しに関する社員の責任）
第633条① 合同会社が前条の規定に違反して出資の払戻しをした場合には，当該出資の払戻しに関する業務を執行した社員は，当該合同会社に対し，当該出資の払戻しを受けた社員と連帯して，当該出資払戻額に相当する金銭を支払う義務を負う。ただし，当該業務を執行した社員がその職務を行うについて注意を怠らなかったことを証明した場合は，この限りでない。
② 前項の義務は，免除することができない。ただし，出資の払戻しをした日における剰余金額を限度として当該義務を免除することについて総社員の同意がある場合は，この限りでない。

I　趣　旨

　出資の払戻しも，社員に対して会社財産が交付される点で，利益の配当と同様の性質を有する。このことから出資の払戻しについても財源規制が課されており（632），本条は，その規制に違反した場合に，関係者が合同会社に対して負う支払義務について定める。財源規制に違反する利益の配当がされた場合に関する629条と同趣旨の規定である。

II　支払義務を負う者

　632条に違反して出資の払戻しがされた場合，当該出資の払戻しを受けた社員は，当該出資払戻額に相当する金銭を，合同会社に対して支払う義務を負う。この場合，当該出資の払戻しに関する業務を執行した合同会社の社員も，当該出資払戻額に相当する金銭を合同会社に対して支払う義務を負う。両者の支払義務は連帯債務となる。
　本条にいう，出資の払戻しに関する業務を執行した社員として，出資の払戻請求をした社員に対して，会社財産を交付する業務を行った者が挙げられる。このほか，合同会社では，出資の払戻しを行う際には，必ず定款に記載されている出資の価額を減少させなければならない（632）ため，定款変更が必要になる。この定款変更に関与した社員も，本条にいう出資の払戻しに関する業務を執行した社員に該当する可能性がある。もっとも，出資の払戻しに関する業務を執行した社員に該当する場合であっても，職務を行うについて注意を怠らなかったことを証明すれば，支払義務を負わない。

III　支払義務を履行した場合の会計処理

　632条に違反して出資の払戻しがされた場合であっても，当該出資の払戻しに際して，出資の価額を減少させるために行われた定款変更の効力に影響はない（出資の価額が減少する）とされている（論点解説602頁）。そうすると，本条の支払義務が履行された場合には，出資の払戻請求を受けた社員によって履行されたときであっても，それを出資と同等に扱うことはできず，合同会社には支払われた額に相当する利益が生じることになると解される。この場合の利益は，本条の支払義務を履行したのが出資の払戻しを受けた社員である場合には，622条によることなく，全額が当該社員に帰属すると解される。出資の払戻しに関する業務を執行した社員が本条の支払義務を履行した場合に生じる利益については，当該社員が出資の払戻しを受けた社員に求償をした場合には，出資の払戻しを受けた社員本人が支払義務を履行したときと同様に解してよいであろう。これに対し，出資の払戻しを受けた社員に対する求償が制限される場合（634 I）には，支払義務の履行によって生じる利益は，622条に従って社員間で分配されるものと解される。

〔松　尾〕

第7節　合同会社の計算等に関する特則　第4款　出資の払戻しに関する特則　§634

Ⅳ　支配義務の免除

　本条1項の支払義務は，総社員の同意がない限り免除することができない。また，支払義務のうち，「剰余金額」を超える部分については，たとえ総社員の同意があったとしても，免除することができない。

　本条1項の支払義務は，632条に違反して出資の払戻しがされた場合，すなわち出資払戻額が，剰余金額を超える場合に生じる。同条2項にいう「剰余金額」は，①出資の払戻しをした日における利益剰余金の額および資本剰余金の額の合計額，または②出資の払戻請求をした社員の出資につき資本剰余金に計上されている額のいずれか少ない額を指す（626 Ⅳ，会社計算164③ハ）。このうち①の意味における剰余金額の範囲に出資払戻額を制限した趣旨は，出資の払戻しをめぐる社員と会社債権者との間の利害調整にある［詳細については，☞§632 Ⅲ］。したがって，本条1項の支払義務のうち，①の意味における剰余金額を超える部分については，総社員の同意がある場合であっても，免除することができない。他方，②の意味における剰余金額によって出資払戻額を制限した趣旨は，合同会社の社員間の利害調整にある。したがって，総社員の同意があれば，②の意味における剰余金額による出資払戻額の制限は課さないこととすることを認めても問題はない。このことから，本条2項ただし書における支払義務の免除の限度額としての剰余金額は，①の意味の剰余金額のみを指すとされている（会社計算164③ニ）。

（松尾健一）

（社員に対する求償権の制限等）
第634条　①　前条第1項に規定する場合において，出資の払戻しを受けた社員は，出資払戻額が出資の払戻しをした日における剰余金額を超えることにつき善意であるときは，当該出資払戻額について，当該出資の払戻しに関する業務を執行した社員からの求償の請求に応ずる義務を負わない。
　②　前条第1項に規定する場合には，合同会社の債権者は，出資の払戻しを受けた社員に対し，出資払戻額（当該出資払戻額が当該債権者の合同会社に対して有する債権額を超える場合にあっては，当該債権額）に相当する金銭を支払わせることができる。

〔松　尾〕

§634

I 趣　旨

　本条1項は，633条の支払義務が生じる場合において，同条の支払義務を履行した社員が，出資の払戻請求を受けた社員に対して求償することを，一定の場合に制限したものであり，利益額を超える利益の配当がされた場合について定める630条1項と同趣旨のものである。
　本条2項は，633条の支払義務が生じる場合に，会社債権者が，出資の払戻しを受けた社員に対して，一定の金額を支払うことを請求することができるとするものであり，利益額を超える利益の配当がされた場合について定める630条2項と同趣旨のものである。

II 出資の払戻しを受けた社員に対する求償権行使の制限（本条1項）

　合同会社では，出資払戻額が，定款変更により減少した出資の価額または剰余金額を超える場合，当該出資の払戻しを受けた社員は，当該出資払戻額に相当する金銭を合同会社に対して支払う義務を負う（633 I）。この場合，当該出資の払戻しに関する業務を執行した社員も，過失がなかったことを立証しない限り，当該出資の払戻しを受けた社員と連帯して，当該出資払戻額に相当する金銭を合同会社に対して支払う義務を負う（同項）。出資の払戻しに関する業務を執行した社員が，同項の支払義務を履行した場合には，民法の一般原則に従って，同項の支払義務を負う社員に対して，求償権を行使することができる。なお，本条における「剰余金額」の意義は632条におけるそれと同義である（会社計算164③ハ）[☞632 III]。
　しかし，本条1項は，出資の払戻しを受けた社員が，出資の払戻しを受けた時点において，当該出資払戻額が剰余金額を超えるものであることについて善意であった場合には，633条1項の支払義務を履行した社員は，当該出資の払戻しを受けた社員に対して求償権を行使することができないとするものである〔このように求償権の行使が制限される根拠については，株式会社に関する☞§463 I〕。
　なお，633条1項の支払義務は，出資払戻額が，定款変更により減少した出資の価額を超える場合にも生じるが，この場合には，出資の払戻しを受けた社員に対する求償権は制限されないように読める（出資の払戻しを受けた社員の善

意の対象は出資払戻額が剰余金額を超えることのみ)。出資払戻額が，出資の価額の減少額を超えることについて，出資の払戻しを受けた社員が善意であることは想定しがたいためであろう。

III 会社債権者による支払請求（本条2項）

本条2項は，利益額を超える利益の配当がされた場合について定める630条2項と同趣旨のものである［詳細については，☞§630 III］。

（松尾健一）

第5款　退社に伴う持分の払戻しに関する特則

（債権者の異議）
第635条 ① 合同会社が持分の払戻しにより社員に対して交付する金銭等の帳簿価額（以下この款において「持分払戻額」という。）が当該持分の払戻しをする日における剰余金額を超える場合には，当該合同会社の債権者は，当該合同会社に対し，持分の払戻しについて異議を述べることができる。
② 前項に規定する場合には，合同会社は，次に掲げる事項を官報に公告し，かつ，知れている債権者には，各別にこれを催告しなければならない。ただし，第2号の期間は，1箇月（持分払戻額が当該合同会社の純資産額として法務省令で定める方法により算定される額を超える場合にあっては，2箇月）を下ることができない。
　1　当該剰余金額を超える持分の払戻しの内容
　2　債権者が一定の期間内に異議を述べることができる旨
③ 前項の規定にかかわらず，合同会社が同項の規定による公告を，官報のほか，第939条第1項の規定による定款の定めに従い，同項第2号又は第3号に掲げる公告方法によりするときは，前項の規定による各別の催告は，することを要しない。ただし，持分払戻額が当該合同会社の純資産額として法務省令で定める方法により算定される額を超える場合は，この限りでない。
④ 債権者が第2項第2号の期間内に異議を述べなかったときは，当該債権者は，当該持分の払戻しについて承認をしたものとみなす。
⑤ 債権者が第2項第2号の期間内に異議を述べたときは，合同会社は，当該債権者に対し，弁済し，若しくは相当の担保を提供し，又は当該債権者に弁済を受け

［伊　藤］

させることを目的として信託会社等に相当の財産を信託しなければならない。ただし，持分払戻額が当該合同会社の純資産額として法務省令で定める方法により算定される額を超えない場合において，当該持分の払戻しをしても当該債権者を害するおそれがないときは，この限りでない。

I 趣　　旨

　持分会社では，退社時に社員がその持分の払戻しを受けることができる（611 I）。その場合，利益の配当（623）や出資の払戻し（632）のような財源規制は課せられない（論点解説 602 頁）。しかしながら，社員が間接有限責任しか負わない合同会社にあっては，持分の払戻しによって，会社債権者の債権の弁済が危険にさらされないよう配慮する必要がある。他方で，厳格な財源規制によって，退社する社員が持分の払戻しが受けられなくなると，その利益が害されることとなる。そこで，退社に伴う持分の払戻しについて，払い戻す財産の価額と会社財産の状況との関係を踏まえて，持分払戻額が，払戻日における剰余金額を超えるときには，債権者異議手続を必要とするものとした（立案担当 165 頁）。

II 払戻額と剰余金の関係

　本条では，持分の払戻しにより社員に対して交付する金銭等の帳簿価額（持分払戻額。本条 I）と「剰余金額」との関係で，債権者異議手続の要否を決定することとしている。この場合，法務省令により，「資本金の額」「資本剰余金の額」「利益剰余金の額」「最終事業年度の末日における評価・換算差額等に係る額」の合計を「純資産額」と定め（会社計算 166），この係数から持分払戻しに際して，債権者異議手続が必要かどうかの要否を判断することになる。

1　持分払戻額が剰余金額を超えない場合

　退社する社員に係る利益剰余金と資本剰余金の合計額を超えて持分の払戻しを行う場合であっても，当該剰余金額を超えない場合には，債権者異議手続は不要である（論点解説 602 頁）。

〔伊　藤〕

2 持分払戻額が純資産額を超えない場合

持分払戻額が剰余金額を超えるが，会社の簿価純資産額を超えない場合は，資本金額をゼロまでの範囲で減少した上で払戻しを行うことと実質的に同じであるから，資本金の額の減少を伴う出資の払戻しの場合と同様に，債権者異議手続（635・637参照）を経ることにより，払戻しを行うことができる（論点解説603頁，立案担当165頁）。

3 持分払戻額が純資産額を超える場合

持分払戻額が会社の簿価純資産額を超える場合（簿価債務超過の会社において持分を払い戻す場合を含む），社員と債権者の利益調整のため，清算に準じた債権者異議手続を経ることにより，持分の払戻しを行うことができる。会社の貸借対照表上の純資産額は，原則として取得原価を資産に付すなど，いわゆる簿価で算定されるが，持分の払戻しにより払い戻す額は，当該合同会社の現在価値であるから，資産等は時価で評価され，将来収益を含む，いわゆる「自己のれん」も算定の基礎となる。そのため，持分払戻額が帳簿純資産額を超える可能性がある。他方で，簿価純資産額を超えて会社財産が社員に払い戻される場合，会社債権者にとって，払戻しの基礎となる資産等の時価評価が正当かどうかを判定する方法がなく，詐害的な払戻しがなされる可能性がある。そこで，帳簿純資産額を超えて会社財産が社員に払い戻される場合には，その実質が清算に準じるものであることを考慮して，清算に準じた債権者異議手続をとることを要するものとした（論点解説603頁，立案担当165頁）。

III　異議申述の催告

合同会社において，持分払戻額が剰余金額を超える場合，合同会社は，①剰余金額を超える持分払戻しの内容，および，②債権者が1か月を下回らない一定の期間内に異議を述べることができる旨を官報に公告し，かつ，知れている債権者に各別に催告する必要がある（本条II）。ただし，持分払戻額がその会社の純資産額を超える場合には，異議申立期間は2か月を下回ることはできない（同項ただし書）。持分払戻額が合同会社の純資産額を超える場合は，清算に準じて債権者を保護する必要があるからである（新基本法コンメ(3)68-69頁［青竹正一］）。

〔伊　藤〕

合同会社が，官報による公告のほか，定款の定めにより，日刊新聞紙に掲載する方法または電子公告によるときは（939 I ②③），各別の催告は不要である（本条Ⅲ）。ただし，持分払戻額がその会社の純資産額を超える場合には，各別の催告が必要である（同項ただし書）。

Ⅳ　債権者が異議を述べたとき

会社が定めた催告期間内に，債権者が異議を述べたときは，会社は原則として，弁済期の到来している債権については弁済し，弁済期未到来の債権については，期限の利益を放棄してあるいは債権者の同意を得て弁済するか，もしくは債権者に相当の担保を提供するか，または債権者に弁済を受けさせることを目的として信託銀行等に相当の財産を信託することを要する（本条Ⅴ）。持分払戻額がその会社の純資産額を超えない場合であって，その持分の払戻しをしても債権者を害するおそれがないときは，弁済等の措置をとる必要はないが，持分払戻額がその会社の純資産額を超える場合であって，債権者による異議の申立てがあったときは，会社側から「債権者を害するおそれがない」ことを抗弁として，当該債権者に主張することは許されないから（本条Ⅴただし書。立案担当165頁，論点解説603頁），常に弁済等の措置をとらなければならない（新基本法コンメ(3)69頁［青竹］）。

Ⅴ　債権者が異議を述べなかったとき

債権者が一定の期間内に異議を述べなかった場合，債権者はその持分の払戻しについて承認をしたものとみなされる（本条Ⅳ）。

Ⅵ　本条違反の効果

合同会社が，本条に定める債権者異議手続を経ないで，持分の払戻しを行ったとき，当該持分払戻しに関する業務を執行した社員は，会社に対し，当該持分払戻しを受けた社員と連帯して，当該持分払戻額に相当する金銭を支払う義務を負う［☞§636］。さらに，当該業務執行社員は過料の制裁を科される（976 ㉖）。

(伊藤壽英)

〔伊　藤〕

第7節　第5款　退社に伴う持分の払戻しに関する特則　　　　　　　　§636

> **（業務を執行する社員の責任）**
> **第636条**① 合同会社が前条の規定に違反して持分の払戻しをした場合には，当該持分の払戻しに関する業務を執行した社員は，当該合同会社に対し，当該持分の払戻しを受けた社員と連帯して，当該持分払戻額に相当する金銭を支払う義務を負う。ただし，持分の払戻しに関する業務を執行した社員がその職務を行うについて注意を怠らなかったことを証明した場合は，この限りでない。
> ② 前項の義務は，免除することができない。ただし，持分の払戻しをした時における剰余金額を限度として当該義務を免除することについて総社員の同意がある場合は，この限りでない。

1　趣　　旨

合同会社が，いわゆる債権者異議手続を経ないで，剰余金額（632 II）を超える持分払戻額を退社員に払い戻した場合（635），払戻しを受けた社員と当該払戻しを実行した業務執行社員は，連帯して，当該持分払戻額相当の金銭を会社に支払う義務を負うこととした。株式会社において，分配可能額を超えて金銭等の交付を受けた株主は，交付を受けた金銭等の帳簿価額に相当する金銭を，当該分配行為に係る業務執行取締役等と連帯して，支払う義務を負うが（462），合同会社においても同様の定めを置いたものと解される［☞§462］。

2　払戻しを受けた退社員の責任

社員が間接有限責任しか負わない合同会社にあっては，持分の払戻しによって，会社債権者の債権の弁済が危険にさらされないよう配慮する必要があるため，持分払戻額が剰余金額を超えるときは，一定の債権者異議手続を要求している（635・627）。このように，法が会社財産の確保を図ろうとする趣旨にかんがみれば，債権者異議手続を経ない，違法な持分払戻しは，退社員との関係で無効となると解される（反対説もある）［☞§462］。したがって，当該退社員は，持分払戻額全部について不当利得返還義務（民703）を負うこととなる。ただし，その場合にも，退社自体は有効であり，退社に伴う会社財産の払戻しのみが無効となると解される（論点解説604頁）。

3　業務執行社員の責任

合同会社が，法律上必要な債権者異議手続に違反して持分の払戻しを行った

〔伊　藤〕

§636　　　　　　　　　　　　　　　　　　第3編　持分会社　第5章　計算等

とき，その業務を執行した社員は，その持分の払戻しを受けた社員と連帯して，持分払戻額に相当する金銭を支払う義務を負う（本条Ⅰ）。株式会社においては，分配可能額を超えて金銭等を株主に交付したことに係る業務執行取締役等は，上記金銭の交付を受けた株主と連帯して，交付を受けた金銭等の帳簿価額相当の金銭を会社に支払う義務を負う（462Ⅰ）。この場合，多数の株主から完全に返還させることが困難であるため，違法な剰余金分配に関与した業務執行取締役等に特別な責任を負わせたものと解される（江頭259頁・477頁）。この理は，合同会社において，債権者異議手続を経ないで，剰余金額を超えて持分払戻しを行った場合にも妥当するものと解される。

　この業務執行社員が，その職務を行うについて注意を怠らなかったことを証明した場合は，責任を免れることができる（本条Ⅱ。462Ⅱ参照）。

4　義務の免除

　違法な持分払戻しに関与した業務執行社員およびその払戻しを受けた社員の義務は免除することができないのが原則である。しかし，総社員の同意があれば，持分の払戻しを行った日の剰余金の額を限度として，免除することができる（本条Ⅲ）。この「剰余金額」は，資本剰余金および利益剰余金の合計額である（会社計算164③ホ）。したがって，払い戻した額がこの剰余金を超えている場合には，総社員の同意による免除は認められないこととなる（新基本法コンメ⑶70頁〔青竹正一〕）。

（伊藤壽英）

〔伊　藤〕

第6章　定款の変更

> **（定款の変更）**
> 第637条　持分会社は，定款に別段の定めがある場合を除き，総社員の同意によって，定款の変更をすることができる。

細目次

I　本条の趣旨
II　定款変更決議要件に関する定款自治
III　定款変更の形式的要件・同意の方式
IV　定款自治の範囲の拡大
V　定款自治の限界
　1　出資の目的
　2　各自業務執行の原則の例外
　3　業務執行社員の善管注意義務・忠実義務
　4　業務執行社員に対する訴訟
　5　やむを得ない事由があるときの退社権
　6　除名の訴えとその要件（859条）
　7　その他

I　本条の趣旨

　本条は，定款変更の手続に関する規定であるとともに，全員一致原則を掲げることによって，持分会社において広範な定款自治が認められることの根拠を示した規定でもある。持分会社の全員一致原則は，原則として，社員の全員一致で定款変更その他の会社のあり方が決まり，社員自らが会社の業務執行に当たるという，組合的規律によっている（武井一浩ほか「企業形態の選択」宍戸善一＝ベンチャー・ロー・フォーラム（VLF）編・ベンチャー企業の法務・財務戦略〔商事法務，2010〕202頁注4）。
　本条は，定款によって決議要件を緩和しない限り，社員の全員一致でなければ，定款変更はできないと定めることによって，定款の任意的記載事項について規定する577条とともに，広範な定款自治が認められることの根拠を示したものと考えられている（新基本法コンメ(3)71-72頁［今泉邦子］）［☞第3編前注I 2(1)］。すなわち，あらゆる定款の規定は，さかのぼれば，必ず，社員の全員一致による承認があることになるので，強行規定ないし公序良俗に反しない限り，社員が全員一致で決めたことを，裁判所が事後的に覆す理由はないということになる。

〔宍戸〕

ただし，本条の射程に関しては議論がある。第1に，本条を包括規定と解し，いったん本条に基づき，総社員の同意以外の定款変更の決議要件を定めた場合には，その決議要件は，法が個別にデフォルト・ルールとして決議要件を定めている場合にも当然に適用されることになり，あらためて個別の決議要件の変更を必要としないとする見解（本条を包括規定とした上で，不利益を受ける社員がある場合には個別的同意を必要と解し，事後的救済に委ねるとする説として，大杉謙一「持分会社・民法組合の法律問題」岩原ほか・上53頁以下），第2に，本条を包括規定ではないと解し，法が個別にデフォルト・ルールとして決議要件を定めている場合には，たとえ本条に基づき，総社員の同意以外の定款変更の決議要件を定めた場合であっても，あらためて総社員の同意による個別の決議要件の変更を必要とするとする見解（合併等の法が個別に総社員の同意をデフォルト・ルールとしている場合には，個別に総社員の同意によって定款規定を設ける必要があるとする説として，大隅健一郎「合名会社の社員の決議（3完）」法学論叢38巻4号〔1938〕698-699頁，および，東京地決平成元・8・29判時1330号123頁〔合資会社の合併要件を定款で定めるには，当該定款変更自体についても総社員の同意が必要であるとした〕）がある〔☞§577Ⅱ2・Ⅲ〕。

本条は包括規定ではなく，法が個別に「定款に別段の定め」を要求している事項についてデフォルト・ルールを変更する場合には，個別に総社員の同意による定款の決議要件の変更を要すると解すべきである。定款変更が必要となるたびに，すべての社員に拒否権がある状況は，機会主義的行動を誘発するようにも思われるが，事前に個別事項ごとに決議要件を定めておくことは可能であり，かえってそのように解するほうが，社員間の合意を確認でき，定款自治の範囲を拡大することになる。デフォルト・ルールとして総社員の同意が必要とされている（各社員に拒否権が与えられている）事項は，その変更によって各社員に大きな不利益がもたらされる可能性のある事柄であり，将来起こり得る多数決による変更を十分に検討せずに，定款変更要件の緩和に同意すると，予期せぬ不利益を被る可能性がある。本条を包括規定と解すると，例えば，定款変更を業務執行社員に一任する旨の規定は，個別の決議事項についてはさておき，定款変更全般について定めることは合理性を欠き，定款自治の目的を逸脱しているといわざるを得ない。業務執行社員に一任する旨の規定も可とする立案担当者の見解（立案担当166頁）は，本条が包括規定ではないことを前提にしているものと思われる。

一見煩瑣ではあるが，「定款に別段の定めがある場合を除き」というよう

に，決議要件に関して，法が定款に別段の定めを置くことを明文で許容している事項については，総社員の同意が要件になっていない場合も，個別に定款変更が必要であると解すべきである。本条が包括規定ではないとすれば，そのように解さないと，事前の明確性が損なわれる。例えば，業務執行社員全員の承諾と社員の過半数の承諾のどちらがより厳格な決議要件であるかは具体的な事案によって異なり得る。個別に定款に別段の決議要件の定めが許容されている事項については，法が，いずれかの時点で，デフォルト・ルール以外の決議要件を採用することが総社員の意思であることを確認することを要求しているものであり，個別の決議要件の定めがない場合には，各社員が拒否権を留保したものと解することになる。本条はそれ以外の定款変更について，一般的に拒否権を放棄することを認めたものである。

以上のように個別のリスクを確認させる手続をとったとしても，定款変更に対する拒否権を放棄したことによって，個別の社員が予期せぬ不利益を被る可能性はある。そのような場合に事後的救済が認められるべきケースもあり得るが，それは例外的なケースにとどまるであろう。例えば，持分会社の種類の変更によって社員の責任の加重がなされた場合を考えると，会社法で，定款変更によって，合資会社から合名会社へ（638Ⅱ①），ないし合同会社から合名会社へ（同条Ⅲ①）の持分会社の種類の変更が可能であることが明示されており，それに不満な社員は退社することも可能であることからすれば，持分会社の種類の変更に対する拒否権を放棄したことによって（本条に基づく決議要件の緩和によって可能である），予期せぬ責任の加重がなされたとしても，事後的救済が与えられるべき場合とはいえないであろう。これに対して，例えば，合資会社において，法定の出資義務とは異なる社員の義務に関する定めを定款に設けることができるとした，大判大正5・4・7（民録22輯647頁），および，定款に社員総会の決議で定款変更をなすと定めた以上，社員の出資額を増加し，その責任を加重することも，各社員の同意なく可能であるとした，大決大正7・10・29（民録24輯2068頁）があるが，特定の社員を狙い撃ちしたような決議であったとすれば，多数決濫用で無効とされることもあり得るであろう（大杉・前掲65頁）〔☞§577Ⅲ4(2)・(3)〕。

Ⅱ 定款変更決議要件に関する定款自治

平成17年改正前商法72条は，「定款ノ変更其ノ他会社ノ目的ノ範囲内ニ在

ラザル行為ヲ為スニハ総社員ノ同意アルコトヲ要ス」と規定しており，総社員の同意以外の決議方法で定款変更をなし得るか，すなわち，同条が強行規定であるか，任意規定であるかに関して，かつては学説上の争いがあったが，前掲・大決大正 7・10・29 以降，判例・通説は，同条を任意規定であると解するにいたっていた（新注会(1) 236 頁 ［米沢明］，新基本法コンメ(3) 71 頁 ［今泉］，大杉・前掲 53 頁以下）。同決定は，定款の規定により，社員総会に社員の 3 分の 1 以上が出席すれば定款変更を決議し得るとしたものであるが，その定款変更の内容は，社員の出資義務を増額し，社員の責任を有限責任から無限責任に変更するというもので，定款変更の要件の問題とは別に，社員の個別の同意なしに社員の責任を加重することは認められないはずである［☞§577 Ⅲ 4 (3)］。

また，定款変更に必要な定足数を定めた定款の規定は有効であるとした，大判昭和 5・5・30（民集 9 巻 1031 頁）がある。本件定款には多数決比率についての定めがなく，決議に参加した総社員の同意を必要とする趣旨の規定と解されるが，原告社員に何らの通知なく社員総会が開催された事案のようであり，そうだとすれば，社員総会の無効確認が認められるべきだったのではないかとの疑問が提起されている［☞§577 Ⅲ 2 (3)］。もっとも，判例は，社員総会の決議につき，一般的には，あらかじめ社員に対し相当期間を定めて決議事項を通知することは法律上必要ではないとしている（最判昭和 33・5・20 民集 12 巻 7 号 1086 頁）。

定款による定款変更決議要件の緩和の限度は，本条が包括規定であるか否かに関する議論と密接に関連するが，いずれにしても，社員の頭数の多数決ないし資本多数決による変更が認められることまでは問題がないと思われる。どのような決議要件を定めるにせよ，総社員の一致が前提として存在することが，定款変更決議要件の緩和が認められる根拠である（新基本法コンメ(3) 71 頁 ［今泉］）。持分会社は，その事業の円滑化を図るという会社形態として設計されたものであり（立案担当 155 頁），定款規定をよく確認しないで参加する可能性のある者の保護を考慮していない（立案担当 166 頁注 11）。前述のように，本条を包括規定でないと解すれば，定款変更を業務執行社員に一任するという規定も有効である。

また，本条の「定款に別段の定めがある場合を除き」の文言は，「総社員の同意によって」にかかり，総社員の同意はもっとも厳格な決議要件であるから，本条は，定款による定款変更決議要件の緩和を認めたものと，一般に解されているが，社員全員一致のほかに，社員以外の第三者の同意を要件とするこ

とによって，一定のコミットメント効果を作り出すことは可能であり，その方向の定款自治の可能性をまったく否定すべきではないように思われる。例えば，合資会社のある社員の責任を無限より有限に変更することは，定款変更の手続で可能であるとした，大判昭和6・5・1（民集10巻297頁）があるが，そのような変更には重要な債権者の同意を要すると定めることには一定の合理性がある。もちろん，同判決は，社員の債務を軽減することを認めたものではなく，将来負担する責任について軽減を認めたものであり，そのような社員の責任の変更が可能であることを前提にした規定（583）もあるが，特定の社員が無限責任社員であることを重視して会社と取引する債権者もあり得，そのような場合に，その社員がコミットメントできる手段があることは，その社員にとっても有益である。社員以外の第三者の同意なしに定款変更が行われた場合には，当該第三者による定款変更無効確認の訴えが認められるべきである。

III 定款変更の形式的要件・同意の方式

持分会社の設立時には書面等（電磁的記録でもよい）による定款の作成が必要であるが（575），会社成立後の定款変更には書面行為を要しない（新基本法コンメ(3)72頁［今泉］）。定款事項の変更は総社員の同意のみで効力が生じ，書面の更正を必要としないとした大審院判例がある（大判大正5・10・14民録22輯1894頁）。また，総社員の同意の方式については格別の規定はない。同意は，口頭をもってすると書面をもってするとを問わず（大判昭和2・2・12民集6巻45頁），社員が集合して同意すると個別的に同意するとを問わない。同意は，明示になされる必要はなく黙示のものであってもよい。黙示の同意につき，社員の変更について総社員の黙示の同意があったといえるためには，総社員において，誰が入社し，誰が退社し，その結果，社員構成がどのようになったのかということまで認識し，その上で異議を述べなかったことが必要であり，総社員がある特定の社員の決定に従うというだけでは黙示の同意があったというには足りないとした下級審判例がある（那覇地判平成21・2・19判例集未登載〔平成20年(ワ)第734号，平成20年(ワ)第847号］）。

IV 定款自治の範囲の拡大

決議要件に関して定款に別段の定めを置くことを明文で許容している事項が

ある。株式会社の会議体の決議要件に関する定款自治は、ほとんどの場合、決議要件を強化する（少数株主の拒否権を拡大する）方向でのみ認められているが、持分会社における定款自治は、そのような片面的なものではなく、少数派社員の拒否権を拡大するか否かを問題としていない〔☞§577Ⅰ〕。

そのうち、総社員の同意をデフォルト・ルールとするもの（定款の絶対的記載事項〔576Ⅰ・637〕、業務執行社員の持分譲渡〔585ⅠⅣ〕、業務執行社員の解任〔591ⅤⅥ〕、業務執行社員による競業の承認〔594Ⅰ〕、会社成立後の社員加入のための定款変更の決議〔604Ⅱ・576Ⅰ④・637〕、定款で定めた事由による退社〔607Ⅰ①・637〕、解散事由のうち存続期間・解散事由を定款で定めたもの〔641①②・637〕、組織変更〔781Ⅰ〕、合併および会社分割〔793Ⅰ・802Ⅰ・813Ⅰ〕）については、決議要件の緩和が認められている。

持分会社の規定には、総社員の同意をデフォルト・ルールとするもののほか、業務執行社員の全員の承諾をデフォルト・ルールとするもの（業務を執行しない有限責任社員の持分譲渡およびそれに伴う定款変更〔585Ⅱ-Ⅳ〕）、社員の過半数の承諾をデフォルト・ルールとするもの（業務執行社員を定めなかった場合の業務の決定〔590Ⅱ〕、支配人の選任・解任〔591Ⅱ〕、業務執行社員による利益相反取引に対する承認〔595Ⅰ〕、清算人の解任〔648Ⅱ〕）、業務執行社員（ないし清算人）の過半数の承諾をデフォルト・ルールとするもの（業務執行社員を定めた場合の業務の決定〔591Ⅰ〕、清算人による業務の決定〔650Ⅱ〕）があり、これらの事項に関しては、決議要件を厳格化することも、より緩和することも認められるものと解される。

持分の譲渡制限に関しては、別途社員に退社権が与えられていることから、単に決議要件の緩和だけでなく、持分譲渡を認めない定款の規定も有効であると考えられ、実務的には、合弁会社等に一般的に用いられる先買権条項の買取価格に関する取決めを定款に規定できることが重要である〔☞第3編前注Ⅰ2(3)〕。

支配人の選任・解任に関するデフォルト・ルールは、平成17年会社法制定で変更があった。平成17年改正前商法152条では、無限責任社員の過半数で決定するとされていたのに対し、会社法は、前記のとおり、社員の過半数をもって決定するとした。那覇地決平成19・4・5（金判1268号61頁）は、平成17年改正前商法下で設立された合資会社において、平成17年改正後に、業務執行社員である唯一の無限責任社員が、2名の有限責任社員の同意なく、単独で行った支配人の選任（定款に特段の定めはなかった）を無効とした。結果的

§637

に，本件内部紛争の解決において，法律改正前には存在しなかった有限責任社員の拒否権を生ぜしめ，支配の分配交渉の観点からは事前の公正に反する結論をもたらした。整備法の経過規定の不備によるものであるが，裁判所が黙示の定款の存在を認定することができた事例ではないかと思われる（もっとも，商法ですでに規定されている事項を定款にもう1度繰り返して記載する場合には，任意的記載事項として認められると解されていたので〔新注会(1)203頁［大沢康孝］〕，平成17年商法改正前に，無限責任社員の過半数で決定する旨の定款の記載をしておけば，平成17年商法改正後にも効力を認められる任意的記載事項となり得ることになるが，将来の法改正を予測して，デフォルト・ルールと同じ規定を定款に繰り返し記載することを要求するのは，ドラフティング・コストを不当に高くすることになる）。

以上のような，会社法が一定の事項について何らかの決定をなすことを要求している事項についても，その決議方法・手続に関する規定は置かれていない。決議方法は，社員の口頭または書面による個別の意思表示を収集する方法によってもよいし，定款の規定のあるなしにかかわらず，社員総会等の会議を開催して決議することも可能である（新基本法コンメ(3)72頁［今泉］）。決議の手続に関して，あらかじめ相当期間を定めて決議事項を通知することは法律上必要でないとした最高裁判例がある（前掲・最判昭和33・5・20）。

そのほか，持分会社の規定が，決議要件以外で定款に定めを置くことを明文で許容している事項として，各自業務執行の原則（590 I），業務執行社員の辞任の制限（591 IV VI），業務財産状況調査権（592），業務執行社員の報告義務（593 III V），業務執行社員の報酬・費用償還等に関する民法の委任に関する規定の準用（593 IV V），任意退社（606 I II），破産手続開始の決定・解散・後見開始の審判を受けた場合の法定退社（607 I ⑤ ⑥ ⑦ II），相続および合併の場合の一般承継（608），計算書類の閲覧・謄写請求権（618），利益の配当に関する事項（621 II），損益分配の割合（622 I），出資の払戻しに関する事項（624 II），存続期間ないし解散事由（641 ① ②），残余財産の分配割合（666）がある。

持分の内容に関しては，利益配当，損益分配，残余財産分配に関して定款自治が明示されているが，それにとどまらず，株式会社におけるような種類株式類型の限定や株主平等原則による限界もなく，自由な設定が認められている〔☞ 第3編前注 I 2(1)〕。

持分会社法は，以上のように個別に定款自治を認めるだけでなく，会社法の規定に違反しないものを広く定款に記載することを認めている（577）。立案担当者は，会社法で別段の定めを許容しているもの以外は，例えば，事業年度の

〔宍戸〕

定めのような，法律とは無関係に定款で一定の事項を定めるものは別として，定款の定めを置くことはできないと述べているが（立案担当20頁），学説のほとんどは，定款自治の範囲を完全に明文化することは不可能であるとして，そのような限定的な解釈には反対している（大杉・前掲56頁）［☞§577Ⅱ1］。

例えば，合名会社の社員が除名によって退社したときは持分の払戻請求権を失う旨の定款規定は有効であるとした下級審判例がある（東京高判昭和40・9・28下民集16巻9号1465頁）。

また，合名会社の継続の要件を加重する定款条項は有効である（平成17年改正前商法95条〔会642〕は任意規定である）とした，札幌地判昭和36・1・17（下民集12巻1号28頁），傍論ながら，合資会社が定款によって社員総会に関する定めをなした上，会社継続をその決議事項とした場合は，強行規定ないし公序良俗に反しない限り，その定款規定に基づいてなすべきものであるとした，山口地宇部支判昭和43・2・16（判時547号81頁）がある。

持分会社では，いかなる機関の設置も義務付けられていないが，機関の設計は定款自治の問題として，原則として自由に行うことができる。例えば，株式会社の株主総会・取締役会・監査役会等に対応する会議体を設置し，会議体の手続を定款に規定することもできる。合資会社の社員の決議の手続は定款自治の問題であり，あらかじめ相当期間を定めて決議事項を通知することは法律上必要ではないとした最高裁判決（前掲・最判昭和33・5・20）がある。

Ⅴ　定款自治の限界

条文の規定振りから定款自治が認められていないと一般に解されているものを以下に類型別に整理し，持分会社における定款自治の限界を確認する。

1　出資の目的

576条1項6号は，社員の出資の目的に関し，その括弧書で「有限責任社員にあっては，金銭等に限る」と定めていることから，合同会社において労務出資は認められていないと一般に解されているが，合同会社の母法であるアメリカ各州のLLC法は労務出資を排斥しておらず，有限責任社員の労務出資を認めないことは立法論として必然ではない。

ただし，合同会社において労務出資を認めるべきか否かに関する議論を行うに当たっては，まず，労務出資の定義を明確にする必要がある。将来にわたる

§637

人的資本の拠出をはじめから金銭的に評価し，同額の金銭出資と同じ完全な持分を与える「労務出資」は，それを認める実務的必要性に乏しい。これに対して，人的資本の拠出者には名目的な金額の金銭出資を行わせ，財産の出資額とは異なる比率での損益分配割合を定款で定めることによって，出資の払戻しは定款記載の出資額（名目的な金額）で行うものの，損益分配に関しては物的資本の拠出者と対等に参加させることはできる。すなわち，利益の配当，持分の払戻し，残余財産の分配の局面では，人的資本の拠出者に対して物的資本の拠出者と対等な経済的地位を設定することは現行法上も可能である。これは，経済的には，企業価値に対して，物的資本の拠出者の残余財産分配請求権を超えた部分に対して物的資本の拠出者と対等の参加権を与える「労務出資」を認めることになり，実務的必要性も高い（宍戸善一＝大杉謙一「漁業LLCモデルにみる人的資本と物的資本の結合」森信茂樹編著・野村資本市場研究所「経済活性化と合同会社の法制・税制の整備」研究会・合同会社（LLC）とパススルー税制〔金融財政事情研究会，2013〕175-182頁）[☞第3編前注Ⅰ1(1)]。ただし，このような労務出資の税務上の取扱いについては議論があり得る。

2　各自業務執行の原則の例外

定款で業務執行社員を定めることはできるが（591Ⅰ），完全に社員以外の第三者（法人社員が職務執行者を選任することはできる〔598Ⅰ〕）に業務執行を委ねることは認められないと解されている[☞第3編前注Ⅰ1(2)]。この規制は，合同会社の実務には障害となり，立法論的には疑問がある[☞第3編前注Ⅰ2(1)]。合名会社・合資会社を前提とした各自執行・各自代表の原則を前提にしたものであり，持分会社として一括りの立法を行った弊害の1つであろう。

社員の情報開示請求権として，事業年度終了時・重要な事由あるときの業務財産状況調査権（592Ⅱただし書），および，事業年度の終了時における計算書類の閲覧請求権（618Ⅱただし書）が強行法規として定められている。後者は最低限の情報開示請求権として妥当であるが，前者は合名会社・合資会社を前提とした各自執行・各自代表の原則を前提にしたものであり，合同会社の実務には弊害となる可能性もあり，強行法規とすることには疑問がある。少なくとも，業務財産状況調査権の範囲はあらかじめ定款で規定しておくことができると解すべきであろう[☞§592Ⅲ]。

〔宍　戸〕

3　業務執行社員の善管注意義務・忠実義務

業務執行社員の善管注意義務・忠実義務も，定款によって排除することはできないと解されているが（593ⅠⅡ・Ⅴ反対解釈），業務執行社員の損害賠償責任は定款によって制限ないし否定することが可能である。596条は，定款に別段の規定を置くことを明示的には認めていないが，任意規定であると解されている〔☞第3編前注Ⅰ2(1)・§596 2〕。

米国デラウェア州LLC法は，善管注意義務のみならず，忠実義務をも，あらかじめLLC契約で排除することができると規定しているが（Delaware Limited Liability Company Act §18-1101(c)），LLC契約に明確な規定がない場合に，裁判所は，忠実義務の存在をデフォルト・ルールとするか否かについて，判例・学説上の争いがあったが，LLC契約に忠実義務を制限ないし排除する規定がない場合には，忠実義務（default fiduciary duties）の適用があることが明らかにされた（§18-1104）（小林俊明「デラウェア州LLCにおける業務執行者の信認義務の排除」出口正義ほか編・青竹正一先生古稀記念・企業法の現在〔信山社出版，2014〕461頁以下，宍戸善一「非公開企業における動機付け交渉」徳本穣ほか編・森淳二朗先生退職記念・会社法の到達点と展望〔法律文化社，2018〕209頁以下）。

4　業務執行社員に対する訴訟

社員の責任を追及する訴訟（602）も，定款により社員の権利を制限できない強行規定であると解されているが，合弁契約等の社員間契約中に仲裁条項を設け，社員がこの訴えを提起することができなくする措置をとる可能性を否定すべきではない（江頭憲治郎「合同会社における社員の責任を追及する訴訟」出口ほか編・前掲454-455頁）。同様に，業務執行社員の業務執行権または代表権の消滅の訴え（860）も，内部紛争の武器として利用される可能性もあり，合弁企業等において，まったく排除する余地がないと解することには疑問がある。

5　やむを得ない事由があるときの退社権

一般的任意退社に関しては定款自治が認められているものの（606ⅠⅡ），やむを得ない事由があるときの退社権（同条Ⅲ）が強行法規として規定されていることは，共同事業を始めるに際し，株式会社形態と合同会社形態のいずれを選択するかの判断にもっとも大きな影響を与える制度といえよう。合同会社の母法である米国LLC法は，州によって3つの類型に分かれており，カリフォ

§637

ルニア州法が，わが国のように，LLC 社員の退社権を強行法規として定めているものの（California Corporate Code §605.0105(3)(i)），デラウェア州法は，デフォルト・ルールとしてすら社員の退社権を定めておらず（6 Delaware Code §18-603），統一 LLC 法も，退社権をデフォルト・ルールとしているにすぎない（Uniform Limited Liability Company Act〔2006〕§§601.602(1)，110）（宍戸善一「合同会社の退社員の持分評価」出口ほか編・前掲434頁）。わが国では，合名会社・合資会社を前提とした退社権の定めを，無批判に合同会社にも当てはめた感が強く，立法論としては検討の余地がある。

共同事業を合同会社形態で行うことを前提にすると，相手方パートナーが相手方の事情でいつ退社するかわからないという状況では，各パートナーが共同事業にコミットするインセンティブが阻害される。退出を困難にすると，少数派社員がスクイーズ・アウトされるリスクが高まるが，合同会社は株式会社に比べ，そのデフォルト・ルールに従っていれば，少数派がスクイーズ・アウトに遭うリスクは小さい（宍戸善一「合弁合同会社」小出篤ほか編・前田重行先生古稀記念・企業法・金融法の新潮流〔商事法務，2013〕226頁以下）。それゆえ，合同会社が広く共同事業に利用されるためには，定款によって，「やむを得ない事由」をどこまで限定できるかが重要なポイントになる。持分の譲渡制限の強さとの補完性も考慮する必要があるが，解釈論としては，定款によって，退社権の行使を解散判決が認められる事由がある場合に限定することは可能であると思われる（宍戸・前掲「合弁合同会社」235頁）。

退社時の持分評価の基準は，「退社の時における持分会社の財産の状況に従ってしなければならない」（611 II）とあり，定款自治が認められていないようにも見えるが，広範な定款自治が認められていると解されている（論点解説590頁，江頭憲治郎ほか「座談会・合同会社等の実態と課題（上）」商事1944号〔2011〕18頁〔江頭憲治郎〕，大杉・前掲78頁，棚橋元「新しい企業形態」江頭憲治郎編・株式会社法大系〔有斐閣，2013〕644-645頁）〔☞第3編前注Ⅰ2(3)〕。この規定は，むしろ，定款に持分評価のより具体的な基準が定められることを前提とした規定と解すべきである。持分評価と退出条件は連動して考えるべきものであり，さもなければ，社員のインセンティブが歪められる可能性が高い。退社の条件および退社員の持分評価に関して広範な定款自治を認めると同時に，定款に持分評価の具体的な基準が定められていないときに裁判所が依拠すべき適切なデフォルト・ルールは何かを検討する必要がある（宍戸・前掲「合同会社の退社員の持分評価」438-439頁）。

〔宍　戸〕

§637

6 除名の訴えとその要件（859条）

　持分会社には，訴えの手続によりその者の意思にかかわらず退社の効果を生じさせる，株式会社にはない除名という制度がある（607 I ⑧）。判例は，除名の要件に関しては，一般に定款自治を限定的に解している。数名の社員を除名する場合には，被除名者1人ごとに他の社員の一致を要するとした，大判昭和4・5・13（民集8巻470頁），「社員は他の社員の過半数の決議により退社す」るとの定款規定は無効である（平成17年改正前商法86条1項は強行法規であり，退社事由を追加することは許されない）とした，東京地判平成9・10・13（判時1654号137頁）がある。また，合資会社の社員の除名事由は定款をもってしても追加できないとした，大決昭和13・12・30（民集17巻2318頁）がある。ところが，他方，除名による退社の場合には持分払戻請求権を失う旨の定款規定を有効と解する判例がある（前掲・東京高判昭和40・9・28）。持分払戻請求権が否定されるような除名に関してはその要件を厳格に解する必要があるが，必ずしも経済的不利益を被らない場合には，閉鎖的会社における内部紛争解決手段としての除名の要件に関して，一概に定款自治を否定するべきではないと思われる［☞§577 Ⅲ 5⑵］。また，立法論的には，合同会社に関して除名の制度を強行法規として排除できないこと自体に疑問がある。

7 その他

　解散事由のうち総社員の同意・社員の欠缺・消滅会社となる合併・破産手続開始の決定・解散を命ずる裁判（641 ③〜⑦）は，ほぼ，論理的な帰結を述べたにすぎないものであって，あまり問題とすべきものはない。なお，無限責任社員が有限責任社員になると代表権限を失うとした，大判昭和10・3・4（民集14巻259頁），および，合資会社が，定款その他の内部規約をもって，有限責任社員に業務執行の権利義務がある旨定めた場合，その定めは有効である（平成17年改正前商法156条は任意規定である）とした，最判昭和24・7・26（民集3巻8号283頁）があるが，これらに関しては，会社法は，平成17年改正前商法156条を削除することによって，有限責任社員も業務執行権・代表権を持ち得ることを明らかにした［☞§591 Ⅱ 1］。また，合名会社における社員の死亡による法定退社の規定（平17改正前商85）は任意規定であるとして，相続人による社員地位の継承を認めた大審院判例があるが（大判大正6・4・30民録23輯765頁），会社法は，法定退社（607）に関して，相続および合併の場合の特則を設

§638

け (608)，定款自治の範囲内であることを明確にした。

(宍戸善一)

（定款の変更による持分会社の種類の変更）
第638条 ① 合名会社は，次の各号に掲げる定款の変更をすることにより，当該各号に定める種類の持分会社となる。
1　有限責任社員を加入させる定款の変更　合資会社
2　その社員の一部を有限責任社員とする定款の変更　合資会社
3　その社員の全部を有限責任社員とする定款の変更　合同会社
② 合資会社は，次の各号に掲げる定款の変更をすることにより，当該各号に定める種類の持分会社となる。
1　その社員の全部を無限責任社員とする定款の変更　合名会社
2　その社員の全部を有限責任社員とする定款の変更　合同会社
③ 合同会社は，次の各号に掲げる定款の変更をすることにより，当該各号に定める種類の持分会社となる。
1　その社員の全部を無限責任社員とする定款の変更　合名会社
2　無限責任社員を加入させる定款の変更　合資会社
3　その社員の一部を無限責任社員とする定款の変更　合資会社

【文献】受川環大「会社法上の組織変更の現状と課題について」駒澤法曹10号（2014）23頁，江頭憲治郎「『会社法制の現代化に関する要綱案』の解説（8完）」商事1729号（2005）4頁，松本烝治「合資会社定款ノ変更」法協37巻5号（1919）770頁

I　本条の概要

1　持分会社の種類の変更の意義

本条は，639条とともに，持分会社の種類の変更について定める規定である。

会社法が定める持分会社には，平成17年改正前商法の下でも規定されていた合名会社，合資会社に加え，会社法の下で新たに規定された合同会社がある。合名会社は無限責任社員のみから構成され（576 II），合資会社は無限責任社員および有限責任社員から構成され（同条III），合同会社は有限責任社員の

§638　　　　　　　　　　　　　　　　第3編　持分会社　第6章　定款の変更

みから構成される（同条Ⅳ）。

　平成17年改正前商法の下では，株式会社と有限会社との間での会社の種類の変更（有64-68）および合名会社と合資会社との間での会社の種類の変更（平17改正前商113-115・162-163）が規定されており，これらはいずれも組織変更と位置付けられていた。他方で，人的会社（合名会社・合資会社）と物的会社（株式会社・有限会社）との間での会社の種類の変更は認められていなかった。平成17年改正前商法の下での組織変更は，「会社がその法人格の同一性を保ちながらその法律上の組織を変更して他の種類の会社に変わる」ことをいうと説明された（新注会(1)454-455頁［西島梅治］）。会社の種類を変更する場合に，いったん会社を解散し，他の種類の会社を設立して旧会社の権利義務の移転手続をとらせることは煩雑で不経済であるため，簡略な手段を提供するのが組織変更の制度であった（新注会(1)455頁［西島］）。登記上は従来の会社の解散登記と，新たな会社の設立登記がされるが，これは技術的処理にすぎず，組織変更の前後において，会社の法人格の同一性は保持されると説明された（新注会(1)455頁・461-462頁［西島］）。

　これに対し，会社法の下では，株式会社と持分会社との間で会社の種類を変更することが新たに認められ，これが「組織変更」と定義された（2㉖）。これに伴い，持分会社相互間の種類の変更は「組織変更」とは区別された。株式会社と持分会社との間での組織変更を認めるに当たり，概念の整理がされたものである（立案担当166頁参照）。

　会社法の下では，持分会社の種類の変更は，社員の入退社または社員の責任を変更する定款変更により生ずるものとして整理されており，社員の責任状況に会社の種類を合わせるという制度にすぎないものであると説明される（立案担当166頁）。

　本条は，合名会社が合資会社または合同会社となる場合（本条Ⅰ），合資会社が合名会社または合同会社となる場合（本条Ⅱ），合同会社が合名会社または合資会社となる場合（本条Ⅲ）についてそれぞれ定める。持分会社の種類を変更するために解散をする必要はなく，本条の規定により，社員を加入させる定款の変更，または，社員の責任を変更する定款の変更をすることによって，持分会社の種類が変更される。また，639条の規定により，一定の場合には，社員が退社したことによって持分会社の種類を変更する定款の変更をしたものとみなされる［☞§639］。

　従来の解釈と同様に，持分会社の種類の変更に際しては，会社はその法人格

〔松　元〕

の同一性を保つと理解すべきである。登記手続上は，変更前の持分会社の解散登記と変更後の持分会社の設立登記が行われるが（919），これは技術的処理にすぎない。

2 持分会社の種類の変更に伴う問題点

本条は会社を構成する社員の責任状況が変化した場合に会社の種類を変更する規定であるが，有限責任社員を無限責任社員とする定款変更を行う場合には，社員の義務を加重する定款変更の有効性が問題となる。また，無限責任社員を有限責任社員とする定款変更を行う場合には，会社債権者の保護が問題となる。以下，本条で規定される会社の種類の変更について検討した上で[☞ II]，有限責任社員を無限責任社員とする定款変更の有効性の問題［☞ III］，および，無限責任社員を有限責任社員とすることに伴って生じる会社債権者の保護の問題［☞ IV］について述べる。さらに，持分会社の種類の変更の無効について述べる［☞ V］。

II 本条で規定される持分会社の種類の変更

1 合名会社における会社の種類の変更

本条1項は，合名会社における会社の種類の変更について定める。

合名会社において，有限責任社員を加入させる定款の変更が行われた場合（本条I①），または，その社員の一部を有限責任社員とする定款の変更が行われた場合（同項②）には，その合名会社は合資会社となる。当該会社が無限責任社員と有限責任社員から構成されることになるためである。

また，合名会社において，その社員の全部を有限責任社員とする定款の変更が行われた場合には，その合名会社は合同会社となる（本条I③）。当該会社が有限責任社員のみから構成されることになるためである。

無限責任社員を有限責任社員とする定款の変更が行われる場合には会社債権者の保護が問題となるが，この点については後述のIVにおいて述べる。また，合名会社が合同会社となる場合の出資の履行と定款変更の効力発生の時期については，640条1項を参照されたい［☞ §640 II］。

2 合資会社における会社の種類の変更

本条2項は，合資会社における会社の種類の変更について定める。

合資会社において，その社員の全部を無限責任社員とする定款の変更が行われた場合には，その合資会社は合名会社となる（本条Ⅱ①）。当該会社が無限責任社員のみから構成されることになるためである。

　また，合資会社において，その社員の全部を有限責任社員とする定款の変更が行われた場合には，その合資会社は合同会社となる（本条Ⅱ②）。当該会社が有限責任社員のみから構成されることになるためである。

　有限責任社員を無限責任社員とする定款変更の有効性の問題については，後述のⅢにおいて述べる。また，無限責任社員を有限責任社員とする定款の変更が行われる場合の会社債権者の保護の問題については，Ⅳにおいて述べる。合資会社が合同会社となる場合の出資の履行と定款変更の効力発生の時期については，640条1項を参照されたい［☞§640Ⅱ］。

3　合同会社における会社の種類の変更

　本条3項は，合同会社における会社の種類の変更について定める。

　合同会社において，その社員の全部を無限責任社員とする定款の変更が行われた場合には，その合同会社は合名会社となる（本条Ⅲ①）。当該会社が無限責任社員のみから構成されることになるためである。

　また，合同会社において，無限責任社員を加入させる定款の変更が行われた場合（本条Ⅲ②），または，その社員の一部を無限責任社員とする定款の変更が行われた場合（同項③）には，その合同会社は合資会社となる。当該会社が無限責任社員と有限責任社員から構成されることになるためである。

　有限責任社員を無限責任社員とする定款変更の有効性の問題については，Ⅲにおいて述べる。

4　持分会社の種類の変更の登記

　持分会社が本条の規定により他の種類の持分会社となったときは，本条に規定する定款の変更の効力が生じた日から，本店の所在地においては2週間以内に，支店の所在地においては3週間以内に，種類の変更前の持分会社については解散の登記をし，種類の変更後の持分会社については設立の登記をしなければならない（919・932）。

　この際，解散の登記と設立の登記の申請は同時に行わなければならず，いずれかの申請に却下事由（商登24）がある場合には，これらの申請はともに却下されることになる（同法106・113Ⅲ・122Ⅲ）。

〔松元〕

§638

解散の登記と設立の登記が行われることは、会社の種類の変更の前後における持分会社の法人格の同一性を否定するものではないことについては、Iにおいて述べたとおりである。

III 有限責任社員を無限責任社員とする定款変更の有効性

1 社員にとって不利益な内容の定款変更

本条2項1号，3項1号・3号は，有限責任社員を無限責任社員とする定款の変更が行われる場合についての規定である。

いったん発生した社員の出資義務は定款の変更によらなければ変更することができないと解される（松本495頁）。この際，定款変更によって社員の義務を加重することの可否やその要件については議論の余地がある［☞§577 III 4］。637条により，原則どおり，総社員の同意によって定款変更が行われる場合には，社員にとって不利益な内容の定款変更を行うことにも問題はない。他方で，定款変更の方法について定款に別段の定めがあり，社員総会の決議等，総社員の同意以外の方法によってこれを行う旨が定められている場合に，責任が不利益な内容に変更される社員の同意を得ずに定款変更を行うことができるか否かが問題となる。

仮に有限責任社員を無限責任社員とする定款変更の効力を無効と解した場合には，本条に定める会社の種類の変更も生じないこととなるため，この点について検討する。

2 大決大正7・10・29

大決大正7・10・29（民録24輯2068頁）は，定款に①定期総会において定款の変更を行う旨，および，②総会は社員の3分の1以上の出席がなければ開会することができない旨の規定がある場合において，「総会ノ決議ニ依リ定款変更ノ効力ヲ生セシメ之ニ拘束セラルヘキハ社員ノ予メ承認セル所ナレハ定款ノ変更カ社員ノ出資ヲ増加シ其責任ヲ加重スルカ如キ不利益ナル場合ナルト否トニ依リテ総会ノ決議カ定款変更ノ効力ヲ生スル場合ト否ラサル場合トヲ区別スヘキ理由ナシ」と判示した。

判旨が，定款変更の内容が社員の出資を増加し，その責任を加重するものであっても，社員総会決議の定款変更の効力を妨げるものではないとしていることについて，松本烝治博士はこの結論に賛成し，合名会社や合資会社の場合に

は，株式会社の場合と異なり，社員の退社の制度があるため，不公平な結果について多少は救済の方法があると述べている（松本・法協37巻770頁・775-777頁）。他方で，これに反対する見解として，「①仮に定款変更の要件を緩和する内容の定款条項（定款変更条項）を定めたとしても，②〔社員に〕不利益を課し，または義務・責任を加重する内容の定款変更を行う場合には，③定款変更条項による手続を履践することは定款変更が効力を生じる必要条件にすぎず，不利益を受ける社員の同意がなければ定款変更は効力を生じない〔ただし一定の例外はある〕，と解するべきである」との主張もみられる［☞§577 III 2 (2)・4(3)］。

この点，社員の退社の権利は常に行使可能というわけではなく，また，社員の退社を制限する定款の規定が置かれている可能性もある（606）［☞§577 III 4 (3)］。また，退社した社員は，退社の登記をする前に生じた持分会社の債務について，従前の責任の範囲内で責任を負うことから（612），有限責任社員が無限責任社員とされた後に退社した場合には，退社の登記をする前に生じた持分会社の債務について，無限責任社員としての責任を負うこととなる。こうした点から，退社の制度による社員保護には限界があるといわざるを得ない。

定款において社員総会において定款変更ができる旨が定められている場合であっても，少なくとも有限責任社員を無限責任社員とする定款の変更を行う場合には，当該無限責任社員とされる者の個別の同意が必要であると考える。社員にとって不利益となる定款変更の内容には幅があるが，その中でも，社員を無限責任社員とする旨の定款変更が当該社員に与える不利益はとりわけ著しいためである。

IV 無限責任社員を有限責任社員とする定款変更と債権者保護

本条1項2号・3号および2項2号は，無限責任社員を有限責任社員とする定款変更を行う場合の規定である。無限責任社員が有限責任社員となれば，会社債権者の利益を害する可能性があるところ，この場合には，社員の責任を変更した場合の特則についての583条3項・4項が適用される。

会社法の立案段階では，会社の種類の変更によって合名会社が合資会社・合同会社となる場合，および，合資会社が合同会社となる場合については，債権者異議手続を要求することも検討されたが，結局債権者異議手続は導入され

§638

ず，社員の責任が変更される場合には583条3項・4項によって，社員が退社する場合〔☞§639〕には612条によって，債権者保護の必要性に対応することとされた（江頭・現代化11-12頁・15頁注12，立案担当167頁）。

583条3項は，無限責任社員が有限責任社員となった場合であっても，有限責任社員となった者は，有限責任社員となった旨の登記をする前に生じた会社の債務については，無限責任社員として当該債務を弁済する責任を負う旨を定めている。会社債権者を保護するため，責任が軽減された社員に，従前と同じ責任を負わせる規定である（新注会(1)463頁［西島］。583条4項は除斥期間について定める）。

V　持分会社の種類の変更の無効

本条および639条に基づく持分会社の種類の変更の無効について検討する。

本条は一定の定款変更をすることによって持分会社の種類が変更されることを規定しているところ，この定款変更が無効であった場合には，持分会社の種類の変更が生じていないことになる。また，639条は社員の退社によって持分会社の種類を変更する定款の変更をしたものとみなされる場合があることを規定しているところ，社員の退社が生じていなかった場合には，定款のみなし変更は生じないことになる。

この持分会社の種類の変更の無効については，組織変更の無効の訴えの規定（828Ⅰ⑥Ⅱ⑥等）が準用または類推適用されるか否かが問題となる。組織変更（会社法の下では，株式会社と持分会社との間で会社の種類を変更することが「組織変更」と定義され，持分会社相互間の種類の変更は「組織変更」とは区別される）〔☞Ⅰ1〕については組織変更の無効の訴えの制度が設けられたものの，持分会社相互間の種類の変更については，無効の訴えの規定は置かれていないためである。

平成17年改正前商法の下での組織変更については（同法の下での組織変更とは，株式会社・有限会社間の変更および合名会社・合資会社間の変更を指す）〔☞Ⅰ1〕，その無効の場合についての規定は置かれておらず，無効主張のあり方については判例・学説に委ねられていた（新注会(1)459頁［西島］）。

最判昭和46・6・29（民集25巻4号711頁）は，有限会社から株式会社への組織変更の効力が争われた事案において次のように判示し，平成17年改正前商法の下での組織変更の無効について，会社の設立無効の訴えの規定を準用する

§638　　　　　　　　　　　第3編　持分会社　第6章　定款の変更

ことを明らかにした。「会社の組織変更は，会社がその前後を通じて同一人格を保有するものとはいえ，法がそのために，総株主または総社員の一致による総会の決議等一定の厳格な手続を要求し，かつ，登記簿上は，旧会社の解散および新会社の設立の各登記を経ることとし，あたかも会社の設立または合併の如き手続を規定していること，ならびに，組織変更が，会社と利害関係を有する多数の者との間における複雑な法律関係に影響を及ぼすため，その無効については画一的な処理を必要とすることを考え合せれば，その手続に重大な瑕疵があるとしてその無効を争う場合には，会社の設立無効の訴えに関する商法428条の規定を準用し，組織変更後の会社の株主または取締役は，組織変更後の会社を被告として，その設立無効の訴えを提起しうるものと解するのが相当である」。同判決については，株式会社・有限会社間の組織変更の場合だけでなく，人的会社相互間の組織変更の効力を争う場合においても同様の解決がされるべきことを示したものだとの評価も見られる（新注会(1)460頁〔西島〕。このほか，参考になる裁判例として，明治32年3月9日号外法律第49号商法施行法40条に基づき合資会社から株式会社への組織変更が争われた事案において会社の設立無効の訴えの規定を類推適用すべきであるとした大判昭和13・12・26民集17巻2744頁がある）。平成17年改正前商法下での学説においても，組織変更の無効を争う場合には設立無効の訴えに関する規定を準用するのが妥当であると考えられていた（新注会(1)460頁〔西島〕）。

　会社法に基づく持分会社の種類の変更についても，その無効について画一的な処理を必要とすることは同様である。また，仮に持分会社の種類の変更の無効について形成訴訟の規定を準用または類推適用しなければ，これを無効とする判決には対世効や将来効が与えられないことになり（838・839参照），法律関係が混乱することになる。こうした点にかんがみれば，持分会社の種類の変更の無効については，組織変更の無効の訴えの規定を準用または類推適用する必要があるだろう（受川46頁参照）。この点，前掲・最判昭和46・6・29においては会社の設立無効の訴えに関する規定を準用すべきものとされていたが，組織変更の無効の訴えについての規定が置かれた会社法の下では，同じく会社の種類が変更される場合である組織変更の無効についての規定を準用・類推適用するのがより直接的だと思われる。

　なお，持分会社の種類の変更に伴い解散登記と設立登記が行われることになるため（919），持分会社の種類の変更を無効とする場合には，その登記の取扱いが問題となる。持分会社の種類の変更については規定が置かれていないが，

組織変更の場合には，無効の訴えに係る請求を認容する判決が確定した場合には，裁判所書記官が，職権で，組織変更後の会社についての解散の登記および組織変更をする会社についての回復の登記を嘱託しなければならない旨が規定されている（937Ⅲ①）。持分会社の種類の変更が無効である場合にも，当該規定を準用または類推適用する必要がある。

（松元暢子）

> **（合資会社の社員の退社による定款のみなし変更）**
> **第 639 条**　①　合資会社の有限責任社員が退社したことにより当該合資会社の社員が無限責任社員のみとなった場合には，当該合資会社は，合名会社となる定款の変更をしたものとみなす。
> ②　合資会社の無限責任社員が退社したことにより当該合資会社の社員が有限責任社員のみとなった場合には，当該合資会社は，合同会社となる定款の変更をしたものとみなす。

【文献】大江忠・要件事実会社法(3)（商事法務，2013）

Ⅰ　合資会社の社員の退社による定款のみなし変更

　本条1項は，合資会社の有限責任社員が退社したことにより社員が無限責任社員のみとなった場合には，その合資会社は合名会社となる定款の変更をしたものとみなす旨を定め，本条2項は，合資会社の無限責任社員が退社したことにより社員が有限責任社員のみとなった場合には，その合資会社は合同会社となる定款の変更をしたものとみなす旨を定めている。

　平成17年改正前商法の下では，合資会社の社員が有限責任社員のみ，または無限責任社員のみとなった場合には，会社は解散することが原則とされていた。すなわち，同法162条1項は，社員の退社により合資会社の社員が有限責任社員のみまたは無限責任社員のみとなった場合には，原則として合資会社は解散することを定め，例外として，残存する社員の一致をもって，新しく無限責任社員または有限責任社員を加入させて，合資会社のままで会社を継続させることができることを定めていた。また，同条2項は，有限責任社員全員が退

社した場合については，無限責任社員の一致をもって，合名会社として会社を継続することを認めていた。ここで，合資会社から無限責任社員全員が退社した場合に有限責任社員のみで会社を継続することが認められていないのは，同法の下では，会社法における合同会社のように，有限責任社員のみで構成される人的会社の制度が置かれていなかったためである。

　しかし，会社をいったん解散すると，会社の権利能力が縮減されるなど，残された社員や会社債権者その他の利害関係者に対して及ぼす影響が大きいことから，会社法の下では，会社を解散させることなく，社員の退社によって無限責任社員のみとなった会社は合名会社に，有限責任社員のみとなった会社は合同会社に，それぞれ種類を変更する定款の変更がされたとみなされることとなった（立案担当167頁）。本条において638条の場合と異なり他の種類の会社となる定款の変更をしたものとみなされるのは，合資会社の社員が退社した場合には，必ずしも会社自身が定款の変更をする機会がないためであると説明される（立案担当167頁）。この場合のみなし定款変更の効果は同条2項の特則であるという意味にとどまり，商号変更等については，別途定款変更を行う必要がある（立案担当167頁，論点解説609-610頁，大江206頁）。

　本条のルールを置くことができるようになった前提としては，第1に，会社法において有限責任社員のみから成る持分会社である合同会社の制度が創設されたこと，第2に，一人持分会社が許容されたことが挙げられる（立案担当167頁）。第1の点について，合同会社の形態が認められていなかった平成17年改正前商法の下では，有限責任社員のみとなった会社が，有限責任社員のみで会社を継続することは不可能であった（同法162Ⅱ参照）。これに対して，会社法では合同会社の制度が創設されたことにより，有限責任社員のみとなった会社を合同会社とすることが可能となった。第2の点について，平成17年改正前商法94条4号においては合名会社の社員が1人となることが法定の解散原因として規定されており，一人合名会社は認められていなかった。これに対し，641条4号では社員が欠けたことが持分会社の解散の事由とされており，一人持分会社が許容されることとなった。無限責任社員と有限責任社員とから成る合資会社においては無限責任社員と有限責任社員がそれぞれ必要であるものの，合名会社および合同会社については，一人会社が認められることとなる（立案担当167頁参照，一問一答173-174頁参照）。その結果，無限責任社員1人となった会社を合名会社とし，有限責任社員1人となった会社を合同会社とすることも可能となった。

§639

II　本条による会社の種類の変更の意義

　本条により他の会社となる定款の変更をしたとみなされる場合，定款変更前の会社と定款変更後の会社の法人格は同一であると解することになろう。
　平成17年改正前商法の下での組織変更（同法の下での組織変更とは，株式会社・有限会社間の変更および合名会社・合資会社間の変更を指す）[☞§638 I 1]は，「会社がその法人格の同一性を保ちながらその法律上の組織を変更して他の種類の会社に変わる」ことをいうと説明されていた（新注会(1)454-455頁［西島梅治］）。同法の下での組織変更について，登記上は従来の会社の解散登記と，新たな会社の設立登記がされるが，これは技術的処理にすぎず，組織変更の前後において，会社の法人格の同一性は保持されるとの説明がされていた（新注会(1)455頁・461-462頁［西島］）。
　638条および本条に基づく会社の種類の変更についても，持分会社の種類の変更に際しては，会社はその法人格の同一性を保つと理解することになろう[☞§638 I 1]。Vにおいて述べるように，本条による会社の種類の変更について，登記手続上は，変更前の会社の解散登記と変更後の会社の設立登記が行われることになるが，これも技術的処理にすぎず，変更前後の会社の法人格が同一であるという理解を妨げるものではないと解される（新注会(1)457頁［西島］参照）。

III　有限責任社員が退社した場合（本条1項）

　合資会社の有限責任社員が退社したことにより当該合資会社の社員が無限責任社員のみとなった場合には，当該合資会社は，合名会社となる定款の変更をしたものとみなされる（本条I）。
　この場合，社員が退社したことによって債権者に影響が生じる可能性があるところ，退社した社員の責任については612条が適用されることとなる。同条では，退社した社員は「その登記」をする前に生じた持分会社の債務について，「従前の責任の範囲内で」これを弁済する責任を負う旨が定められている。
　ここで，「その登記」をどのように解するかが問題となるところ，Vにおいて述べるように，本条によって他の種類の会社となる定款の変更をしたものと

〔松　元〕

みなされる場合には，変更前の合資会社の解散登記と変更後の合名会社の設立登記が行われることになり，解散登記の申請と設立登記の申請は同時に行われる（商登113Ⅲ・106）。612条の適用との関係では，この登記が基準となるものと解される。

　また，「従前の責任の範囲内で」責任を負うということの意味であるが，前提として，合資会社の有限責任社員は，その出資の価額のうち，出資を履行していない価額を限度として，会社債権者に対して責任を負う（580Ⅱ）こととされており，例えば合資会社の有限責任社員が定款で定められた出資の価額である600万円のうちの一部のみである400万円の出資を履行していた場合には，会社債権者に対して200万円の限度で責任を負うと解される。そのため，この状態で退社し，退社に伴う持分の払戻し（611）を受けていない有限責任社員は，200万円の限度で会社債権者に対し責任を負うことになる。これに対し，退社した合資会社の有限責任社員が持分の払戻し（同条）を受けていた場合の責任の範囲をどのように解するかを明示した文献は見当たらない。先の有限責任社員が，退社に伴う持分の払戻しとして400万円の払戻しを受けた場合には，会社債権者に対して600万円の限度で責任を負うことになると考える。さらに，当該社員が退社に伴う持分の払戻し（同条）において受けた払戻金が，当該社員が出資を履行した金額よりも少なかった場合には，当該社員はその差額分について負担しているため，退社前の出資の価額から当該負担分を差し引いた金額を限度として責任を負うことになると考える。具体的には，定款に定められた出資の価額が600万円であったところ，このうち400万円の出資をすでに履行していたが，退社の際の払戻金は300万円であった，という場合には，当該社員が退社後に債権者に対して負う責任の範囲は600万円－（400万円－300万円）＝500万円になると解するべきだろう。このように解するのは，有限責任社員に2年以内は（612Ⅱ）実質的に出資の限度で責任を負担させることは酷ではないと考えられること，また，とくに合資会社の場合には，合同会社の場合と異なり，退社に伴う持分の払戻しについて，債権者異議手続（635）といった債権者保護のための仕組みが設けられておらず，債権者の利益を考慮する必要があることが理由である。

Ⅳ　無限責任社員が退社した場合（本条2項）

　合資会社の無限責任社員が退社したことにより当該合資会社の社員が有限責

任社員のみとなった場合には，当該合資会社は，合同会社となる定款の変更をしたものとみなされる（本条Ⅱ）。

本条2項によって合同会社となる定款の変更をしたものとみなされた場合には，640条2項が適用され，社員がその出資義務の全部または一部を履行していない場合には，当該定款の変更をしたものとみなされた日から1か月以内に，出資を履行しなければならない。合同会社における社員の間接有限責任性を確保するためである（立案担当167頁）［☞§640］。

また，退社した無限責任社員については，退社した社員の責任について定める612条が適用され，当該社員は「その登記」をする前に生じた持分会社の債務について，従来と同様に，無限責任を負うことになる。この場合に合資会社の解散登記と合同会社の設立登記が基準となることについては，Ⅲと同様である。

Ⅴ 登 記

本条によって他の種類の会社となる定款の変更をしたものとみなされた場合，その登記手続はどのように行われるだろうか。

638条により会社の種類が変更された場合の登記手続については919条・932条が置かれており，本店の所在地においては2週間以内に，支店の所在地においては3週間以内に，変更前の会社の解散登記と，変更後の会社の設立登記をしなければならない旨が規定されている［☞§919・§932］。

これに対して，本条によって他の種類の会社となる定款の変更をしたものとみなされた場合については，会社法に登記についての規定が置かれていない。しかし，本条によって会社の種類が変更される場合にも，変更前の会社の解散登記と，変更後の会社の設立登記を行う必要があることから，919条・932条を準用または類推適用することになると考えられる。

なお，登記手続の詳細について規定した商業登記法113条1項・2項は，638条の場合と本条の場合を並列して規定している。この場合，合資会社の解散登記の申請と，合名会社または合同会社の設立登記の申請は，同時に行われることとなり，その申請のいずれかに却下の事由（商登24）がある場合には，申請はともに却下されることになる（同法113Ⅲ・106ⅠⅢ）。

（松元暢子）

§640

（定款の変更時の出資の履行）
第640条 ① 第638条第1項第3号又は第2項第2号に掲げる定款の変更をする場合において，当該定款の変更をする持分会社の社員が当該定款の変更後の合同会社に対する出資に係る払込み又は給付の全部又は一部を履行していないときは，当該定款の変更は，当該払込み及び給付が完了した日に，その効力を生ずる。
② 前条第2項の規定により合同会社となる定款の変更をしたものとみなされた場合において，社員がその出資に係る払込み又は給付の全部又は一部を履行していないときは，当該定款の変更をしたものとみなされた日から1箇月以内に，当該払込み又は給付を完了しなければならない。ただし，当該期間内に，合名会社又は合資会社となる定款の変更をした場合は，この限りでない。

【文献】大江忠・要件事実会社法(3)（商事法務，2013）

I　本条の概要

　本条は，①社員の全部を有限責任社員とする定款の変更をすることにより，合名会社または合資会社が合同会社となった場合（638 I ③ II ②），および，②合資会社の無限責任社員のすべてが退社したことにより，当該合資会社が合同会社となる定款の変更をしたものとみなされる場合（639 II）における，社員の出資の履行について規定した条文である。
　合同会社においては，社員の間接有限責任性を確保するため，社員の責任を出資の価額に限定するとともに（580 II），社員は設立時（578）または入社時（604 III）までに，定款で定めた出資の全部を履行しなければならないこととされている（立案担当157頁）。合同会社の社員を間接有限責任とすることにより，合同会社が広く出資を募ることが可能になり，また，債権者も会社財産のみをその責任財産として取り扱い，行動すれば足りるようになると説明される（立案担当157頁）。
　本条は，社員の全部を有限責任社員とすることによって合名会社・合資会社が合同会社となる場面（638 I ③ II ②），および，合資会社の無限責任社員全員が退社することによって合資会社が合同会社となる場面（639 II）において，その結果として当該合同会社の社員となる者の出資の全部の履行を義務付けるこ

とによって，間接有限責任性を確保するための規定であり，前述の578条および604条3項と趣旨を同じくする規定である。

II　合名会社または合資会社において，社員の全部を有限責任社員とする定款の変更が行われた場合（本条1項）

1　効力発生要件としての出資の履行

　本条1項は，合名会社または合資会社において，その社員の全部を有限責任社員とする旨の定款の変更が行われた場合について定めた規定である。

　638条1項3号または2項2号により，合名会社または合資会社において，その社員の全部を有限責任社員とする定款変更が行われた場合には，当該会社は合同会社となる。社員の責任状況に，会社の種類を合わせる制度である（立案担当166頁）［☞§638 I 1］。

　この場合，もともと合名会社または合資会社の社員であった者が定款所定の出資を履行しているとは限らない。合同会社の場合と異なり，合名会社および合資会社においては，会社の設立時または入社時に社員が出資の全部を履行することは要求されていないためである（578・604 III 参照）。

　そこで本条1項は，合名会社または合資会社の社員の全部を有限責任社員とする定款変更は，すべての社員が定款の変更後の合同会社に対する出資の全部の履行を完了した日に効力を生じるものと定めた。出資の全部を履行することを，定款変更の効力発生要件としたものである。

2　払込みおよび給付の完了

　本条1項は，社員の全部を有限責任社員とする定款変更は，「払込み及び給付が完了」した日にその効力を生ずるものと定めている。

　この点について，定款で定められた出資の全部を履行することに代えて，定款で定められた出資の価額を減少することにより，出資の全部が履行された状態にすることも認められるとの説明がされている（大江207頁。論点解説609頁も参照）。

　この場合には，出資の価額を減少することによる債権者への影響が問題となる［なお，会社の種類の変更に伴う債権者保護の問題一般については，☞§638 IV・§639 III IV］。この点，合資会社の有限責任社員が出資の価額を減少した場合には，当該有限責任社員は，その旨の登記をする前に生じた持分会社の債務につ

いては，従前の責任の範囲内でこれを弁済する責任を負うことになる（583条2項）。合資会社の債権者は，合資会社の有限責任社員は未履行の出資の価額の限度で債権者に対して直接責任を負う（580条2項）ことについての期待を持ち得るためである（田中亘・会社法〔東京大学出版会，2016〕716頁参照）。583条2項は合同会社の社員には適用されないが，ここでは定款変更が効力を生じるまでは，問題となる会社は合資会社であるため，同項が適用されると解する。

また，無限責任社員が有限責任社員となった場合には，その旨の登記をする前に生じた持分会社の債務については，無限責任社員として当該債務を弁済する責任を負うこととなる（583条3項）〔☞ §638 Ⅳ〕。

Ⅲ 合資会社のすべての無限責任社員が退社した場合（本条2項）

1 1か月以内の出資の履行

本条2項は，合資会社において無限責任社員のすべてが退社したことにより，社員が有限責任社員のみとなった場合の規定である。

639条2項により，合資会社の無限責任社員が退社したことにより当該合資会社の社員が有限責任社員のみとなった場合には，当該合資会社は，合同会社となる定款の変更をしたものとみなされる〔☞ §639 Ⅳ〕。

この場合，残された社員は有限責任社員のみとなるが，合資会社における有限責任社員には，合同会社における有限責任社員の場合と異なり，会社設立時または入社時に出資の全部を履行することが要求されていないことから（578・604条3項参照），当該会社の有限責任社員は，定款に定められた出資の全部を履行していない可能性がある。

そこで本条2項は，合資会社の無限責任社員が退社したことにより当該合資会社の社員が有限責任社員のみとなり，当該会社が合同会社となる定款の変更をしたものとみなされた場合に，社員がその出資に係る払込みまたは給付の全部または一部を履行していないときは，当該定款の変更をしたものとみなされた日から1か月以内に，払込みまたは給付を完了しなければならない旨を定めた。

2 1項と2項との違い

本条1項が出資の履行を定款変更の効力発生要件とし，出資が履行されたと

〔松 元〕

きに定款変更の効力が生じると規定しているのに対して，本条2項は，出資が履行されていなくとも定款変更の効力は生じることとした上で，定款変更をしたものとみなされた日から1か月以内に出資の履行をしなければならないと定めている。

この違いは，本条1項の場合には出資が履行されるまで定款変更の効力が生じないと解したとしても，その間，当該会社は合名会社または合資会社として存続することが可能であるのに対して，本条2項の場合にはすでに無限責任社員が退社していることから，当該会社は合同会社であると解さざるを得ないことに起因するものと整理することが考えられる。

3 払込みおよび給付の完了

本条2項は，当該定款の変更をしたものとみなされた日から1か月以内に，「払込み又は給付を完了」しなければならないと定める。

この点について，Ⅱ2で紹介したように，定款で定められた出資の全部を履行することに代えて，定款で定められた出資の価額を減少することにより，出資の全部が履行された状態にすることも認められるとの説明がされている（論点解説609頁。大江207頁も参照）。

この場合には，前記Ⅱ2の場合と異なり，583条2項は適用できないため，どのように解するかが問題となる。同項は合同会社の社員には適用されないところ，本条1項の場合には，「払込み及び給付が完了」するまでは定款変更の効力が発生せず，当該会社はまだ合同会社になっていないのに対して，本条2項の場合には，すでに当該会社は合同会社となっているためである。この点，本条2項が適用される場面においては，当該会社はもともと合資会社であり，合資会社の有限責任社員は未履行の出資の価額の限度で会社債権者に対して直接責任を負っていたところ（580Ⅱ），この有限責任社員の責任が減少するとすれば，会社債権者の利益を害することになる。そこで，この場合には，債権者を保護するために，583条2項を類推適用することについても検討の余地があろう。

4 出資を履行しない場合の効果

本条2項は，有限責任社員がその出資の全部を履行していない場合には，639条2項によって定款の変更をしたものとみなされた日から1か月以内に出資の全部を履行しなければならない旨定めているところ，この規定に違反し，

1か月を経過しても未履行部分の出資を履行しない場合の効果が問題となる。

　この点,本条2項は債務の履行期を定めたものにすぎず,1か月以内に出資が履行されなかったとしても合同会社の解散事由等に当たるわけではないと説明される(論点解説609頁)。この場合,出資を履行していない社員は,その未履行部分について,債権者に対して直接責任を負うことになると解される(論点解説609頁,立案担当157頁)。

5　出資を履行しないまま持分を譲渡した場合

　639条2項により合同会社となった会社の有限責任社員が,出資義務を履行しないまま持分を譲渡した場合,譲渡人および譲受人はどのような責任を負うだろうか。

　前提として,持分の全部を譲渡した社員の責任については586条が置かれ,同条は,当該社員はその登記をする前に生じた持分会社の債務について従前の責任の範囲内でこれを弁済する旨を定めているが,合同会社の社員は登記されないため,同条は合同会社の社員には適用されないものと解されている〔☞§586〕。

　これを踏まえ,639条2項により合同会社となった会社の出資を履行しないまま持分を譲渡した譲渡人は,譲渡後は責任を負わず,持分の譲受人が,持分の譲受けにより,譲渡人が履行していない出資義務を負うとの説明がされている(論点解説573頁)。しかし,3で述べたように,合資会社の債権者は,合資会社の有限責任社員は未履行の出資の価額の限度で会社債権者に対して直接責任を負う(580Ⅱ)ことについての期待を有しているのであり,この点を重視すれば,この場合には586条を適用または類推適用すべきであるとも考えられよう。

6　本条2項ただし書

　本条2項ただし書は,639条2項により合同会社となる定款の変更をしたものとみなされた場合であっても,定款の変更をしたものとみなされた日から1か月以内に合名会社または合資会社となる定款の変更をした場合は,当該会社の社員は出資の全部を履行しなければならない旨の規律に服さない旨を定めている。合名会社や合資会社の社員には,合同会社の社員と異なり,出資の全部の履行が要求されていないためである(578・604Ⅲ参照)。

(松元暢子)

〔松　元〕

§641

第7章 解　　散

> **（解散の事由）**
> 第641条　持分会社は，次に掲げる事由によって解散する。
>   1　定款で定めた存続期間の満了
>   2　定款で定めた解散の事由の発生
>   3　総社員の同意
>   4　社員が欠けたこと。
>   5　合併（合併により当該持分会社が消滅する場合に限る。）
>   6　破産手続開始の決定
>   7　第824条第1項又は第833条第2項の規定による解散を命ずる裁判

I　総　　説

1　本条の趣旨

本条は，持分会社の解散を生じさせる原因となる事由を定めるものである。一般に，会社の解散とは，会社の法人格の消滅を生じさせる原因である法律事実をいう。すなわち，会社の法人格は，合併の場合を除き，解散によってただちに消滅するものではなく，既存の法律関係の後始末が終わるまで存続する（株式会社につき476条，持分会社につき645条）。この後始末のための手続を清算という。個別の解散事由についても，基本的に株式会社とほぼ同様であるが（471参照），とりわけ新設された「社員が欠けたこと」という解散事由（本条④）は持分会社に特有のものである。

2　本条の沿革

持分会社の解散事由を定める本条は，合名会社・合資会社について解散事由を定めていた平成17年改正前商法94条・147条に相当する。同法94条は，合名会社の解散事由として，その1号において本条の1号・2号を，2号において本条の3号を，3号において本条の5号を，5号において本条の6号をそ

〔出　口〕

して6号において本条の7号を規定し，4号において「社員ガ一人ト為リタルコト」を解散事由として定めていた。また平成17年改正前商法147条は合資会社の解散事由について合名会社に関する規定を一般的に準用していたが，合名会社が無限責任社員のみによって構成される一元的会社であるのと異なり，合資会社は無限責任社員と有限責任社員の2種類の社員から成る二元的会社であることから（平17改正前商146），合資会社に特有の解散事由として，無限責任社員の全員または有限責任社員の全員の退社，すなわち1種類の社員しかいなくなった場合が解散事由とされていた（同法162 I）。本条は，合名会社につき社員が1人となったこと，合資会社につき1種類の社員しかいなくなったことを解散事由から除外し，合同会社を含む持分会社に共通の解散原因として新たに「社員が欠けたこと」（本条④）を定めている。

　これにより，会社法上いわゆる一人持分会社が認められることになった。持分会社は社員の個性が重視されるが，1人の社員の意思で定款変更をして社員の加入（604 I II・637）や持分の一部譲渡（585 I 参照）により社員が複数となり得ることは株式会社と同様であり，これを認めてもただちに社団性に反するとはいえず，これを認めないとする合理的理由もないからであるといわれている（一問一答173頁）。なお，合資会社については，有限責任社員の退社により，または無限責任社員の退社により，いずれか1種類の社員のみとなった場合には，当該合資会社は合名会社または合同会社となる定款の変更をしたものとみなされる（639 I II）。したがって，合資会社については，社員が1人だけの会社としてその存続は認められない。

　なお，本条1号から4号までの規定により会社が解散したときは，2週間以内に本店の所在地で解散の登記をしなければならない（926）。

II　持分会社の解散事由

1　定款で定めた存続期間の満了（本条1号）

　定款で会社の存続期間を定めた場合には，その期間の満了により会社は当然に解散することになる。その時期は客観的に特定できるものであればよく，必ずしも暦日をもって定める必要はないが，いかなるときに解散事由が発生したかを客観的に判定できないような解散事由を定める定款規定は効力を有しないと解されている（新注会(1)366頁［平出慶道］）。この存続期間の定めは登記しなければならない（912④・913④・914④）。

§641

2 定款で定めた解散事由の発生（本条2号）

定款で，存続期間の満了以外の解散事由を定めた場合にも，その発生により会社は当然に解散する。この場合も，その解散事由は客観的・具体的に判定できるものでなければならなく，そうでない場合には定款規定は効力を有しないと解すべきである。この解散事由も登記事項とされている（912④・913④・914④）。

3 総社員の同意（本条3号）

いかなる会社も，定款の規定を要することなく，社員の自主的決定によりいつでも解散できるが，株式会社では株主総会の特別決議（471③・309Ⅱ⑪）の多数決で解散できるのに対し，持分会社の場合には，総社員の同意が必要とされている。ただし，定款で，社員の過半数の同意により会社は解散する旨定めるときは，当該定款規定は本条2号の定款所定の解散事由を定めるものとして有効と解されている（新注会(1)367頁［平出］）。したがって，本条3号の規定にかかわらず，定款で定めれば，持分会社の場合にも，結局，社員の過半数の同意により会社を解散することが可能である。

4 社員が欠けたこと（本条4号）

会社法は，株式会社における社員（株主）の地位である株式の相続を認める（133Ⅱ・134④・137Ⅱ・162・174等参照）のに対し，社員の人的信頼（個性）を重視する持分会社については，会社が営業中の場合には，定款をもって持分そのものが相続される旨の定めがない限り，社員の地位である持分の相続を原則として認めていない（608Ⅰ）。相続人は死亡した社員の退社（607Ⅰ③）による持分の払戻請求権（611Ⅰ）を有するにすぎない。ただし，清算持分会社（645）の社員が死亡した場合には，前記定款の定めがない場合でも，当該社員の相続人は持分を相続できるものとされている（675）。したがって，社員が1人しかいない一人持分会社の社員が死亡したり，複数の社員全員が死亡したりしたときは，定款で持分の相続を認める定めがない限り，その持分会社に社員が欠けることになることから，これを解散原因とする必要がある。

5 合併（合併により当該持分会社が消滅する場合に限る）

会社の合併には，吸収合併（2㉗）と新設合併（同条㉘）の2種が認められ，

〔出口〕

§641

吸収合併の場合には一方当事会社が，新設合併の場合には両当事会社が消滅会社となる。本条は，消滅会社が持分会社の場合を解散事由として定めるものであり，この場合には清算手続を要せずにただちに消滅することになる（644①括弧書）。また，会社の解散という合併の効果は，吸収合併の場合には会社間の合併契約で定めた日（749Ⅰ⑥・751Ⅰ⑦），また新設合併の場合には新設会社が成立する日（49・579）に生ずることになる。なお合併により持分会社が消滅会社となり解散するときは，解散の登記が必要である（921・922Ⅰ②③Ⅱ②③）。

6 破産手続開始の決定（本条6号）

会社は，破産手続の開始決定の時に解散する（破30Ⅱ）。会社は破産手続開始決定により，その有する一切の財産の管理処分権能が破産管財人に専属することになり（同法34・78Ⅰ），会社は事業を継続し得なくなるからである。ただし，破産手続開始の決定により解散した会社でも，破産手続による清算の目的の範囲内で，破産手続が終了するまで存続することができ（同法35），破産管財人が裁判所の許可を得て，破産者の事業を継続することも可能である（同法36）。

株式会社については支払不能（破15）に加えて債務超過（債務者が，その債務につき，その財産をもって完済することができない状態）も破産原因とされているが（同法16Ⅰ），持分会社のうち存立中の合名会社・合資会社については，債務超過は破産原因から除かれている（同条Ⅱ）。合名会社の場合にはその社員全員が，また，合資会社の場合にはその無限責任社員全員が，会社債権者に対して直接連帯して無限責任を負担しているからである（576ⅡⅢ・580Ⅰ）。なお，存立中ではなく，清算中の合名会社・合資会社については，債務超過も破産原因とされる（656Ⅰ）。会社債権者の保護を強化し，かつ，会社債権者相互間の公平を厳格にする清算手続から破産手続に移行することが必要となるからである（新注会(1)369頁［平出］）。

7 解散を命ずる裁判（本条7号）

解散を命ずる裁判には，裁判所の解散命令と解散判決とがある。解散命令は，会社の設立が不法な目的でなされた等，公益上その存立を許すことができない会社について，法務大臣，社員，債権者その他の利害関係人の申立てによりなされるものである（824Ⅰ）［☞§824］。

§642

持分会社の社員は、やむを得ない事由がある場合に、訴えをもって会社の解散を請求できる (833 II) [☞ §833]。

III 解散の効果

持分会社は、解散により、合併および破産の場合を除き、清算手続に入るが (644①)、代表清算人は、合併、破産および解散を命ずる裁判による場合を除き、2週間以内にその本店の所在地において解散の登記をしなければならない (926、商登98・111・118)。

(出口正義)

（持分会社の継続）
第642条 ① 持分会社は、前条第1号から第3号までに掲げる事由によって解散した場合には、次章の規定による清算が結了するまで、社員の全部又は一部の同意によって、持分会社を継続することができる。
② 前項の場合には、持分会社を継続することについて同意しなかった社員は、持分会社が継続することとなった日に、退社する。

I 総　説

会社の継続とは、いったん解散した会社が解散前の状態に復帰し、会社としての同一性を維持しつつ、存立中の会社として継続することである。会社の解散・継続の前後を通じて会社はその同一性を保持しているため、権利義務の承継という問題を生ずることはないが、会社の継続により会社は遡及的に解散しなかったということにはならないから、会社の継続は解散後継続までの間になされた行為の効力には影響がない。会社の継続により清算人または破産管財人はその権限を失い、解散前の業務執行社員はその職務権限を回復することになる（新注会(1)370頁〔平出慶道〕）。要するに、解散後の会社が解散前の会社に復帰することである。一度解散した後に事業の続行が望まれる場合に会社の継続を認めても何ら弊害はなく、これを認めるほうが便利であり、商法の基本理念の1つである企業の維持の要請からも望ましい。

II 本条の沿革

　平成17年改正前商法では，合名会社・合資会社について，定款所定の存続期間の満了または定款所定の解散事由の発生もしくは総社員の同意により解散した場合には，社員の全部または一部の同意により会社の継続が認められていた（同法95・147）。ただ合資会社については，無限責任社員または有限責任社員全員が退社した場合が解散事由とされ，残存社員の一致により新たに無限責任社員または有限責任社員を加入させることで会社の継続が可能とされ（同法162 I），また，有限責任社員全員の退社の場合に限り，無限責任社員の一致で合名会社として会社の継続も可能とされていた（同条II）。

　本条は，合同会社を含む持分会社に共通の継続に係る規定として平成17年改正前商法95条・147条を基本的に継承するものであるが，ただ，会社の継続をなし得る時期を「清算が結了するまで」と明確にし，継続に不同意の社員の退社時期を「持分会社が継続することとなった日」と明確にした。

　なお，合資会社にのみ関係した平成17年改正前商法162条の規定は廃止され，有限責任社員の退社により無限責任社員だけとなった場合には，当該合資会社が合名会社へと，逆に，無限責任社員の退社により有限責任社員だけとなった場合には，当該合資会社が合同会社へと，それぞれ定款のみなし変更が行われることになる（639）。会社法では，合同会社が創設され，一人持分会社が許容されたことから，合資会社について，無限責任社員か有限責任社員のいずれかの全部が退社により存しなくなっても，その後の会社を合名会社か合同会社として存続させることに法律上の支障が生じなくなったといわれている（立案担当167頁）。

III 会社の継続が認められる場合

　持分会社は，定款所定の存続期間の満了・解散事由の発生および総社員の同意により解散した場合にのみ，社員の全部または一部の同意により会社を継続することができる（642 I）。同意しなかった社員は退社することになる（同条II）。このような会社については，私的自治による会社の復活を認めても，とくに弊害はないからである。これに対し，社員が欠けた場合（641④）や合併により消滅する場合（同条⑤）には会社の継続の余地はないが，破産手続開始

§642

の決定（同条⑥）および解散を命ずる裁判（同条⑦）の場合のように，会社が強制的に解散させられた場合には会社の継続は認められない。破産手続開始の決定による解散の場合には，破産債権者全員の同意等を得れば破産手続廃止（同意廃止）により破産手続を終了できるが（破218 I），会社が破産者であるときは，この同意廃止を申し立てるには会社の継続の決議が必要とされている（同法219）。

なお，持分会社の設立の無効または取消しの判決が確定した場合において，その無効または取消しの原因が一部の社員のみにあるときは，他の社員全員の同意により当該持分会社を継続でき，当該原因のある社員は退社したものとみなされる（845）。

IV 会社の継続をなし得る時期

本条は，会社の継続をなし得る時期を，清算が結了するまでとする。平成17年改正前商法は解散登記後でも会社の継続を許容していたが（97・147・416 I），会社の継続がいつまでなし得るのかについて定めがなかった。種々の見解が見られたが，判例は，清算手続が終了するまでは解散登記の後であってもなし得るものとしていた（大決昭和8・2・7民集12巻132頁）。学説も，清算手続の結了により清算中の会社が消滅するまでは継続し得るものと解するのが多数であった（詳細は，新注会(1)376頁［平出］参照）。本条は，従来の通説を明文化したものといえる。

V 継続の登記

解散により清算手続が開始された後に，会社の継続により清算中の会社が存立中の会社となり，解散前の状態に復帰することになることから，会社の継続は会社の内外の関係者に影響するところが大きい。したがって，本条の規定により会社が継続したときは，2週間以内に，本店の所在地において，継続の登記をしなければならなく，持分会社の設立無効・取消判決確定後の会社の継続の場合も同様である（927）。

（出口正義）

§643

> （解散した持分会社の合併等の制限）
> 第643条　持分会社が解散した場合には，当該持分会社は，次に掲げる行為をすることができない。
> 1　合併（合併により当該持分会社が存続する場合に限る。）
> 2　吸収分割による他の会社がその事業に関して有する権利義務の全部又は一部の承継

1　本条の沿革

本条1号は，平成17年改正前商法98条2項を継承するものであるが，2号は新設規定である。

2　解散後の会社の合併の制限

解散後の会社，すなわち清算中の持分会社は，当該会社を存続会社とする合併はできない（本条①）。解散して清算の目的の範囲内でしか活動できない会社が合併の存続会社として事業を行うということができるというのは不合理だからである。本条は，解散後の会社を存続会社とする吸収合併が許されないという当然の事理を注意的に明らかにしたものであり，解散後の会社を消滅会社とする吸収合併，解散後の会社を当事会社とする新設合併を否定する趣旨ではない（江頭995頁注1）。理由として，会社は解散により当然消滅するものではなく，解散後も清算が結了するまでは清算の目的の範囲内ではなお存続すること（645），清算の方法として事業全部の譲渡も可能であること，解散後も社員の同意により会社の継続が可能なこと（642）等を考慮すれば，合併も許されると解して何ら妨げはなく，企業維持の見地からむしろ望ましい（新注会(1)380-381頁［今井宏］），あるいは清算中の会社は清算の目的の範囲内においてのみ存続し，事業取引をする権利能力は認められない（概説517頁），からであるといわれている。

破産により解散した会社は合併できないと解されている（鈴木＝竹内495頁）。また，会社解散後清算中に債務超過の事実が明らかになった場合も同様であり，債務超過の会社を消滅会社とする合併を認めることは，債務の出資により社員の入社を認めるのと同様の結果となり，不適法だからであるといわれている（新注会(1)381頁［今井］）。ただ，会社の財産を適正に（例えば再調達価額で）評価して債務超過でないことが明らかとなったときは，合併は許されると

解されている（新注会(1)381頁［今井］）。

　解散を命ずる裁判（641⑦）のうち解散命令（824 I）により会社が解散した場合は公益維持の観点から，また設立無効判決により解散に準じて清算する場合も，会社成立そのものを違法とする理由があるのであるから，合併は許されないが，解散判決（833 II）による解散の場合には，この制度が結局社員の利益保護にあるにすぎないことを理由に，合併は許されると解する見解もある（新注会(1)381-382頁［今井］，同旨，江頭995頁注1）。

　なお，解散後の会社がいつまで合併をなし得るかについて本条はとくに限定していない。会社は清算が結了するまでは消滅しないためそれまでは合併は可能であると解する余地があるが，本条は企業維持の目的に出たものであるから，解散後の会社が残余財産の分配を開始する時点までは合併が許されると解する見解が有力である（新注会(1)382頁［今井］）。

3　解散後の会社の吸収分割の制限

　解散後の会社は吸収分割の承継会社となることはできないが，解散後の会社の事業の一部を承継会社が承継する吸収分割，または，会社の事業の一部と相手方会社の事業とを承継する設立会社が作られる新設分割は，許されると解される。理由は，2で述べた合併の場合と同様である。

（出口正義）

第8章 清　　算

第1節　清算の開始

> **（清算の開始原因）**
> **第644条**　持分会社は，次に掲げる場合には，この章の定めるところにより，清算をしなければならない。
> 1　解散した場合（第641条第5号に掲げる事由によって解散した場合及び破産手続開始の決定により解散した場合であって当該破産手続が終了していない場合を除く。）
> 2　設立の無効の訴えに係る請求を認容する判決が確定した場合
> 3　設立の取消しの訴えに係る請求を認容する判決が確定した場合

1　本条の沿革および意義

　平成17年改正前商法は，その138条において合名会社につき「設立ヲ無効トスル判決ガ確定シタルトキハ解散ノ場合ニ準ジテ清算ヲ為スコトヲ要ス」と定め，この規定を同法142条において設立取消しの訴えに準用し，さらに同法147条において合資会社についてもこれらの規定が準用される旨を定めていた。本条は，平成17年商法改正により新設された規定であり，設立無効または取消判決の確定についても平成17年改正前商法のように「解散ノ場合ニ準ジテ清算ヲ為ス」のではなく，持分会社の清算の開始原因として解散の場合と同列のものとして列挙し，明確にしている。

2　清算の開始原因

(1)　解散した場合（本条1号）

　持分会社が解散すると，合併または破産による解散（641⑤⑥）の場合を除き，清算手続が開始される。
　持分会社が吸収合併により解散する場合には，吸収合併の効力発生日

第1節　清算の開始　　　　　　　　　　　　　　　　　　　　§645

(750Ⅰ・752Ⅰ)，または，新設合併により解散する場合には，新設合併設立会社の成立の日（754Ⅰ・756Ⅰ）に，解散すると同時に消滅会社の権利義務が存続会社または新設会社に包括的に承継されるため，清算手続は不要である。

　破産手続開始決定による解散の場合には，破産手続による清算が行われることになるが（破35），その決定と同時に破産手続廃止の決定が行われるときは（同法216。同時破産廃止）破産手続による清算が進行せず，会社に財産が残存する限り清算手続が必要であると解されていることから（新注会(1) 465頁［米沢明］，新注会(13) 258頁［中西正明］，江頭997頁），当該破産手続が終了していない場合を清算の対象から除外する必要があるため，この点の明確化を図ったものであるといわれている（立案担当144頁）。

(2)　**設立無効または取消判決が確定した場合（本条2号・3号）**

　会社の設立無効の訴え（828Ⅰ①）または設立取消しの訴え（832）で原告が勝訴し，設立無効または取消判決が確定した場合には，これらの判決には対世効があり（838），会社の設立は将来に向かってその効力を失う（839。遡及効の否定）。したがって，これらの判決は，当該訴訟の当事者のみならず第三者に対しても効力を生ずるが，会社・社員・第三者間に生じた権利義務は設立無効または取消判決によって影響を受けず，判決確定後に清算が行われることになる。なお，すでに見たように［☞§642］，その設立の無効または取消しの原因が一部の社員のみにあるときは，他の社員全員の同意により，当該持分会社を継続することができる（845）。

（出口正義）

> **（清算持分会社の能力）**
> 第645条　前条の規定により清算をする持分会社（以下「清算持分会社」という。）は，清算の目的の範囲内において，清算が結了するまではなお存続するものとみなす。

Ⅰ　本条の沿革と意義

　本条は，解散または設立無効もしくは設立取消判決の確定により清算する持分会社（以下，「清算持分会社」という）の権利能力を定める規定であり，平成

17年改正前商法116条（合名会社）・147条（合資会社）の規定を基本的に継承するものである。持分会社は，合併（641⑤）および破産手続開始決定（同条⑥）以外の事由により解散した場合には，既存の法律関係を整理し，その財産を処分するため会社法の規定による清算が必要である。そこで，本条は，持分会社は，解散の後といえども清算の目的の範囲内においては，清算が結了するまではなお存続するとして，法人格（権利能力）を認める。

　一般に，清算中の会社の法的性質については，解散前の会社と同一の会社であって，ただその目的が清算の範囲内に減縮されるにすぎないとするいわゆる同一説が通説・判例である（新注会(1) 466頁［米沢明］。大判大正2・7・9民録19輯619頁，大判大正5・3・4民録22輯513頁）。本条は，清算持分会社は清算の目的の範囲内においてはなお存続するものと「みなす」と規定しているが，同一性説によれば清算持分会社はその存続が擬制されるのではなく，同一会社として当然に存続することになる。

II　清算持分会社の法律関係

　清算持分会社は解散前と同一の会社であるから，清算の目的の範囲内においては，解散前の会社に関する諸制度（商人資格，商号，定款，社員の出資義務・責任，社員の調査権［592］など）の適用がある（新注会(1) 466-467頁［米沢］）。しかし，清算持分会社は，その目的が清算の範囲内に減縮されるため，事業の存続を前提とする諸制度の適用はない。すなわち，社員の業務執行権・会社代表権は消滅し，法定清算の場合は，清算人がこれに代わり，清算持分会社の清算事務の執行機関（650）・代表機関となる（655 I）。ただし，任意清算が行われる場合には，定款または総社員の同意をもって定めたところによることとなり，清算人に関する規定は適用されない（668 II）。

　清算持分会社が事業活動を行わない以上，競業避止義務（594 I）および利益相反取引の制限（595 I）も存在しなくなり，清算人だけに認められることになる（651 II）。持分会社の清算はいわば全社員の退社による財産関係の後始末と認められるべきものであるから，一部清算の性質を有する社員の退社はもちろん，社員の入社も認められず（674①②），利益の配当・出資の払戻し・資本金額の減少（同条③），合名会社，合資会社が合同会社となる定款変更（同条④），清算持分会社が存続会社となる吸収合併（643①）および清算持分会社が承継会社となる吸収分割（同条②）もできないこととされている（674参照）。

III　清算持分会社の能力

　本条は，清算持分会社の権利能力を「清算の目的の範囲内」に制限する。これは，法令による会社の権利能力の制限であるから，清算人が清算の目的の範囲外の行為をしたときは，その効果は会社に帰属しない（株式会社に係る判例として最判昭和42・12・15民集25巻7号962頁。江頭998頁注2，概説518頁）。清算持分会社は清算の目的（現務の結了）に必要な範囲において事業を継続できるが（例えば清算の目的で行う商品の仕入れ・販売など），事業取引をする権利能力はない（大判大正8・10・9民録25輯1761頁）。

　清算の目的の範囲には，一般に，清算の目的たる行為自体，つまり清算事務それ自体に限らず，清算事務を遂行するため必要な行為も含まれ，そしてある行為が清算事務の遂行に必要かどうかは，清算人の職務範囲を定める規定（649）だけでなく，法文全体の趣旨から判断すべきであると解されている（前掲・大判大正2・7・9，同旨，前掲・最判昭和42・12・15。新注会(1)469頁［米沢］）。清算の目的の範囲内とされた具体例として，清算中の会社が債権取立ての方法として抵当権実行のため申し立てた競売において自ら抵当不動産を競落すること（大決大正14・7・11民集4巻423頁），解散前の会社の役員等に対し功労者として慰労金を贈与すること（前掲・大判大正2・7・9），会社が他人に賃貸した土地の賃料の増額を請求すること（大判昭和5・12・1民集9巻1107頁），残余財産の分配として財産をそのまま分配する目的をもって財産を賃貸すること（東京高判昭和38・12・9下民集14巻12号2487頁）などがある。

（出口正義）

第 2 節　清　算　人

> （清算人の設置）
> 第 646 条　清算持分会社には，1人又は2人以上の清算人を置かなければならない。

【文献】筧康生ほか編集代表・詳解商業登記（下）〔全訂第2版〕（金融財政事情研究会，2015），菅原武志「第2章登記手続第5節合名会社の登記・清算人の登記等（第77条〜77条の2）」商事1401号（1995）36頁，山口和男編・裁判実務大系(21)会社訴訟・会社非訟・会社整理・特別清算（青林書院，1992）

1　本条の趣旨

本条は，清算持分会社の清算事務を執行し（650）かつ会社を代表する（655）機関である，清算人の設置に関する規定である。清算持分会社の権利能力は，清算の目的の範囲内に縮減し（645），営業取引をする権利能力を有しない。清算持分会社においては，社員総会について清算株式会社の株主総会のような規定（492Ⅲ・497）や，定款の定めによる機関としての清算人会・監査役・監査役会（477Ⅱ）に関する規定はない〔清算株式会社に関する☞§477〕。

2　清算人の設置

清算持分会社には，1人または2人以上の清算人の設置が要求される（本条）。清算持分会社は，営業を行わないので，業務を執行する社員（以下，「業務執行社員」という）はその地位を失い，清算人がそれに代わって清算事務を行う（647・649）。会社の清算に係る業務を執行する機関が必要となるから，清算人は必須の機関である。清算人には，①法定清算人，②定款で定める清算人，③社員の過半数の同意によって定める清算人，および④裁判所の選任による清算人がある（647）。

清算人は1人でも数人でもよいが，清算人が数人あるときは，清算事務の業務執行の意思決定は，原則として，その過半数をもって決定することになる（650Ⅱ）。

(畠田公明)

第 2 節　清算人　　　　　　　　　　　　　　　　　　　　§647

> **（清算人の就任）**
> **第 647 条**① 次に掲げる者は，清算持分会社の清算人となる。
>   1　業務を執行する社員（次号又は第 3 号に掲げる者がある場合を除く。）
>   2　定款で定める者
>   3　社員（業務を執行する社員を定款で定めた場合にあっては，その社員）の過半数の同意によって定める者
> ②　前項の規定により清算人となる者がないときは，裁判所は，利害関係人の申立てにより，清算人を選任する。
> ③　前 2 項の規定にかかわらず，第 641 条第 4 号又は第 7 号に掲げる事由によって解散した清算持分会社については，裁判所は，利害関係人若しくは法務大臣の申立てにより又は職権で，清算人を選任する。
> ④　第 1 項及び第 2 項の規定にかかわらず，第 644 条第 2 号又は第 3 号に掲げる場合に該当することとなった清算持分会社については，裁判所は，利害関係人の申立てにより，清算人を選任する。

【文献】 筧康生ほか編集代表・詳解商業登記（下）〔全訂第 2 版〕（金融財政事情研究会，2015），菅原武志「第 2 章登記手続第 5 節合名会社の登記・清算人の登記等（第 77 条〜77 条の 2）」商事 1401号（1995）36 頁，山口和男編・裁判実務大系(21)会社訴訟・会社非訟・会社整理・特別清算（青林書院，1992）

I　本条の趣旨

本条は，清算人の就任・選任に関する規定である〔清算人の解任については，☞§648。なお，清算株式会社における清算人の就任に関する☞§478〕。

II　清算人の就任

1　法定清算人

定款に別段の定めがある場合，または，社員（業務を執行する社員〔以下，「業務執行社員」という〕を定款で定めた場合にはその社員）の過半数の同意によって業務執行社員以外の者を清算人に選任した場合を除き，解散前の持分会社の業務執行社員がそのまま清算人となる（本条 I ①）。一般的には，従来会社の業務を執行してきた者が会社解散後の後始末をもするのが，当然といえるからである（大隅＝今井・上 122 頁，新注会(1) 486 頁［米沢明］）。持分会社の業務執行社員

の中でとくにその会社を代表する者が定められていた場合でも，持分会社の業務執行社員の全員が清算人となる。これを法定清算人といい，法律上当然に清算人となるのであって，特別の選任行為によるものではない。なお，持分会社では，法人も社員となることができることから（576 I ④〔「社員の氏名又は名称」が定款記載事項とされる〕・654〔法人が清算人である場合の特則〕参照。一問一答173頁），法人が業務を執行する社員である場合も認められることになり（598），清算開始により，業務を執行する社員である法人が清算人に就任することができる（本条 I ①）。

また，会社が解散して清算手続に入ると，社員の個性を問題としなくなり，全部の社員関係の終結を目的とする手続が進められていることから，入社はもちろん，一部の社員関係の終結（一部清算）を目的とする社員の退社も認められなくなると解されていた（石井・下425頁，大隅＝今井・上120頁，鈴木＝竹内568頁注2，田中誠・下1241頁，新注会(1)467頁〔米沢〕など）。会社法は，清算持株会社において社員の加入および退社ができない旨の規定（674①②）をしている（立案担当168頁）。

このように退社が認められないとすると，社員が死亡するときは相続人が当然に社員となり，数人の相続人がいる場合には清算に関し社員の権利を行うべき者を1人定めなければならない（675・608 V。大隅＝今井・上120頁，新注会(1)468頁〔米沢〕）。この場合に，その相続人が清算人となるものと考える見解（田中誠・下1242-1243頁）に対して，社員の資格に基づく権利と清算人という機関の資格とは区別すべきであり，相続人は清算人の選任に関する権利を行使するにすぎないと解する見解がある（新注会(1)487頁〔米沢〕）。

業務執行者のうち1人を除外したいときは，社員の過半数の同意により，その者を除いて清算人を定めるか，定款でその者以外の業務執行者を清算人とする旨を定めることになる（株式会社の場合につき，新注会(13)269-270頁〔中西正明〕参照）。

法定清算人となる業務執行社員は，清算人になる権利を有すると同時に，清算人として清算事務を遂行する義務を負うのであって，清算人を辞任することはできない（大隅＝今井・上122頁，新注会(1)487頁〔米沢〕）。清算人と清算持分会社との関係は委任関係に関する規定に従うが（651），法定清算人については，委任の解除に関する民法651条の適用は排除され，また，業務執行社員が清算人を免れ，あるいは業務執行社員を清算人にならせないためには，社員の過半数の同意により，または定款で業務執行社員以外の者を清算人とするほか

第 2 節 　清算人　　　　　　　　　　　　　　　　　　　　　§ 647

ないと解される（新注会(1) 487 頁 [米沢]）。

2 　定款で定める者

　定款をもって業務執行社員以外の者を清算人と定めたときは，その者が清算人となる（本条 I ②）。原始定款をもって清算人を指定できるほか，定款変更によってこのような定めをすることもできる。
　なお，法人を，定款や社員の過半数の同意［☞ 3］によって，清算人に選任することも可能と解される（論点体系(4) 558 頁 [伊藤尚]）。

3 　社員の過半数の同意により定める者

　社員（業務執行社員を定款で定めた場合にあっては，その社員）の過半数の同意によって，会社解散前の業務執行社員以外の者を清算人として定めたときは，その者が清算人となる（本条 I ③）。清算事務の遂行には特別の法律上および事務上の能力を必要とする場合があり，また，業務執行社員が法律上当然に清算人となることは必ずしも適当でない場合があり得るからであるが，清算人の資格には法律上別段の制限はないから，社員の中から定めても社員外から定めても差し支えない（大隅 = 今井・上 122 頁，新注会(1) 488 頁 [米沢]）。法定清算人である者に追加して，他の清算人を選任してもよい。また，裁判所の選任する清算人を除き，社員の過半数の決定により，いつでも清算人を解任することができるから（648 I II），定款で一定の者を清算人と定めている場合でも，定款変更の手続を経ることを要しないで，社員の過半数の同意によって他の者を清算人に定めることができるものと解される（株式会社の場合につき，新注会(13) 270 頁 [中西] 参照）。
　社員の過半数の同意により定められた清算人と会社との関係は任用契約に基づくものであり，委任関係であって，すべて委任に関する規定に従うことから（651），いつでも辞任（民 651）することができ，またいつでも解任（648 I II）することができる（石井・下 427 頁，大隅 = 今井・上 122 頁，新注会(1) 489 頁 [米沢] など）。清算が開始した後に，清算人の解任や辞任によって欠員が生じた場合等においても，社員の過半数の同意によって新たに清算人を定めることができる（株式会社の場合につき，立案担当 146 頁参照）。
　なお，本条 1 項 3 号は，社員の過半数によって清算人を定めることを規定していることから，社員が 2 人以上存在することを前提とするという規定振りである。したがって，社員が 1 人しかいないとき，社員が清算人を定めることがで

〔畠　田〕

きなくなるのかという問題がある。2人以上要求されると考えるならば，社員の過半数の同意で清算人を定めることができなくなり，この場合には裁判所が選任することになろう（本条Ⅱ）。しかし，会社法は，平成17年改正前商法が合名会社の解散原因として「社員ガ一人ト為リタルコト」を規定（同法94④）していたのに対し，持分会社では「社員が欠けたこと」（641④）と規定しているから，持分会社の社員が1人以上でよいことになる。したがって，社員1人で清算人を定めることができるものと解され得る。ただし，合資会社では無限責任社員と有限責任社員それぞれ1人以上必要であるから，そのどちらか1人が死亡して相続人がいなくて社員が1人になってしまったときは，裁判所が清算人を選任することになる（本条Ⅲ）。なお，平成17年商法改正前の合名会社について，業務執行社員が清算人となった後死亡したため社員が1人となった場合には，同法121条（本条）を類推して，その1人の社員が清算事務を行い得るとの判例がある（東京高判昭和38・12・9下民集14巻12号2487頁）。これについては，相続人がなくて，社員が1人となった場合であるから，平成17年改正前商法122条（本条Ⅲ）の類推によって，裁判所による清算人の選任が必要であると考えるべきであるとする見解がある（新注会(1)491頁［米沢］参照）。

　また，清算中の会社では社員の個性を重視する必要がないことから，会社解散後に社員が破産手続開始の決定を受けたときは，社員としての権利は破産管財人が行使すべきであり，破産管財人が前記清算人の定めにつき同意する場合に加わることができるものと解される（大判昭和9・6・27裁判例8巻民157頁。新注会(1)468頁・488頁［米沢］）。また，会社解散後に社員が死亡した場合には，その相続人が社員となることから，相続人が社員として前記同意の場合に参加すべきであると解される（大決昭和16・3・4民集20巻156頁の原審である大阪控決〔決定年月日不詳〕民集20巻160頁。新注会(1)468頁・488頁［米沢］）。

4　裁判所による選任

　業務執行社員，定款で定める者または社員の過半数の同意で定める者が清算人となると規定（本条Ⅰ）されているにもかかわらず，この規定により清算人となる者がないときは，裁判所は，利害関係人の申立てにより，清算人を選任する（本条Ⅱ）。

　また，社員が欠けたこと（641④）・会社の解散命令（824Ⅰ）または会社の解散の訴え（833Ⅱ）の規定による解散を命ずる裁判により解散（641⑦）した清

第2節　清算人　§647

算持分会社については，清算の公正を期するため，裁判所は，利害関係人もしくは法務大臣の申立てによりまたは職権で，清算人を選任する（本条Ⅲ）。平成17年商法改正前の合名会社について，社員が2人から成る合名会社の解散後に1人の社員が死亡し，残存する他の1人の社員がこれを相続したときは，社員が1人となったことにより解散した場合と何ら異なるところはないから，平成17年改正前商法122条（本条Ⅲ）を類推すべきであるとする判決がある（大阪地決昭和17・3・28評論21巻商234頁）。

さらに，設立無効の訴えまたは設立取消しの訴えに係る請求を認容する判決が確定した場合（644②③）に該当することとなった清算持分会社については，裁判所は，利害関係人の申立てにより，清算人を選任する（本条Ⅳ）。

なお，会社が破産手続開始の決定を受けると同時に，破産財団不足を理由とする破産手続廃止（同時破産廃止）の決定を受けた場合（破216）において，従来，判例・学説において，清算人の決定方法について見解が分かれていた。株式会社につき，最判昭和43・3・15（民集22巻3号625頁）は，定款または株主総会決議により取締役以外の者を清算人と定めない限り，利害関係人の請求に基づき裁判所が清算人を選任すべきであるとする旨の立場をとったが，実務は，前掲・最判昭和43・3・15の見解に従って動いているものとみられる（新注会⒀273頁［中西］参照）［詳細☞§478Ⅱ3⑵］。その後，判例は，破産財団から放棄された財産を目的とする別除権につき別除権者がその放棄の意思表示をすべき相手方が争われた事案で，株式会社が破産宣告を受けて解散した場合，破産宣告当時の代表取締役が清算人となるものではなく，会社財産についての管理処分権限を失うと解すべきものであること，したがって，別除権放棄の意思表示を受領し，その抹消登記手続をすることなどの管理処分行為は，平成17年改正前商法417条2項の規定によって選任される清算人により行われるべきものであること，そうすると，破産財団から放棄された財産を目的とする別除権につき，別除権者が旧代表取締役に対してした別除権放棄の意思表示は，これを有効とみるべき特段の事情の存しない限り，無効と解するのが相当であると判示する（最決平成16・10・1判時1877号70頁）。これらの判例の立場に対し，持分会社が破産した場合には，破産手続が同時破産廃止の決定により終結した後に財産が残っている場合，また，破産管財人が財団から放棄してその処理を行わないことになった資産について清算手続が行われる場合には，本条1項1号によって業務執行役員が清算人に就任し，当該財産の管理処分権限はこの清算人に属するものと解する見解もある（論点体系⑷537-538頁［伊藤］）。

〔畠　田〕

§647　　　　　　　　　　　　　第3編　持分会社　第8章　清算

　清算人選任の請求権者である利害関係人は，社員，清算が公正に行われることに利益を有する社員の債権者（大決大正8・6・9民録25輯997頁），仮処分により職務執行を禁止された清算人（福岡高決昭和30・3・31高民集8巻3号197頁）も含まれると解される（新注会(1)492頁［米沢］）。
　裁判所の選任による清算人は会社との間の契約によって清算人となるのではない。裁判所の選任による清算人は会社との間には本来委任関係はないが，会社法は，会社と清算人との関係は委任に関する規定に従うものとしている（651 I）。したがって，この清算人についても，委任の規定（民651）に準じて辞任が認められる（大隅＝今井・上123頁，新注会(1)493頁［米沢］）。

5　就任承諾

　業務執行社員がそのまま清算人となる法定清算人の場合は，あらためて清算人に就任することの承諾をすることを要しないと解される（株式会社につき，田中誠・下1165頁，新注会(13)273頁［中西］参照）。これに対し，定款または社員の過半数の同意により清算人と定められた者は，そのことで当然に就任の承諾をなす義務を負うものではなく，就任を承諾することにより，清算人に就任する。裁判所の選任する清算人についても同じである。ただし，定款による定め，社員の過半数の同意または選任の裁判をするに先立って，就任の承諾を得ているときは，事後にあらためて承諾をすることは必要でなく，また，実務上，裁判所が清算人を選任する場合には，その承諾を得てから選任されるであろう（株式会社につき，新注会(13)273頁［中西］参照）。

6　登　　記

　清算人の選任は，登記を要する（928 II-IV，商登99・100・111・118参照）。

III　清算人の資格・員数・任期

　持分会社の清算人には，清算株式会社の場合（478 VIII・331 I）と異なり欠格事由の定めがない。また，裁判所により選任される清算人について，未成年者や裁判所が解任した清算人等を選任することができない旨が，平成17年改正前旧非訟事件手続法138条に規定されていたが，どのような者が清算人となることが適切であるかについては裁判所の判断に委ねれば足りる問題であることから，同様の規定は，会社法には設けられていない（立案担当146頁）。これに

つき，法定清算人にも，平成17年改正前旧非訟事件手続法の規定と同様に解するべきであるとか，成年被後見人または破産手続開始の決定（607Ⅰ⑤）を受けた者は清算人とはならないと解すべきであるという考えがある（新注会(1) 487頁〔米沢〕）。

清算人の員数は，1人でも足りる（646）。また，清算人の任期を法定した規定はない。清算が結了するまで在任すべきものである。

Ⅳ 清算人と清算持分会社との関係

清算人と持分会社との関係は，委任に関する規定に従う（651Ⅰ）。したがって，清算人は，その職務を行うに際しては，善良な管理者の注意義務を負う（593Ⅰ）。また，清算人は，会社に対する忠実義務を負う（651Ⅱ・593Ⅱ）。持分会社の業務執行社員と同じように，これらの一般規定のほかに，特別の規制として，競業の禁止，利益相反取引の制限に関し，業務執行社員に関する規定が準用される（651Ⅱ）。

（畠田公明）

（清算人の解任）
第648条① 清算人（前条第2項から第4項までの規定により裁判所が選任したものを除く。）は，いつでも，解任することができる。
② 前項の規定による解任は，定款に別段の定めがある場合を除き，社員の過半数をもって決定する。
③ 重要な事由があるときは，裁判所は，社員その他利害関係人の申立てにより，清算人を解任することができる。

【文献】筧康生ほか編集代表・詳解商業登記（下）〔全訂第2版〕（金融財政事情研究会，2015），菅原武志「第2章登記手続第5節合名会社の登記・清算人の登記等（第77条〜77条の2）」商事1401号（1995）36頁，山口和男編・裁判実務大系㉑会社訴訟・会社非訟・会社整理・特別清算（青林書院，1992）

I 本条の趣旨

本条は，清算持分会社の清算人の解任に関する規定である。社員の過半数の決定による解任と，裁判所による解任について規定する。本条は，平成17年改正前商法132条に該当する［なお，清算株式会社における清算人の解任に関する☞§479］。

II 社員の過半数の決定による解任

清算人は，裁判所が選任したものを除き，いつでも，理由を問わず，解任することができる（本条I）。業務執行社員が法律上当然に清算人（法定清算人）となることが必ずしも適当でない場合があるし，また，定款で定める清算人や社員の過半数の同意によって定める清算人についても，清算事務の遂行能力が不十分である場合もあり得る。そこで，これらの清算人を不適当と考えるときは，定款に別段の定めがある場合を除き，社員の過半数による決定で解任することができる（本条II）。

清算人解任における社員の過半数の決定に加わるのは社員の権利であって，代理行使が認められ，また，社員の破産手続開始の決定の場合には破産管財人がその権利を行使し（大判昭和9・6・27裁判例8巻民157頁），社員死亡の場合にはその相続人が社員となって，その権利を行使する（新注会(1)526頁［米沢明］）。

また，本条2項は，解任の決定には社員の過半数を要求していることから，社員が2人以上存在することを前提するという規定振りである。したがって，定款に別段の定めがない限り，社員が1人しかいないとき，解任の決定ができなくなるのかという問題がある。2人以上要求されると考えるならば，社員の過半数の決定で清算人を解任することができなくなり，この場合には裁判所が解任することになろう（本条III）。しかし，会社法は，平成17年改正前商法が合名会社の解散原因として「社員ガ一人ト為リタルコト」を規定（同法94④）していたのに対し，持分会社では「社員が欠けたこと」と規定（641④）しているから，持分会社の社員が1人以上でよいことになる。したがって，重要な事由がない限り（本条III参照），社員1人で清算人解任の決定をすることができるものと解され得る。ただし，合資会社では無限責任社員と有限責任社員そ

第2節　清算人　　　　　　　　　　　　　　　　　　　　　§648

れぞれ1人以上必要であるから，そのどちらか1人が死亡して相続人がいなくて社員が1人になってしまったときは，裁判所が解任するほかはないと解される（商法改正前の合名会社につき，大阪地決昭和7・3・28評論21巻商234頁。新注会(1)526頁［米沢］参照）。

III　裁判所による解任

本条3項により，重要な事由があるときは，裁判所は，社員その他利害関係人の申立てにより，清算人を解任することができる。この場合の清算人は，法定清算人（647 I ①），定款の定めによる清算人（同項②），社員の過半数の同意により定められる清算人（同項③），裁判所の選任による清算人（同条 II–IV）のすべてが含まれる。

本条3項の規定する「重要な事由」の意義については，学説において，清算事務の公正を欠き会社・社員および債権者の利益を害する場合，清算人の行為が清算の目的に照らして著しく背離する場合，または清算事務の遂行に支障が生じ清算人が著しく不適格である場合などであると解されている（新注会(1)527頁［米沢］，新注会(13)313頁［中西正明］）。

解任の請求権者である利害関係人には，社員はもちろん，会社債権者（選任請求につき，大決大正8・6・9民録25輯997頁），清算人が数人ある場合に他の清算人の解任を欲する清算人，また，法定清算人が辞任できないことから自ら解任を欲する法定清算人も含まれると解されている（新注会(1)527頁［米沢］）。

IV　登　　記

清算人の解任は，登記を要する（928 IV・915 I，商登100 III参照）。

（畠田公明）

§649　　　　　　　　　　　　　　　　　　　　　第3編　持分会社　第8章　清算

> （清算人の職務）
> 第649条　清算人は，次に掲げる職務を行う。
> 　1　現務の結了
> 　2　債権の取立て及び債務の弁済
> 　3　残余財産の分配

【文献】筧康生ほか編集代表・詳解商業登記（下）〔全訂第2版〕（金融財政事情研究会，2015），菅原武志「第2章登記手続第5節合名会社の登記・清算人の登記等（第77条〜77条の2）」商事1401号（1995）36頁，山口和男編・裁判実務大系㉑会社訴訟・会社非訟・会社整理・特別清算（青林書院，1992）

I　本条の趣旨

本条は，清算人の職務について規定する。清算人の職務として，① 現務の結了，② 債権の取立ておよび債務の弁済，③ 残余財産の分配を列挙するが，これは清算の大体の範囲を示すものであって，清算人の職務は，これらの列挙された事項に限らない［なお，清算株式会社における清算人の職務に関する☞§481］。

II　清算人の職務

清算人は，清算持分会社の業務を執行する者であるが（本条・650・655），その職務権限は清算事務に限られる。会社法は，① 現務の結了，② 債権の取立ておよび債務の弁済，③ 残余財産の分配を列挙する（本条）。しかし，これらの列挙は主なものを掲げただけであって，清算の目的の範囲内であれば，これらのみに制限されるわけではなく，財産の換価もすることができる（大隅＝今井・上123-126頁，新注会⑴498頁［米沢明］。株式会社につき，鈴木＝竹内491頁注4，石井・下377頁，神田317頁など）。

III　現務の結了

清算人は，速やかに現務の結了をしなければならない（本条①）。現務の結了とは，会社の解散当時未了の状態にある事務の後始末をつけることである。

〔畠　田〕

§649

これには、取引先との間の継続的契約関係や従業員との間の雇用関係を終了させることも含まれるが、できる限り会社に有利に現務を結了させることを要するものと解されることから、清算人は必ずしもすべての契約を即時に終了させずに合理的な財産の保全・利用行為をすることができ、また係属中の訴訟を即時に終了させることを要しないものと解される（大隅＝今井・上124頁、新注会(1)498-499頁［米沢］。株式会社につき、石井・下378頁、田中誠・下1169頁、新注会(13)284頁［中西正明］）。判例では、会社解散後ただちに所有土地の賃貸関係をやめずに代表清算人が土地賃料の値上げを請求すること（大判昭和5・12・1民集9巻1107頁、大阪控判昭和5・5・27新聞3131号9頁）、解散前に一定の商品を取り扱う株式会社であった場合にその商品についての実用新案登録無効審判の請求を提起すること（大判昭和7・4・30民集11巻721頁）、登録実用新案権利範囲確認の訴えを提起すること（大判昭和15・8・19判決全集7輯30号13頁）も現務の結了に含まれる。また、清算中の会社が解散前における会社功労者に対し慰労金を贈与することも現務の結了であり、清算事務に属し清算の目的の範囲に属すると解される（大判大正2・7・9民録19輯619頁。大隅＝今井・上123-124頁、田中誠・下1169頁）。

現務の結了に必要であれば新規の取引をすることもでき、例えば契約の履行に必要な物品の購入、現存する棚卸資産の売却などもすることができる（大隅＝今井・上124頁、鈴木＝竹内491頁注4、石井・下378頁、新注会(13)284頁［中西］、江頭1005頁、前田778頁など）。また、財産換価のため事業譲渡等をする予定がある場合には、事業の減価を防止するために営業を継続することもできる（大阪地判昭和35・1・14下民集11巻1号15頁。新注会(13)284-285頁［中西］、江頭1005頁）。

IV 債権の取立て

清算人は債権の取立てをしなければならない（本条②）。債権の取立てとは、会社の有する債権について債務者からその弁済を受けることであるが、債権の取立てには、本来の弁済の受領し、担保権の実行などをするだけでなく、代物弁済の受領、更改、和解、取立てのための為替手形の振出し、債権譲渡による回収なども含まれる（大隅＝今井・上124頁、新注会(1)499頁［米沢］。株式会社につき、鈴木＝竹内491頁注4、石井・下378頁、新注会(13)285頁［中西］、江頭1005頁）。弁済期未到来の債権については、清算の開始が履行期の到来を意味

§649　　　　　　　　　　　　　　　　第3編　持分会社　第8章　清算

するわけではないので，清算人は履行期の到来を待ってその取立てをすべきことになるが（石井・下378頁，新注会⒀285頁［中西］，江頭1005頁），それを待たなければ債権譲渡の方法により処理するほかない（江頭1005頁，前田778頁）。会社法は，社員に対する出資請求権について特別の規定をし，清算持分会社に現存する財産がその債務を完済するのに足りない場合において，その出資の全部または一部を履行していない社員があるときは，当該出資に係る定款の定めにかかわらず，当該清算持分会社は，当該社員に出資させることができるとする（663）。ここにいわゆる会社に現存する財産とは，会社における一切の積極的財産の中から出資請求権を除いたものをいう［出資の履行の請求については，☞§663］。

V　債務の弁済

　清算人は，会社の負っている債務の弁済をしなければならない（本条②）。そのために必要があるときは，会社財産を換価することもできる。条件付債権，存続期間が不確定な債権その他の額が不確定な債権に係る債務についても，一定の手続により弁済することができる（662）。
　持分会社の債権者保護のため，清算手続における債務の弁済には，一定の手続が要求される。債権者に対する公告等（660），債務の弁済の制限（661），条件付債権等に係る債務の弁済（662），出資の履行の請求（663），債務の弁済前における残余財産の分配の制限（664），清算からの除斥（665）については，660条から665条の注釈を参照されたい。

VI　残余財産の分配

　清算人は，債権者を保護するため，会社の債務を弁済した後でなければ，その財産を社員に分配することができないが，その存否または額について争いのある債権に係る債務についてその弁済を留保した場合は，残余の財産を分配することができる（664）。これに違反するときは，会社はその返還を請求することができ（大判大正7・7・2民録24輯1331頁。大隅＝今井・上126頁，田中誠・下1172頁，石井・下381頁，新注会⑴525頁［米沢］），また過料の制裁がある（976㉚）。残余財産の分配の割合について定款の定めがないときは，その割合は，各社員の出資の価額に応じて定める（666）。残余財産の分配は，持分の払戻し

174　　　　　　　　　　　　　　　　　　　　　　　　　　　　〔畠　田〕

と同じく，金銭をもってすることが原則であるが（大隅＝今井・上126頁，田中誠・下1258頁，石井・下381頁，新注会(1)501頁［米沢］），定款または総社員の同意をもって別段の定めをしたときは，現物で分配することもできると解される（新注会(1)501頁［米沢］）。

残余財産の分配の割合（666）については，該当条文の注釈を参照されたい［☞§666］。

VII 財産の換価

本条各号には列挙されていないが，債務の弁済・残余財産の分配をするためには，会社財産の換価が必要であることから，財産の換価処分をすることができるのは当然である（大隅＝今井・上125頁，田中誠・下1257頁，石井・下381頁・429頁，新注会(1)501頁［米沢］など）。その方法として，財産を個々に売却するほか，事業の全部または一部を一括して譲渡することもできる。このような事業譲渡の方法によるときは，社員の過半数の決定を要する（650Ⅲ）。

なお，抵当権に基づいて清算会社から申し立てた競売事件において同会社が競落人となることも，債権取立てと会社財産換価のためであって妨げない（大決大正14・7・11民集4巻423頁。石井・下381頁，田中誠・下1172頁，新注会(1)499頁［米沢］）。

（畠田公明）

（業務の執行）
第650条① 清算人は，清算持分会社の業務を執行する。
② 清算人が2人以上ある場合には，清算持分会社の業務は，定款に別段の定めがある場合を除き，清算人の過半数をもって決定する。
③ 前項の規定にかかわらず，社員が2人以上ある場合には，清算持分会社の事業の全部又は一部の譲渡は，社員の過半数をもって決定する。

【文献】筧康生ほか編集代表・詳解商業登記（下）〔全訂第2版〕（金融財政事情研究会，2015），菅原武志「第2章登記手続第5節合名会社の登記・清算人の登記等（第77条～77条の2）」商事1401号（1995）36頁，山口和男編・裁判実務大系㉑会社訴訟・会社非訟・会社整理・特別清算（青林書院，1992）

〔畠　田〕

§650

I　本条の趣旨

　本条は，清算持分会社の清算人の業務執行に関する規定をするものである。本条は，清算人の業務執行権（本条I），清算人が複数ある場合にその過半数の決定によること（本条II），会社の事業の全部・一部の譲渡の決定（本条III）について規定する。本条は，平成17年改正前商法127条・128条に該当する〔なお，清算株式会社における清算人の業務の執行に関する☞§482〕。

II　業務執行

　清算持分会社において，清算人が1人の場合には，同人が包括的な業務執行をする権限を有する（本条I）。したがって，単独で業務執行の決定およびその執行を行うことができる。清算人が2人以上ある場合には，会社の業務は，定款に別段の定めがある場合を除き，形式のいかんにかかわらず清算人の過半数をもって決定する（本条II）。業務執行方法は，会社の自治に任され，清算人の会議により決定する必要はない。清算人の中から代表清算人が選定された場合（655I），他の清算人の対内的な業務執行権は当然には消滅しないものと解される（取締役の場合について，福島地判昭和60・9・30労判463号73頁。江頭405-406頁注3。反対，東京高判昭和57・4・13下民集32巻5-8号813頁）。

III　清算人の過半数による決定

　清算人は，現務の結了，債権の取立て，債務の弁済，残余財産の分配など清算の目的遂行に必要な一切の行為を単独で執行し，かつ会社を代表する権限を有している（649・本条I・655III）。したがって，清算人が2人以上ある場合におけるその過半数は（本条II），清算業務執行に関する意思決定についてのものであり，清算人は清算業務の執行行為は単独で行うことができるが，清算業務の意思決定は清算人の過半数の決定によるものと理解される。清算業務執行の意思決定について過半数の決定を要求しているのは，清算業務の執行を慎重ならしめるためのものである（新注会(1)516頁〔米沢明〕）。
　清算人が，清算業務の執行について，清算人の過半数の決定を経ないで行った行為の効力については，通常の営業における業務執行の場合と同様に考えら

第2節　清算人　　　　　　　　　　　　　　　　　　　　　　　　§651

れる。すなわち，会社と社員との関係のような純然たる対内的業務執行の場合は無効であるが，その業務執行行為が対外的代表行為となる場合には，取引の安全の保護のために，清算業務の執行・代表機関である清算人が行っている限り有効であり，悪意の相手方に対してのみ会社はその権利行使を否認することができると解されることになる（新注会(1)516頁［米沢］）。

Ⅳ　事業の全部または一部の譲渡

　清算人が会社の債務を弁済し残余財産を分配するためには，会社財産を換価する必要があり，その換価方法として，会社の事業の全部または一部を譲渡する方法がある。この場合には，社員一般の利害に重大な影響を及ぼすので，これについて社員の過半数の決定が要求されている（本条Ⅲ。新注会(1)511-512頁［米沢］）。

　社員の過半数の決定を経ないで行った事業譲渡の効力については，その過半数の決定は事業譲渡の有効要件であるので無効とする説（田中耕・上172頁，伊澤151頁など）と，清算中の会社では事業譲渡は清算のために一手段として通常行われるものであるから，社員にとって予測されるところであり，表見代理人の権限濫用の場合と同様に解し，善意の第三者保護のため無効でないとする説（田中誠・下1257-1258頁，新注会(1)515頁［米沢］）が対立している。

　なお，事業譲渡の意義については，平成17年改正前商法245条1項1号にいう営業の譲渡について，最高裁判例（最大判昭和40・9・22民集19巻6号1600頁）があり，また学説も分かれているが，清算会社の場合には，清算業務の迅速性の要求から，事業譲渡の意義を厳格に解するほうが妥当であり，取引の安全の保護についても清算中の事業譲渡について別個に考えてもよいという見解がある（新注会(1)514頁［米沢］）［事業譲渡の意義については，☞§21-§24・§467］。

（畠田公明）

（清算人と清算持分会社との関係）
第651条①　清算持分会社と清算人との関係は，委任に関する規定に従う。
②　第593条第2項，第594条及び第595条の規定は，清算人について準用する。

この場合において，第594条第1項及び第595条第1項中「当該社員以外の社員」とあるのは，「社員（当該清算人が社員である場合にあっては，当該清算人以外の社員）」と読み替えるものとする。

1　本条の趣旨

本条は，清算人と清算持分会社との関係は委任に関する規定に従うとし（本条Ⅰ），また，忠実義務，競業避止義務および利益相反取引の制限に関する規定を準用するものである（本条Ⅱ）。

2　清算人と清算持分会社との関係

(1)　善管注意義務

清算持分会社と清算人との関係は，委任に関する規定に従うことから，（本条Ⅰ），清算人は，善良な管理者としての注意義務を負うことになる（民644）。会社法は，持分会社の業務執行社員について，善良な管理者の注意をもって，その職務を行う義務を負うと明文で規定している（593Ⅰ）［☞§593］。

(2)　忠 実 義 務

清算人は，法令および定款を遵守し，持分会社のため忠実にその職務を行わなければならない（本条Ⅱ・593Ⅱ）［☞§593］。

(3)　競業の禁止

清算人は，定款に別段の定めがない限り，①自己または第三者のために清算持分会社の事業の部類に属する取引をすること，②清算持分会社の事業と同種の事業を目的とする会社の取締役・執行役または業務を執行する社員となること，以上の行為をする場合には，社員（当該清算人が社員である場合にあっては，当該清算人以外の社員）全員の承認を受けなければならない（本条Ⅱ・594Ⅰ）。清算人が前記の規定に違反して前記①の行為をしたときは，当該行為によって当該清算人または第三者が得た利益の額は，清算持分会社に生じた損害の額と推定される（本条Ⅱ・594Ⅱ）［☞§594］。

(4)　利益相反取引の制限

清算人は，定款に別段の定めがない限り，①清算人が自己または第三者のために清算持分会社と取引をしようとするとき，②清算持分会社が清算人の債務を保証することその他社員でない者との間において清算持分会社と当該清算人との利益が相反する取引をしようとするとき，これらの場合には，当該取

〔畠　田〕

引について社員（当該清算人が社員である場合にあっては，当該清算人以外の社員）の過半数の承認を受けなければならない（本条II・595 I）。自己契約・双方代理に関する民法108条の規定は，前記承認を受けた①の取引については，適用されない（本条II・595 II）［☞§595］。

(畠田公明)

（清算人の清算持分会社に対する損害賠償責任）
第652条　清算人は，その任務を怠ったときは，清算持分会社に対し，連帯して，これによって生じた損害を賠償する責任を負う。

I　本条の趣旨

本条は，持分会社の業務執行社員の責任（596）と同様に，清算人の清算持分会社に対する損害賠償責任についての規定をする。

II　会社に対する責任

1　任務懈怠責任

清算人は，会社に対し，連帯して，その任務を怠ったこと（任務懈怠）によって生じた損害を賠償する責任を負う（本条）。善管注意義務（651 I，民644）・忠実義務（651 II・593 II）違反や法令・定款違反が任務懈怠となる。この責任は，過失責任であり，清算人の責めに帰すべき事由がない場合には，清算人は責任を負わない。

本条にいう清算人の任務とは，現務の結了，債権の取立て，債務の弁済，残余財産の分配の職務（649）を執行するのみならず，財産目録等の作成（658）や，清算に係る計算をして社員の承認を求めること（667）など，清算人が清算手続を遂行する際に行うべき一切の任務を指すものと解される（新注会(1) 533頁［米沢明］，論点体系(4) 553-554頁［伊藤尚］）。

2 損害賠償責任

　清算人の会社に対する責任は，損害賠償責任であり，損害賠償の範囲は，清算人の任務懈怠と相当因果関係のあるものに限られる。任務懈怠のある複数の清算人らは連帯して損害賠償責任を負うが（本条），任務懈怠のない他の清算人は責任を負うことはない。しかし，任務懈怠のある清算人とは，清算業務に直接関与している清算人であることを要せず，清算事務の執行を他の清算人に任せきりにして，任せられた清算人が任務懈怠により清算持分会社に損害を与えたときは，任せた清算人の任せられた清算人に対する信頼の保護が認められない限り，任せた清算人にも任務懈怠による責任が認められることになるであろう（新注会(1)534頁［米沢］，論点体系(4)553頁［伊藤］）。

III　清算人の責任の免除

　清算人の清算持分会社に対する損害賠償責任については，424条以下のような責任の全部または一部の免除に関する規定はない［詳細は，☞§596・§423］。

　また，清算株式会社の清算人は，決算報告について株主総会の承認を受けたときは，不正の行為がない限り，任務を怠ったことによる清算人の損害賠償責任は免除されたものとみなされる（507 IV）のに対して，清算持分会社の清算人については同旨の規定がない。しかし，清算持分会社の場合に，清算事務の終了のときにする清算に係る計算に対する社員の承認については，不正の行為がない限り，社員は，1か月以内に異議を述べなかったときは，当該計算の承認をしたものとみなす旨の規定（667 II）があり，この規定の仕方をみれば，清算に係る計算に対する各社員の承認があれば，不正の行為がない限り，清算人の責任は免除されると解される（新注会(1)534頁［米沢］，論点体系(4)554頁［伊藤］）。

　　　　　　　　　　　　　　　　　　　　　　　　　　　　　　（畠田公明）

（清算人の第三者に対する損害賠償責任）
第653条　清算人がその職務を行うについて悪意又は重大な過失があったときは，

> 当該清算人は，連帯して，これによって第三者に生じた損害を賠償する責任を負う。

1 本条の趣旨

本条は，持分会社の業務を執行する有限責任社員の第三者に対する責任(597)と同様に，清算人の第三者に対する損害賠償責任に関する規定をする。

2 責任の性質・要件

清算人がその任務に違反した場合，本来，会社に対する関係で責任を負うにすぎない。しかし，清算人がその職務を行うについて悪意または重大な過失があったときは，これによって社員や会社債権者が損害を受ける場合に，それらの第三者に対してその損害を賠償する責任を負う（本条）。

この責任の性質について，判例は，取締役の場合について，第三者保護の立場から，取締役が悪意・重過失により会社に対する任務を懈怠し第三者に損害を被らせたときは，当該任務懈怠行為と第三者の損害との間に相当因果関係がある限り，会社が損害を被った結果第三者に損害が生じた場合（間接損害）か直接第三者が損害を被った場合（直接損害）かを問わず，取締役にその賠償責任を負わせたものと解している（最大判昭和44・11・26民集23巻11号2150頁）。

しかし，学説上，責任の法的性質，悪意・重過失は会社に対する任務懈怠につき存すれば足りるのかまたは第三者に対する加害行為につき存することを要するのか，損害の範囲（直接損害・間接損害），一般不法行為責任との競合，第三者の範囲（会社債権者・株主〔社員〕）などについて争いがある。

また，書類等の虚偽記載・虚偽登記等，不実の情報開示によって第三者が被った損害についても，清算人は賠償責任を負う。ただし，429条2項のような立証責任の転換に関する規定はない［詳細は，☞§597・§429］。

（畠田公明）

> **（法人が清算人である場合の特則）**
> **第654条** ① 法人が清算人である場合には，当該法人は，当該清算人の職務を行うべき者を選任し，その者の氏名及び住所を社員に通知しなければならない。

§654

② 前3条の規定は、前項の規定により選任された清算人の職務を行うべき者について準用する。

1 本条の趣旨

本条は、法人が清算人である場合の特則を規定する。持分会社では、法人も社員となることができ（576 I ④〔「社員の氏名又は名称」が定款記載事項とされる〕、一問一答173頁）、法人が業務を執行する社員である場合も認められることになると（598）、清算開始により、業務を執行する社員である法人が清算人に就任することもあり得る（647 I ①）。この場合に、清算人となった法人において実際に清算事務の職務を執行する者を明確にして、その責任に関する規定を整備している。

2 職務執行者の選任・通知および責任等

法人が清算人である場合には、当該法人は、当該清算人の職務を行うべき者（自然人）を選任し、その者の氏名および住所を社員に通知しなければならない（本条I）。

清算人と清算持分会社との関係（651）、清算人の清算持分会社に対する損害賠償責任（652）、清算人の第三者に対する損害賠償責任（653）に関する規定は、前記の選任された清算人の職務を行うべき者について準用される（本条II）。これは、法人のみならず、実際に清算事務の執行に当たる自然人にも責任を課して、清算事務を受任者として執行する者としての自覚を持たせる趣旨の規定と解される（論点体系(4)558頁〔伊藤尚〕）。

清算持分会社の代表清算人が法人であるときは、清算人の職務を行うべき者の氏名および住所が登記事項である（928 II ③）。また、清算人に関する登記において、清算持分会社の代表清算人が法人であるときは、その旨の書面およびその職務を行うべき者の選任に関する書面を添付しなければならない（商登99・101・111・118）。

（畠田公明）

第2節　清算人　　　　　　　　　　　　　　　　　　§655

> **（清算持分会社の代表）**
> 第655条① 清算人は，清算持分会社を代表する。ただし，他に清算持分会社を代表する清算人その他清算持分会社を代表する者を定めた場合は，この限りでない。
> ② 前項本文の清算人が2人以上ある場合には，清算人は，各自，清算持分会社を代表する。
> ③ 清算持分会社は，定款又は定款の定めに基づく清算人（第647条第2項から第4項までの規定により裁判所が選任したものを除く。以下この項において同じ。）の互選によって，清算人の中から清算持分会社を代表する清算人を定めることができる。
> ④ 第647条第1項第1号の規定により業務を執行する社員が清算人となる場合において，持分会社を代表する社員を定めていたときは，当該持分会社を代表する社員が清算持分会社を代表する清算人となる。
> ⑤ 裁判所は，第647条第2項から第4項までの規定により清算人を選任する場合には，その清算人の中から清算持分会社を代表する清算人を定めることができる。
> ⑥ 第599条第4項及び第5項の規定は清算持分会社を代表する清算人について，第603条の規定は民事保全法第56条に規定する仮処分命令により選任された清算人又は清算持分会社を代表する清算人の職務を代行する者について，それぞれ準用する。

【文献】山口和男編・裁判実務大系(21)会社訴訟・会社非訟・会社整理・特別清算（青林書院，1992）

I　本条の趣旨

本条は，清算持分会社の代表について規定する。本条は，清算人の単独代表，代表清算人，裁判所の選任する清算人につき代表清算人の定めをすることができる旨の規定をする。平成17年改正前商法129条に該当する〔なお，清算株式会社の代表に関する☞§483〕。

II　清算人の単独代表

清算人は，ほかに清算持分会社を代表する清算人その他清算持分会社を代表する者を定めていない限り，清算持分会社を代表する（本条I）。また，清算人

〔畠　田〕

が2人以上ある場合には，清算人は，各自，清算持分会社を代表する（本条Ⅱ）。

Ⅲ　特定の代表清算人

清算持分会社は，裁判所が選任した清算人（647Ⅱ-Ⅳ）を除き，定款または定款の定めに基づく清算人の互選によって，清算人の中から清算持分会社を代表する清算人を定めることができる（本条Ⅲ）。この特定の代表清算人を定めることによって，他の清算人の代表権が除外されることになる（新注会(1)519頁［米沢明］）。この特定の代表清算人は登記事項である（928Ⅱ②）。

Ⅳ　法定清算人の代表権

業務を執行する社員が清算人となる場合（647Ⅰ①），すなわち法定清算人の場合においては，持分会社を代表する社員を定めていたときは，当該持分会社を代表する社員が清算持分会社を代表する清算人となる（本条Ⅳ）。すなわち，会社営業中に業務執行社員の中でとくに代表社員の定めがあるときは，その代表社員が代表清算人となり，また，その定めがなく単独代表であれば清算持分会社でも単独代表というように，営業中の会社における代表の制度がそのまま継続する（大隅＝今井・上127頁，新注会(1)519-520頁［米沢］）。会社の解散の前後で代表権に変更を生じさせることは不都合だからという趣旨であろうが，本条1項ただし書および3項によって変更できるものと解される（新注会(1)520頁［米沢］）。

Ⅴ　裁判所の選任した清算人の代表権

裁判所は，清算人を選任する場合（647Ⅱ-Ⅳ）には，その清算人の中から清算持分会社を代表する清算人を定めることができる（本条Ⅴ）。この場合に，社員が任意に特定の代表清算人を定めることはできない。裁判所が特定の代表清算人の定めをしないときは，清算人は各自会社を代表する（新注会(1)520頁［米沢］）。

第 2 節　清算人　　　　　　　　　　　　　　　　　　§655

VI　清算人の会社代表権

　清算持分会社を代表する清算人は，会社の清算事務に関する一切の裁判上または裁判外の行為をする権限を有する（本条VI・599 IV）。清算人の代表権に加えた制限は，これをもって善意の第三者に対抗することができない（本条VI・599 V）。

VII　仮処分命令により選任された清算人または代表清算人の職務代行者

　民事保全法 56 条に規定する仮処分命令により選任された清算人または清算持分会社を代表する清算人の職務を代行する者は，仮処分命令に別段の定めがある場合を除き，清算持分会社の常務に属しない行為をするには，裁判所の許可を得なければならない（本条VI・603 I）。これに違反して行った清算人または清算持分会社を代表する清算人の職務を代行する者の行為は，無効であるが，清算持分会社は，これをもって善意の第三者に対抗することができない（本条VI・603 II）。職務執行停止の仮処分等については登記事項である（928 IV）。

　清算持分会社の常務とは，現務の結了，債権の取立ておよび債務の弁済（649 ①②）ならびに現務の結了等のために清算目的の範囲内で行われる継続事業に関する業務，残余財産の分配（同条③）およびその前提としての所有資産の売却換価，財産目録の作成・清算状況報告（658），出資の履行の請求（663），清算事務終了の際に清算に係る計算について社員の承認を得ること（667）などのように，清算事務を執行する者として通常行われる業務をいう。

　これに対して，会社資産の放棄，資産の贈与，著しく低廉な価格による資産の換価，訴えの提起，訴訟上の和解，破産手続開始の申立て（656），事業の全部または一部の譲渡（650 III）などは，一般には常務とはいえず，職務代行者は，本条に基づいて裁判所の許可を得るべきものと解される（論点体系(4) 561 頁［伊藤尚］）。

　　　　　　　　　　　　　　　　　　　　　　　　　（畠田公明）

§656

（清算持分会社についての破産手続の開始）
第656条① 清算持分会社の財産がその債務を完済するのに足りないことが明らかになったときは，清算人は，直ちに破産手続開始の申立てをしなければならない。
② 清算人は，清算持分会社が破産手続開始の決定を受けた場合において，破産管財人にその事務を引き継いだときは，その任務を終了したものとする。
③ 前項に規定する場合において，清算持分会社が既に債権者に支払い，又は社員に分配したものがあるときは，破産管財人は，これを取り戻すことができる。

【文献】才口千晴＝多比羅誠「特別清算手続の実務(1)‐(12完)」NBL380‐391号（1987），才口千晴＝多比羅誠・特別清算手続の実務（商事法務研究会，1988），始関正光「平成14年改正商法の解説(8)」商事1644号（2002）15頁，須藤修「子会社の解散・清算手続の実務(1)‐(12完)」商事1119‐1132号（1987），東西倒産実務研究会編・破産・特別清算（商事法務研究会，1989），山口和男編・〔新版〕特別清算の理論と裁判実務（新日本法規，2002），山口和男編・裁判実務大系(21)会社訴訟・会社非訟・会社整理・特別清算（青林書院，1992）

1　本条の趣旨

本条は，清算持分会社の財産がその債務を完済するのに足りないことが明らかになった場合における破産手続の開始に関する規定である〔なお，清算株式会社についての破産手続の開始に関する☞§484〕。

「財産がその債務を完済するのに足りないこと」とは債務超過を意味する（法人の破産手続開始の原因を定める破産法16条1項参照）。存立中の合名会社および合資会社では，無限責任社員が会社の債務の支払義務を負っているので，債務超過になっても，ただちに債権者の債権に対する弁済ができなくなるわけではない（存立中の合名会社・合資会社では，債務超過は破産原因とならない〔破16Ⅱ〕）。これに対し，合名会社および合資会社が清算手続に入った後は，会社の清算手続を行うに際して，債務超過が明らかになったときは，破産法の手続に従って財産の管理処分を行うことが相当であるとの観点から，本条は，清算人に対して，ただちに破産手続開始の申立てをする義務を課している（論点体系(4)563頁〔伊藤尚〕）。

2　清算人の破産手続開始の申立義務と破産管財人への事務の引継ぎ

清算人は，清算持分会社の債務超過が判明したときは，ただちに破産手続開始の申立て（破19Ⅱ）をしなければならない（本条Ⅰ）。判例において，債務に

第2節　清算人

対し財産が12分の1にすぎなくて，会社財産をもってその債務を完済できないことが明白であるにもかかわらず破産手続開始の申立てをせずに金銭の借入れをした場合でも，清算人の義務違反の責任は別として，清算人が第三者とした取引が会社に対し無効になるわけではないとされる（大阪控判大正3・12・14新聞989号22頁）。しかし，破産手続開始の決定後においては，債務の弁済のためとはいえ，清算人のした消費貸借契約は無効とされる（奈良地判大正2・2・4新聞848号26頁）。

また，清算持分会社が破産手続開始の決定（破30）を受けた場合において，清算人は，破産管財人（破74以下）にその事務を引き継いだときはその任務を終了する（本条Ⅱ）。この場合に，清算持分会社がすでに債権者に支払い，または社員に分配したものがあるときは，破産管財人は，これを取り戻すことができる（本条Ⅲ）。これは，清算手続がある程度進められた後に債務超過が判明し，清算人が破産手続開始の申立てをするような場合に，清算人が破産管財人に事務の引継ぎをした時点で，すでに清算人から債権者に対して一部の債務の支払がなされたり，社員に対する残余財産の分配がすでになされていたときは，これらをいったん破産財団に取り戻して，再度公平な配当率をかけて債権者に配当する必要があるからである（論点体系(4)563頁［伊藤］）。

破産管財人の職務権限に属する業務は専ら破産財団に関するものにとどまり，これに関しない業務は依然として清算人の職務権限に属する（新注会(1)503頁［米沢明］）。破産財団に属さない訴訟は依然として代表清算人が行うことができ，破産手続開始の決定によって訴訟手続は中断しない（大判大正4・2・16民録21輯145頁）。なお，清算人が破産手続開始の申立義務を怠ったときは，過料に処すべき行為となる（976㉗）［また，☞§484］。

(畠田公明)

（裁判所の選任する清算人の報酬）
第657条　裁判所は，第647条第2項から第4項までの規定により清算人を選任した場合には，清算持分会社が当該清算人に対して支払う報酬の額を定めることができる。

【文献】山口和男編・裁判実務大系㉑会社訴訟・会社非訟・会社整理・特別清算（青林書院，1992）

〔畠　田〕

§657

1 本条の趣旨

業務執行社員がそのまま清算人となる場合（定款の定め，社員の過半数の同意による場合も含む）には，通常，会社との委任契約により報酬の額が定められるのに対し，裁判所が利害関係人などの申立てにより清算持分会社の清算人を選任したときは，会社との間に具体的な委任契約が締結されるわけではない。そこで，本条は，利害関係人などの申立てにより，裁判所が清算持分会社の清算人を選任する場合に，報酬の面においても公正を期するため，裁判所に報酬額の決定を認める規定である［なお，清算株式会社における裁判所の選任する清算人の報酬に関する☞§485］。

2 裁判所の選任する清算人の報酬の決定

法定清算人または定款・社員の過半数の同意で清算人となる者がない場合（647Ⅱ），社員が欠けたことまたは会社の解散命令・解散の訴えの規定による解散を命ずる裁判によって解散した場合（同条Ⅲ），設立の無効または設立の取消しの訴えに係る請求を認容する判決が確定した場合（同条Ⅳ）に，利害関係人等の申立てにより裁判所が清算人を選任したとき，裁判所が当該清算人に対して支払う報酬の額を定めることができる（本条）。当該清算人に報酬を支払うのは持分会社である。

これは非訟事件手続により，会社の本店の所在地を管轄する地方裁判所の管轄に属する（868Ⅰ）。裁判所は，当該裁判をする場合には，報酬の額の決定について，当該会社および報酬を受ける者の陳述を聴取しなければならない（870Ⅰ①）。また，当該裁判に対しては，即時抗告をすることができる（872④）。

（畠田公明）

第3節　財産目録等

> **（財産目録等の作成等）**
> 第658条① 清算人は，その就任後遅滞なく，清算持分会社の財産の現況を調査し，法務省令で定めるところにより，第644条各号に掲げる場合に該当することとなった日における財産目録及び貸借対照表（以下この節において「財産目録等」という。）を作成し，各社員にその内容を通知しなければならない。
> ② 清算持分会社は，財産目録等を作成した時からその本店の所在地における清算結了の登記の時までの間，当該財産目録等を保存しなければならない。
> ③ 清算持分会社は，社員の請求により，毎月清算の状況を報告しなければならない。

I　意義および沿革

　持分会社は，解散（641）等の清算開始原因があった場合には清算をしなければならず（644），その場合は持分会社は清算持分会社となる。本条は，清算持分会社の清算人がその職務（649）を遂行するに際して，会社財産の状況を明らかにするため，清算人に会社財産の調査義務や財産目録等の作成・内容通知・保存義務を課すことを定めるとともに（本条ⅠⅡ），清算持分会社の社員に清算状況に関する報告請求権を規定するものである（本条Ⅲ）。このように本条は，清算持分会社の社員の保護を図る規定であり，株式会社に関する492条と同趣旨の規定である。

II　清算開始原因

　清算持分会社の清算人は清算事務のために，就任後遅滞なく会社財産の現況を調査し，その積極財産（正の財産）や消極財産（負の財産）の構成を把握しなければならない（本条Ⅰ）。まず解散のような清算開始原因（644）が発生した日において清算人は遅滞なく会社財産の現況調査をしなければならない。具体的

には清算原因発生日における会社の構成財産を明らかにし，積極財産についてはその交換価値を知るため処分価格で資産評価を行い（会社則160Ⅱ・161Ⅱ Ⅳ），清算原因発生日における清算財産目録と清算貸借対照表を作成しなければならない（本条Ⅰ）。清算財産目録では資産・負債および正味資産の各部に区分して表示しなければならず，資産の部と負債の部はさらにおのおのの内容を示す適当な名称を付した項目に細分することができる（会社則160Ⅲ）。資産の部に処分価格を付すことが困難な資産を含むときは，当該資産に係る財産評価の方針を清算貸借対照表に注記しなければならない（161Ⅳ）。

Ⅲ　清算財産目録（会社則160）と清算貸借対照表（同則161）

　清算持分会社が作成すべき財産目録は次のように定める（会社則160）。① 財産目録に計上すべき財産については，その処分価格を付すことが困難な場合を除き，清算開始原因となった日における処分価格を付さなければならない。この場合において，清算持分会社の会計帳簿については，財産目録に付された価格を取得価額とみなす。その財産目録は，資産，負債，正味資産の部に区分して表示しなければならない。この場合において，資産および負債の部は，その内容を示す適当な名称を付した項目に細分することができる。

　また清算開始時の貸借対照表は，次のように作成する（会社則161）。清算貸借対照表は，財産目録に基づき作成しなければならない。清算貸借対照表は，資産，負債，純資産の部に区分して表示しなければならない。この場合において，資産と負債の部は，その内容を示す適当な名称を付した項目に細分することができる。また処分価格を付すことが困難な資産がある場合には，清算貸借対照表には，当該資産に係る財産評価の方針を注記しなければならない。

　清算人が作成した清算財産目録と清算貸借対照表は，その作成時から本店所在地における清算結了の登記（929②③）までの間，保存しておかなければならない（本条Ⅱ）。これは社員や債権者等の利害関係者がそれらの閲覧や謄写を請求できるわけではない。この保存義務は裁判所の提出命令（659）に備えた証拠保全のためである。

　清算人は清算財産目録と清算貸借対照表を作成した後，遅滞なくそれらの内容を各社員に通知しなければならない（本条Ⅰ）。こうして清算手続の最初に清算持分会社の財産状態を把握した社員は，それに続く清算手続の進捗中も抽象的な残余財産分配請求権者として，清算人による現務の結了や債権債務の決済

第3節　財産目録等　　　　　　　　　　　　　　　　　　　　§659

により増減する会社財産の状態を知るべき利益を有するため，毎月の清算状況に関し報告を請求することができ（本条Ⅲ）。この請求に対して報告義務を負うのは，清算持分会社の業務執行者たる清算人であるため，請求の相手方も清算人であると解される。

（岸田雅雄）

（財産目録等の提出命令）
第659条　裁判所は，申立てにより又は職権で，訴訟の当事者に対し，財産目録等の全部又は一部の提出を命ずることができる。

I　総　　説

　解散し，清算手続に入った持分会社（清算持分会社）は，営業を続けることを予定していないので，清算手続開始前の持分会社において業務執行権・代表権を有していた社員（590・599）は，それらの権限を失い，代わって清算人（646）が清算持分会社の業務執行者として，清算事務を行うことになる（650Ⅰ）。649条は，清算人が行うべき清算事務の内容として，①現務の結了，②債権の取立て，③債務の弁済，④残余財産の分配を挙げているが［職務内容の詳細については，☞§649］，清算人は，清算事務の手始めに，その就任後，遅滞なく，清算持分会社の財産の現況を調査し，法務省令で定めるところに従い，清算開始日における財産目録（清算財産目録）および貸借対照表（清算貸借対照表）を作成し，各社員に内容を通知しなければならない（658Ⅰ）。その上で，清算持分会社は，清算財産目録および清算貸借対照表（以下では，両者を併せて「清算財産目録等」ということがある）を作成した時からその本店の所在地における清算結了の登記の時までの間，それらを保存しておかなければならない（同条Ⅱ）。清算財産目録に計上すべき財産については，原則として，清算開始日における処分価格を付し，清算財産目録は，①資産，②負債，③正味資産に区分して表示しなければならない（会社則160ⅡⅢ）。清算貸借対照表は，清算財産目録に基づいて作成し，①資産，②負債，③純資産に区分して表示しなければならない（同則161ⅡⅢ）。

〔中島〕

§659

本条は、清算持分会社を一方当事者とする民事訴訟において、かかる清算財産目録または清算貸借対照表が書証として必要となったときは、文書提出命令に関する民事訴訟法所定の要件を充たさなくても、裁判所が、清算財産目録や清算貸借対照表の所持者たる訴訟当事者に対してそれらの提出を命じることができる旨を定めた規定であり、民事訴訟法の特則を定めたものである。本条は、清算持分会社における493条に相応する規定である。本条の規律内容としては、493条のほか、616条（および619条）で述べたことが、ほぼ妥当する。したがって、以下では、493条や616条の解説を適宜引用しつつ解説を行うことにする。

II 清算財産目録等の提出命令

民事訴訟法上の文書提出命令（同法219後段・223）は、文書の所持者が同法220条所定の文書提出義務を負っている場合にのみ申し立てることができる〔民事訴訟法上の文書提出命令については、☞§493 II・§616 II〕。

しかし、清算財産目録や清算貸借対照表は、清算人が会社財産の現況を把握し、会社の債務全額を会社の財産をもって弁済するという清算手続の目的を遂行できるか否かを判断するための資料として、658条が清算人に作成を義務付けたものである（同条I）。また、それらの文書は、持分会社の中でも、とくに会社財産が唯一の会社債権者の責任財産となる合同会社については、会社債権者の保護を図る上で重要な意味を持つ。そのため、例えば、会社債権者・社員と清算持分会社間の訴訟では、事案の解明上、清算財産目録や清算貸借対照表が重要な証拠資料となることがあり得る。そうした場合に、本条は、清算財産目録や清算貸借対照表については、民事訴訟法220条所定の文書提出義務を充たさなくても、裁判所が所持者たる当事者（通常は清算持分会社）に対してそれらの提出を命ずることができる旨を定めた規定である。したがって、本条所定の清算財産目録等に該当する限り、所持者たる訴訟当事者は提出を拒否することができない。

民事訴訟法の原則によれば、裁判所は、当事者の申立てがあるときに限り文書の提出を命じることができるが（同法219・221 I）、本条は、清算財産目録や清算貸借対照表については、当事者からの申立てがなくても、職権で所持者たる当事者に対して提出を命ずることができるとしている（弁論主義の例外）。もっとも、逆に、当事者から提出命令の申立てがなされても、裁判所が証拠調

〔中島〕

§659

べを不要と判断したときは、申立てを却下することができる。これらの点は、493条や616条所定の提出命令の場合と同様である［詳細については、☞§493Ⅱ・§616Ⅱ］。

Ⅲ 提出義務者

　民事訴訟法上は、訴訟当事者だけでなく、第三者も文書提出義務を負う（同法220参照）。しかし、本条により提出義務を負うのは、訴訟当事者に限られる。実際の訴訟で、清算財産目録や清算貸借対照表について本条により提出が命じられるのは、会社法がそれらの文書につき保存を義務付けている訴訟当事者たる清算持分会社（658Ⅱ参照）である場合が多いと思われる。
　しかし、例えば、清算人の不適切な清算事務をめぐり会社債権者・社員と清算人（または元清算人）との間で損害賠償請求訴訟が提起された場合において、事案の解明上、清算人（または元清算人）の所持する清算財産目録や清算貸借対照表について証拠調べが必要となったときは、裁判所は、本条に基づき清算人（元清算人）に対して清算財産目録等の提出を命じることができると解される。これに対し、訴訟当事者以外の第三者の所持する清算財産目録や清算貸借対照表について提出を命ずるためには、当該第三者が民事訴訟法220条所定の文書提出義務を負う場合でなければならない。

Ⅳ 提出命令の対象

　清算財産目録や清算貸借対照表が、文書の形で保存されている場合に、本条の提出命令が発令されたときの証拠調べは、通常の書証と同様に、裁判官が当該清算財産目録等を閲読して行えばよい。これに対し、清算財産目録等が、文書の形ではなく、コンピュータのハードディスク上にデータとして記録・保存されている場合において、本条の提出命令が発令されたときに、そのデータを取り調べる方法は、基本的に、コンピュータのハードディスク上に記録・保存された持分会社の会計帳簿について、616条所定の提出命令が発令された場合と同様である［詳細については、☞§616Ⅳ］。
　本条は、493条や616条の提出命令の場合と同様に、清算財産目録や清算貸借対照表の一部についてのみ提出命令を発令できる旨を規定している。もっとも、どこまで清算財産目録や清算貸借対照表の特定の項目ないし事項を削除

(黒塗り)して，提出を命ずることができるかについては，493条や616条の場合と同様に，議論の余地がある〔詳細については，☞§493 Ⅳ・§616 Ⅳ〕。

V 不提出の効果

清算財産目録等を所持する訴訟当事者が，本条の提出命令に従わない場合の効果については，493条や616条所定の提出命令に従わなかった場合と同様に，相手方が当該清算財産目録等により証明すべき事実を他の証拠により証明することが著しく困難であることを明らかにすれば，裁判所は，相手方が当該清算財産目録等により証明すべき事実を真実と認めることができると解される（民訴224 Ⅲ）〔詳細については，☞§493 Ⅴ・§616 Ⅴ〕。

Ⅵ 当事者による使用妨害の効果

本条の提出命令が発令されたにもかかわらず，訴訟の当事者が，相手方の使用を妨げる目的でその所持する清算財産目録や清算貸借対照表を滅失させ，その他これを使用することができないようにした場合についても，493条や616条の提出命令が発令された場合と基本的に同様である〔詳細については，☞§493 Ⅵ・§616 Ⅵ〕。

（中島弘雅）

第4節　債務の弁済等

> **（債権者に対する公告等）**
> 第660条① 　清算持分会社（合同会社に限る。以下この項及び次条において同じ。）は，第644条各号に掲げる場合に該当することとなった後，遅滞なく，当該清算持分会社の債権者に対し，一定の期間内にその債権を申し出るべき旨を官報に公告し，かつ，知れている債権者には，各別にこれを催告しなければならない。ただし，当該期間は，2箇月を下ることができない。
> ②　前項の規定による公告には，当該債権者が当該期間内に申出をしないときは清算から除斥される旨を付記しなければならない。

I　総　　説

　本条1項は，合同会社である清算持分会社について，清算の開始原因が生じた場合には，遅滞なく，当該会社の債権者に対して，2か月を下回らない一定の期間内にその債権を申し出るべき旨を官報に公告し，かつ，知れている債権者には，各別にこれを催告しなければならないことを規定し，本条2項は，この公告には，当該期間内に申出をしないときは清算から除斥される旨を付記しなければならないことを規定している。この場合になされる債権者に対する官報公告および各別の催告は，債権申出期間内に債権を申し出るべき旨のものである。本条は，多数に上ると予想される清算持分会社（合同会社に限られる）の債権者について，清算人がこれを速やかに把握して，迅速に清算事務を進めることができることを企図する規定である。会社法は，債権申出期間内に申出をしなかった債権者は，知れている債権者を除いて，清算から除斥されるものとすること（665 I）で，期間内の債権者の申出を促すとともに，これと併行して，債権申出期間中は債務の弁済ができないものとすること（661 I）により，抜駆け的な弁済を防いで債権者間における平等な取扱いを確保しようとしている。

　本条の規定内容は，清算株式会社に関する499条と同様であり［同条の沿革

§660

については，☞§499Ⅰ），会社法による合同会社の導入に伴って，清算持分会社である合同会社についても，清算株式会社と同様に，債権申出期間内の申出手続と除斥の制度を設けたものである。出資者が会社債権者に対する直接的な弁済責任を負担せず，会社財産のみが債務の弁済財源となる会社において，会社債権者について網羅的で平等な弁済を速やかに実現するために設けられた手続である（新基本法コンメ(3)94頁［菊地雄介］）。したがって，合名会社・合資会社である清算持分会社については，このような手続は要求されていない。

Ⅱ 官報による公告と個別催告

本条に定める公告（一定期間内に債権を申し出るべき旨およびこの申出期間内に申出をしないときは清算から除斥される旨の公告）は，定款所定の公告方法（939）によるのではなく，官報への掲載によらなければならない。これに加えて，知れている債権者に対しては，清算持分会社がその債権の申出を各別に催告することが必要である（本条Ⅰ）。公告の回数についてはとくに規定されていないので，官報に1回公告すれば足りることになる（新基本法コンメ(3)95頁［菊地］）。平成17年改正前商法421条1項は，株式会社に関する同様の手続について清算人が就職の日から2か月以内に3回以上の公告をすることを要求していた。しかし，就職の日から2か月を超えた後は催告等をすることができないのか定かでなく，また，実務では時間的な間隔を置かずに3回の公告を続けて行う例もみられて，複数回の官報公告を要求してもどれほどの効果があるかという問題も指摘され，他方官報のインターネット検索が可能となったことも勘案して，会社法では，手続を行うべき期間をとくに定めず，遅滞なく公告・催告をすべきこととし，また公告回数に関する規制が廃止された（499Ⅰ。立案担当148頁，江頭1006頁注2）。これにより，手続簡素化と迅速な清算手続の実現が図られている。合同会社である清算持分会社について，清算株式会社と同様の債権申出制度を設けるに際しても，清算株式会社における手続と平仄を合わせた規定内容とされている。債権者の申出期間は2か月以上とらなければならず，資本金の額の減少や組織変更，合併等に対して債権者が異議を述べることができる期間（627Ⅱ・781Ⅱ・779Ⅱ・793Ⅱ・789Ⅱ等）と比べて，2倍の期間が要求されている。

この債権者への公告については，官報による公告に加えて，定款に定めた時事に関する日刊新聞紙または電子公告により公告をした場合でも，各別の催告

〔川 島〕

を省略することはできず（新基本法コンメ(3) 95 頁〔菊地〕。清算株式会社につき，江頭 1006 頁注 3），その点でも，資本金の額の減少，組織変更，合併等の場合の債権者異議手続（627Ⅲ・781Ⅱ・779Ⅲ・793Ⅱ・789Ⅲ等）と比べて，手続的に厳格である。このような手続的な差異は，債権者異議手続において知れている債権者に該当しないと扱われることや債権者が異議を述べなかったことによる不利益と比べて，債権申出手続との関係で知れている債権者に該当しないと扱われることや，清算から除斥されることによる不利益が，債権者にとってより重大であることを反映したものということができよう。

なお，判例によれば，知れている債権者への個別催告は，債務の承認として時効中断の効力を生ずるものとされている（大判大正 4・4・30 民録 21 輯 625 頁）。清算人が，知れている債権者にその請求の申出を催告することはその債権者に対して会社の負担する債務であることを認識してなすものであって，その債務の存在する事実を認めたことから出た意思表示であることを理由としている。

Ⅲ　知れている債権者

知れている債権者に対しては，債権を申し出るべき旨を各別に催告することが求められている。もっとも，知れている債権者であれば，債権の申出をしなくても，清算手続から除斥されることはない（665Ⅰ）。知れている債権者とは，会社の帳簿その他により，氏名・住所等や債権の原因・種類の大体が会社にわかっている場合の債権者をいう，と説明されることが通例である。不法行為による債権を有する者も，これに含まれ得る（新注会(13) 301 頁〔中西正明〕）。

資本減少や合併等の場合における債権者異議手続についての判例をみると，知れている債権者とは，債権者が誰であり，その債権がどのような原因に基づくどのような内容の請求権かのおおよそを会社が知っている債権者をいうとされており（資本減少の場合について，大判昭和 7・4・30 民集 11 巻 706 頁。合併の場合について，大判昭和 10・2・1 民集 14 巻 75 頁等），債権は金銭債権のように債権額が確定していなくてもよく（前掲・大判昭和 10・2・1），また，そのような者であれば，会社がその債権の存在を争い訴訟が係属中であっても，知れている債権者でないとは必ずしもいえず，事件の経過・訴訟資料等からその債権者を「知れている債権者」であると認定することもできるとされている（前掲・大判昭和 7・4・30）。清算手続における債権申出制度との関係で問題となる「知れて

〔川島〕

いる債権者」の意味についても，前述の債権者異議手続における「知れている債権者」の意味と同様に理解されることが，一般的である（新注会(13)301-303頁［中西］，大系(4)239頁注30［小川雅敏］，新基本法コンメ(3)95頁［菊地］）。株式会社の特別清算手続において，債権の存在について会社と争っている債権者が，催告前すでに債権を主張し支払確保のため家屋に仮登記をしていたところ，その貸付の日時・金額等についてその後多少訂正するところがあっても，催告に応じて重ねて債権の届出をする必要はないとして，「知れている債権者」に該当することを認めた裁判例もある（大阪高判昭和36・9・14下民集12巻9号2281頁）。ただし，係争中の債権の扱いについては，見解の相違もみられる［☞§665］。当該債権者が「知れている債権者」でないとされる場合，債権申出期間内に申出を行っていないと清算手続から除斥されるという扱いを受けるため，債権者にとってきわめて大きな不利益が生ずることを勘案して，「知れている債権者」の判断は比較的広く認める方向にある，と理解する見解もみられる（論点体系(4)571頁［髙井章光］）。少なくとも，後述の665条との関係では，このような方向性が妥当であると考えられる。

Ⅳ　債権申出の効果，罰則等

　合同会社である清算持分会社の債権者は，債権の申出を行うことにより，知れている債権者でなくても，除斥されることなく清算手続に参加できる（665Ⅰ）。また，債権者による債権の申出は，知れている債権者であるか否かを問わず，裁判外の請求として（民147①），時効中断の効力を生じさせる（株式会社について，大判大正6・10・13民録23輯1815頁）。

　清算持分会社が，本条1項に定める公告を怠ったときもしくは不正の公告をしたとき（976②），または，清算の結了を遅延させる目的で本条1項の期間を不当に定めたとき（976㉘）のいずれかに該当する場合には，清算人は100万円以下の過料に処せられる。なお，知れている債権者に対する各別の催告を怠った場合については，とくに罰則は設けられていない。知れている債権者は，債権の申出を怠っても清算から除斥されないことも考え合わせると，各別の催告制度は，単に清算の事実を取引先等に知らせるための情報提供義務類似の制度にとどまるとの指摘もある（清算株式会社について，新基本法コンメ(2)532頁［得津晶］）。

　　　　　　　　　　　　　　　　　　　　　　　　　　（川島いづみ）

第4節　債務の弁済等

（債務の弁済の制限）
第661条 ① 清算持分会社は，前条第1項の期間内は，債務の弁済をすることができない。この場合において，清算持分会社は，その債務の不履行によって生じた責任を免れることができない。
② 前項の規定にかかわらず，清算持分会社は，前条第1項の期間内であっても，裁判所の許可を得て，少額の債権，清算持分会社の財産につき存する担保権によって担保される債権その他これを弁済しても他の債権者を害するおそれがない債権に係る債務について，その弁済をすることができる。この場合において，当該許可の申立ては，清算人が2人以上あるときは，その全員の同意によってしなければならない。

I　総　説

　本条1項は，清算持分会社（合同会社に限られる。660 I）が，660条1項の期間（会社債権者の債権申出の期間）内は，債務の弁済をすることができないことと，しかし，そのために債務の不履行が生じても，それによって生じた責任を免れることはできないことを規定している。債権申出期間内の弁済が禁止されるのは，一部の債権者に対して弁済をした後に会社財産がその他の債務弁済に不足することが判明するといった事態（いわゆる偏頗弁済）が生ずることを避けるためであって，すべての債権者に対して公平な弁済を保障しようとの趣旨によるものであるとされている（株式会社の清算手続について，石井・下379頁，五全訂コンメ1505頁，新注会⒀305頁［中西正明］）。ただし，この場合であっても，清算持分会社は，債務の不履行によって生じた責任を免れることができないとされ，債権申出期間中に弁済ができないことの不利益を，債権者に負担させることは認められていない。また，本条2項は，1項の規定にかかわらず，債権申出期間内であっても，裁判所の許可を得て，一定の債権に係る債務については弁済することができると規定している。一定の債権とは，少額の債権，清算持分会社の財産につき存する担保権によって担保される債権など，弁済をしても他の債権者を害するおそれのない債権（以下，これらの債権をまとめて「少額の債権等」という）とされる。この場合の裁判所の許可の申立ては，清算人が2人以上あるときは，その全員の同意によってしなければならないとされる。

〔川　島〕

500条には、清算株式会社について本条と同様の規定が置かれている。この規定は、沿革的には昭和13年改正商法423条によって導入された規定が、会社法に受け継がれたものである［500条の沿革については、☞§500 I］。本条は、合同会社の導入に伴い、合同会社である清算持分会社についても、清算株式会社と同様の債権申出制度を設けるために、会社法によって新設された規定である。

II 債権申出期間内の債権者の権利行使

清算持分会社は、債権申出期間内にその債務の弁済をすることを禁止されており、かつそのために債務不履行となっても、債務不履行によって生じた責任は清算持分会社が負担するものとされている。したがって、債権申出期間内に弁済期が到来した債務について、履行遅滞による損害が債権者に生じた場合には、その遅延損害金については清算持分会社が賠償責任を負担することになり（新基本法コンメ(3)95頁［菊地雄介］）、さらに、違約金の請求なども含めて、より一般的に債務不履行による責任を負担しなければならないものと解釈される［☞§500 IV］。

他方、清算持分会社の債権者が債権申出期間内に権利行使をすることは明文上とくに禁止されていないことから、この間の債権者の権利行使がどのように扱われるかが問題となる。この点について、平成17年改正前商法423条に関する判例は、債権申出期間内であることは債権者の権利行使にとくに影響を与えるものではない、と解する立場に立っており、債権申出期間内であっても、債権者から給付の訴えを提起することはでき、給付判決を行うことも認められるとし（大判昭和9・1・24民集13巻64頁）、また、傍論ではあるが、債権者は確定判決による債務名義に基づき、会社財産に対して強制執行をすることも可能であるとしていた（大判大正7・4・20民録24輯751頁）。債権申出期間内に会社債権者の債権の転付を受けようとする者が裁判所の転付命令を得て債権の移転を受けることを認める判例（大判昭和7・8・17新聞3460号9頁）や、債権者による担保権の実行について、債権申出期間内であっても、質権を実行して売得金から弁済を受けることができるとする判例（前掲・大判大正7・4・20）があり、債権申出期間中の相殺も認められている（大判明治35・10・9民録8輯9巻53頁）。学説をみると、給付判決については、見解が分かれていたものの、その他の権利行使等については、判例の立場を支持するものが、通説ないしは学

第4節　債務の弁済等　　　　　　　　　　　　　　　　　　　　§ 661

説の一般的な見解であった（詳細は，新注会(13) 306-307 頁［中西］）［☞ § 500 III］。本条の解釈についても，このような判例・学説の立場に，変わりはないものと思われる（論点体系(4) 573-574 頁［髙井章光］）。

III　少額の債権等の弁済

　債権申出期間内であっても裁判所の許可を得れば，一定の債権については弁済が許容されている。本条2項にいう「他の債権者を害するおそれがない債権」とは，これを弁済しても他の債権者を害するおそれがない債権をいい，法文上挙げられている少額の債権と清算持分会社の財産に担保権が設定されている債権は，その例といえる。もっとも，債権額が少額の債権について弁済が許される理由については，少額であるため先に弁済されても他の債権者にあまり影響がないという説明（新基本法コンメ(3) 96 頁［菊地］）に加えて，社会政策的考慮に基づくものであるとの説明もなされている（株式会社の清算について，新注会(13) 306 頁［中西］，大系(4) 494 頁［髙山崇彦］。佐々木良一ほか・株式会社法釈義〔改訂第4版〕〔巖松堂書店，1940〕464 頁などには，例えば銀行が休業清算に陥ったような場合に，小口預金者に対して特別の扱いをし，これに弁済をなすことが至当な場合がある，との説明がみられる）。担保権が設定されている債権については，優先弁済権があることを考慮して認められたものと考えられる（新注会(13) 306 頁［中西］，新基本法コンメ(3) 96 頁［菊地］，大系(4) 494 頁［髙山］）。弁済しても他の債権者を害するおそれのない債権の例として，ほかには，一般債権に優先する債権である国税徴収法またはその例により徴収することのできる租税債権，電気・ガス・水道・電話などの継続的供給契約による料金債権，清算手続に関する費用，清算手続を遂行するために必要な従業員の給与などの労働債権が挙げられる（大系(4) 494 頁［髙山］，論点体系(4) 574 頁［髙井］）。

　少額の債権等について債権申出期間内に弁済を行うには，裁判所の許可を得ることが必要である。裁判所に許可の申立てをするには，その原因となる事実の疎明を要するが（869），①弁済禁止の例外とされる少額の債権等に係る債務であること，②清算人が2人以上あるときは，その全員の同意があること，③債権申出期間内であること，加えて，④弁済の必要性が要件となると考えられている。債権申出期間内の弁済が禁止される趣旨は，前述のように，清算持分会社の総債務額が明らかになる前に，一部の債権者にだけその割合額を超える弁済をして，債権者間の公平が害される事態を防止することにあるので，

〔川島〕

この趣旨からして，当該債権に係る弁済をしないと清算事務に支障をきたし，債権者全体の利益を損なうといった弁済の必要性の疎明を要すると考えられるようである（大系(4) 494頁 [髙山]）。④ に関する前述の理解は，若干厳格にすぎるようにも思われるが，例えば，少額の債権であって債権申出期間内に弁済をしても他の債権者を害するおそれがない場合には，これを先に弁済することで清算手続を迅速に進めることができ，債権者全体の利益となることを疎明すれば，弁済の必要性の疎明があったと解することができるのではないかと思われる。裁判所に対する許可の申立ては，清算持分会社の本店所在地を管轄する地方裁判所に対して（868Ⅰ），書面で行わなければならない。裁判は非訟事件として行われ，認容決定への理由付記は不要とされるが（871②・874④），却下決定には理由を付さなければならない（871柱書）。認容決定に対する不服申立ては認められず（874④），却下決定に対しては通常抗告ができる。

Ⅳ 違反の効果

債権申出期間内に清算株式会社が行った弁済の効力について，判例・通説は，私法上は有効であり（前掲・大判昭和7・8・17。新注会⒀ 306頁 [中西]），会社が債務超過の状態となっている場合における会社債権者の平等的満足の確保は特別清算または破産に関する特別規定によるほかないと解釈している（新注会⒀ 306頁 [中西]，江頭1006頁注4）。清算持分会社については，特別清算の制度は設けられていないが，破産との関係では，同様に考えることができよう（なお，論点体系(4) 573-574頁 [髙井] は，特別清算手続においては否認権行使の制度がないことから，不平等弁済が生じた場合のその後の対応としては，債権者から任意返還を受けることができない限り，破産手続によることが相当であるとしている）。

本条1項に反して，債権申出期間内に清算持分会社が債務の弁済を行った場合，清算人は，100万円以下の過料に処せられる（976㉙）。また，清算人は，清算持分会社または第三者に対してこれによって被った損害の損害賠償責任を負う（652・653）。

（川島いづみ）

第4節　債務の弁済等　　　　　　　　　　　　　　　　　§662

> **（条件付債権等に係る債務の弁済）**
> **第 662 条** ① 　清算持分会社は，条件付債権，存続期間が不確定な債権その他その額が不確定な債権に係る債務を弁済することができる。この場合においては，これらの債権を評価させるため，裁判所に対し，鑑定人の選任の申立てをしなければならない。
> ② 　前項の場合には，清算持分会社は，同項の鑑定人の評価に従い同項の債権に係る債務を弁済しなければならない。
> ③ 　第1項の鑑定人の選任の手続に関する費用は，清算持分会社の負担とする。当該鑑定人による鑑定のための呼出し及び質問に関する費用についても，同様とする。

I　総説・沿革

　清算持分会社が清算事務を迅速に進めるためには，弁済期がまだ到来していない債務についても履行期の到来を待たずに弁済できることや，条件付債権や存続期間が不確定な債権等に係る債務についても，弁済できることが望ましい。本条は，条件付債権や存続期間が不確定な債権など，債権額が不確定な債権に係る債務であっても，清算持分会社がこれを弁済できること，その場合には，裁判所の選任する鑑定人が債権額を評価し，清算持分会社はその評価に従ってその債権に係る債務を弁済しなければならないこと，そして，鑑定人の選任手続に関する費用と，鑑定人による鑑定のための呼出しおよび質問に関する費用は，清算持分会社が負担することを定めている。

　合名会社の清算について，平成17年改正前商法125条には，合名会社は，①弁済期にいたらない債権に係る債務であっても弁済できること，②①の場合には，無利息債権については弁済期にいたるまでの法定利息を加算してその債権額に達すべき金額を弁済しなければならないこと，③利息付債権であってその利息が法定利率に達しないものについても同様に扱うべきこと，および，④①の場合，条件付債権，存続期間の不確定な債権その他価額の不確定な債権については裁判所の選任する鑑定人の評価に従って弁済すべきこと，が定められていた（平成17年改正前商法147条により合資会社に準用）。会社法は，清算持分会社について，本条においてこの④（平17改正前商125Ⅳ）の規定を受け継ぐとともに，鑑定人の選任手続に関する費用と鑑定人の鑑定のための呼

§662

出しおよび質問に関する費用を，清算持分会社が負担すべき旨を規定している。①ないし③に相当する規定は，会社法には設けられていない。

　前記の①については，清算持分会社が弁済期にいたらない債権に係る債務を弁済できることについては，民法上，債務者は期限の利益を放棄することができるとされること（同法136Ⅱ）からして，その限りでは，会社法にとくに規定を設けなくても，清算持分会社は期限の利益を放棄してその債務を弁済することができると考えられる。また，前記の②および③については，次のような批判があり，会社法では，この旨の規定は廃止されている。すなわち，平成17年改正前商法125条は，弁済期前の債務の弁済は無利息債務については弁済時から弁済期限までの間の法定利息に相当する金額を控除した金額を弁済すれば足り，利息付債務で利率が法定利率未満のものについては，約定利率と法定利率の差額により計算した中間利息を控除した金額を弁済すれば足りると規定していたが，しかし，この中間利息相当額等の控除は，破産手続において当該額が劣後的破産債権として扱われること（破99Ⅰ①）と比較しても，権衡を失しており，清算会社の都合によって清算しているにもかかわらず，清算会社が優遇される理由はない，清算会社に有利すぎるといった批判である（清算株式会社につき，江頭1006-1007頁注5，立案担当149頁）。会社法の下では，民法の一般原則に従い，期限の利益を放棄して弁済する場合には，当該中間利息等は控除することなく債権全額の支払が必要とされる（同法136Ⅱただし書）。

II　弁済期前の債務の弁済

　前述のように，民法136条2項の規定からしても，清算持分会社は期限の利益を放棄して，弁済期にいたらない債権に係る債務を弁済することができると考えられる。民法の規定に加えて，平成17年改正前商法125条1項が，合名会社は清算において，弁済期にいたらない債権に係る債務であっても弁済できる旨を定めていたのは，清算事務の迅速な結了の要請から，期限が債権者の利益のために設けられたものであっても，弁済することをとくに許容するためであって，その結果，債権者の利益を害する場合が生じても，それはやむを得ないとされており（石井・下380頁，大隅＝今井・上125頁，五全訂コンメ182頁等），債務者である会社において損害賠償等の責任を負わずに弁済することができるとする点にこの規定を設けた趣旨があると考えられた（立案担当148-149頁）。しかし，会社の都合で解散し，清算するにもかかわらず，会社債権者が

〔川　島〕

通常であれば得られる利益を失わせる合理的な理由は存在しないため，会社法ではこれに相当する規定を設けず，民法の一般原則に従うこととされた（立案担当149頁）。したがって，期限の利益が債権者の利益となるような場合には，債務者である清算持分会社は，相手方の利益を害さないように債権額全額の弁済をし（清算株式会社について，論点体系(4)144頁［阿部信一郎］），あるいは損害賠償等の責任を負わなければならない。

ちなみに，清算持分会社が期限未到来の保証債務や，連帯保証債務を負担する場合には，弁済期前の債務として本条に基づいてこれを弁済しようとしても，実務的に困難な問題を伴うようである（清算株式会社について，論点体系(4)145-146頁［阿部］には，連帯保証債務の場合，弁済期前の債権に係る債務として弁済しても，これにより清算株式会社が取得する主債務者に対する求償債権は本来の期限が到来するまで行使できないと解されること，保証債務の場合，保証人には催告の抗弁・検索の抗弁が与えられる関係上，主債務者の無資力が明らかとなるまで保証債務の履行請求を受けるか否かが不確定となり，鑑定人による債権額の評価も困難となることなどの解説がある）。

III 債権額が不確定な債権に係る債務の弁済

条件付債権，存続期間が不確定な債権など，債権額が不確定な債権に係る債務については，裁判所の選任した鑑定人の評価に従って弁済しなければならない（本条II）。条件付債権とは，法律行為について停止条件または解除条件が付された債権をいう。

債権額が不確定な債権を評価させるための鑑定人の選任申立ては，清算持分会社の本店所在地を管轄する地方裁判所に対して申し立てる（868 I）。鑑定人選任の裁判は，非訟事件として行われ，選任決定に対する不服申立てが禁止され（874①），却下決定に対してのみ通常抗告ができる。却下決定には理由の付記が必要とされるが（871柱書），選任決定には不要とされる（同条②・874①）。鑑定人の選任手続・鑑定のための呼出し・質問に関する費用は，清算持分会社が負担する（本条III）。

本条に違反して，債権額が不確定な債権に係る債務を清算持分会社が返済することについて，刑事罰等の規定は設けられていない。本条違反の弁済の私法上の効力については，本条違反の弁済は違法無効であって，弁済額全額について清算人が損害賠償責任を負担すると解するか，本条違反の弁済により他の債

権者・社員等の受取分が減少した部分（差額部分）のみについて，効力が否定され，差額部分について清算人の損害賠償責任が生ずると解するかが，解釈論上の論点となり得ると指摘されている（清算株式会社について，新基本法コンメ(2) 535頁［得津晶］）。この点について，本条の違反と相当因果関係のある範囲の経済的損失を損害と捉えることが自然であること，本条違反の弁済額全額を無効と解することは弁済を受ける債権者の法的期待との関係で権衡を欠くように思われることを理由に，差額部分のみが清算人の責任となると解する見解がある（論点体系(4)141-142頁・146頁［阿部］）。

〔川島いづみ〕

> （出資の履行の請求）
> 第663条　清算持分会社に現存する財産がその債務を完済するのに足りない場合において，その出資の全部又は一部を履行していない社員があるときは，当該出資に係る定款の定めにかかわらず，当該清算持分会社は，当該社員に出資させることができる。

I　総　説

　清算持分会社の清算人は，債権の取立てをその職務の1つとする（649②）。ここにいう債権には，第三者に対する債権ばかりでなく，社員に対する債権も含まれるが，いずれにしても履行期が到来していることが必要である。しかしながら，本条により，会社に現存する財産がその債務を完済するのに足りない場合には，清算持分会社は，履行期にかかわらず，すなわち，履行期が未到来であってもまた履行期の定めがない場合であっても，社員に出資をさせることができる。このように本条は，履行期にかかわらず社員に出資させ得ることを定めた規定であり，社員に対する出資請求権について649条2号の特則を定めるものということができる（新注会(1)506頁［米沢明］）。

　平成17年改正前商法126条は，合名会社について，本条と同様の規定を設けていた（同法147条により合資会社に準用）。同法126条は，明治32年商法92条を踏襲する規定であり，昭和13年の商法改正により条数が92条から126条に変更されて，そのまま平成17年の商法改正を迎えている。会社法は，これ

第4節　債務の弁済等　　　　　　　　　　　　　　　　　　§663

を清算持分会社に関する規定として規定し直したが，合同会社においては設立登記の時までに出資額全額の払込みまたは財産全部の給付をすべき義務が定められていること (578) からして，合同会社に対する本条の適用は想定されていないということができる。したがって，適用対象となる会社の種類も，実質的には平成17年改正前商法と同様である。

II　出資請求の要件

社員に出資を請求できるのは，清算持分会社に現存する財産がその債務を完済するのに足りない場合である。

1　会社に現存する財産

会社に現存する財産とは，動産・不動産・債権その他の財産のいずれであるかを問わず会社が現に有するすべての財産（積極財産）を含む。ただし，社員に対する出資請求権は除外されるので，会社が現に有する一切の積極財産から社員に対する出資請求権を除いたもの，とも表現される（大判明治34・3・19民録7輯3巻65頁。伊澤150頁，新注会(1)506頁[米沢]，大隅＝今井・上124頁）。ここにいう「社員に対する出資請求権」とは本条により清算持分会社が社員に対して有する請求権を意味する。出資の履行期が到来しているのに出資がされていない場合に会社がその社員に対して有する請求権は，会社が有する債権として，会社に現存する財産に含まれる。また，破産者や無資力者に対する債権のように，まったく価値のないものはこれを財産と称することはできないと解釈される（伊澤150頁，新注会(1)506頁[米沢]，新基本法コンメ(3)97頁[菊地雄介]）。訴訟をしなければ取り立てることができない債権については，見解の対立があったようであるが，訴訟をしなければ取り立てることのできない債権も必ずしも価格のないものではないとする判例（前掲・大判明治34・3・19）があり，これを支持する見解が多いようである（伊澤150頁，新注会(1)506頁[米沢]，五全訂コンメ184-185頁，新基本法コンメ(3)97頁[菊地]。反対，分割払込制下の株式会社につき，大判昭和8・2・3民集12巻112頁）。

2　債務の完済に足りない場合

出資を請求できるのは，清算持分会社に現存する財産がその債務を完済するのに足りない場合であるが，現に債務の完済に不足を生じていることは必ずし

〔川　島〕　　　　　　　　　　　　　　　　　　　　　　　　　　　　207

も必要とされない。また，会社に現存する財産の額と会社の債務額が同額であったとしても，清算手続を遂行するための手続費用を支出できないために，清算手続を結了させることができない場合もあり得る。そのため，清算結了までに必要となる費用を加算すると完済不足となるべきときもまた，債務の完済に不足する場合であって出資請求をなし得ると解するのが，平成17年改正前商法下の判例・学説の立場であった（分割払込制の下での株式会社につき，大判大正5・10・25民録22輯1981頁，大判昭和6・11・28民集10巻1133頁。新注会(1)507頁［米沢］，五全訂コンメ184頁）。本条についても同様に，清算結了までに必要となる費用を加算すると完済不足となるべき場合にも本条の適用があり，清算持分会社は社員に対して出資の履行を求めることができると解される（新基本法コンメ(3)97頁［菊地］，論点体系(4)576頁［髙井章光］）。

逆に，会社に現存する財産によってその債務を完済できる場合には，財産の換価が困難であるとしても，出資義務の履行を請求することはできないことになる（新注会(1)507頁［米沢］）。

III 出資の請求

1 本条による社員の出資義務

合名会社・合資会社における社員の出資の時期および程度については，定款の定めにより，定款に定めのないときは通常の業務執行の方法により，決定される。しかしながら，本条により，清算持分会社の清算人は，会社に現存する財産がその債務を完済するのに足りない場合は，出資の履行期であるか否かにかかわらず，社員に対して出資の請求をすることができる。ここにいう社員とは，出資義務のあるすべての社員である（大判大正6・8・30民録23輯1299頁。伊澤150頁）。これに対して社員は，定款に定める時期および程度によるべきことを抗弁とすることはできない（新注会(1)507頁［米沢］）。なお，解散の時点ですでに履行期が到来しているのに払込等が行われていない場合には，本条の適用はなく（大判昭和9・5・8民集13巻1032頁），その未履行の出資義務に係る会社の請求権は，前述のように，純然たる債権であって会社に現に存する財産に含まれる（後藤文彦「判解」会社判例百選［新版］〔1970〕271頁）。

本条による社員の出資義務について，会社の解散と同時に当然に履行期が到来すると解する判例（大判昭和3・5・12新聞2873号14頁，東京控判昭和2・7・5新聞2741号12頁）があるが，これは正当ではないとされており，清算人が債務

第4節　債務の弁済等　　　　　　　　　　　　　　　　　　§663

の完済のために不足する金額を算定し，当該社員の出資の額を確定してこれを社員に請求することによって具体的に確定するものと解釈される（後藤・前掲271頁，新注会(1)507頁［米沢］，新基本法コンメ(3)97頁［菊地］）。

2　出資請求権者と出資請求権の性質

社員に対して本条による出資請求権を有するのは，清算持分会社であり，その代表機関である清算人（代表清算人を置くときは代表清算人）が清算持分会社を代表してこれを行使する。清算人が社員の出資額を確定するに当たり，またその額を社員に請求する際には，後述のように，社員平等の原則に従ってこれをなさなければならないと解釈されるが，請求によって社員の出資義務が具体的に確定すると，社員はもはや他の社員の払込みがないことを理由に自己の義務の履行を拒むことはできないとされる（後藤・前掲271頁）。

本条に定める出資請求権は，出資の履行期到来前の社員に対して出資を請求できる権利であり，学説により，会社が有する通常の債権とはその性質を異にすると理解されている。すなわち，履行期前の社員に対する出資請求権は会社の一身に専属する権利であり，清算人の権限行使によって具体化する行使専属権である，と説明され（後藤・前掲271頁，新注会(1)508頁［米沢］），あるいは，未請求の出資請求権に対する出資義務は，社員の有する社員資格に基づくもので社員権の一部に属するものであり，未請求の出資請求権は会社に専属するものであって，本条の規定によってもこの結論に変更はない，と説明する学説（五全訂コンメ185頁）もある。これによって学説は，会社が有する債権を含めて現に存する会社の財産がその債務を完済するには不足する場合に限って，本条の出資請求権を特例的に行使できる関係を説明する。この結果，清算人が本条に基づく出資請求が可能であるのに社員に対してこれを請求しない場合に，会社債権者が債権者代位権により，社員に対し会社に代わって出資請求をすることは認められないと解釈され，本条による出資請求権の代位行使は否定される（民事法判例研究会編・判例民事法昭和15年度〔有斐閣，1942〕137頁［鈴木竹雄］，後藤・前掲271頁，新注会(1)508頁［米沢］，五全訂コンメ185頁）。これに対して判例は，古い時代のものではあるが，本条の出資請求権を債権者代位権によって行使することを認めている（大判大正15・6・17民集5巻525頁，前掲・大判昭和3・5・12，東京控判昭和11・7・31新聞4056号14頁，名古屋地判大正5・12・25新聞1210号18頁，東京地判昭和8・11・30新聞3663号12頁）。学説の理解によれば，債権者代位権の行使は認められないので，このような場合，会社債権者

〔川　島〕

は，会社に対する破産申請をするか（五全訂コンメ185頁），あるいは合名会社・合資会社の無限責任社員に対しては，直接その責任が追及できるので（後藤・前掲271頁，新注会(1)508頁［米沢］），これによることになる。

3 請求の方法・内容

本条による出資の請求は，通常の債権の取立てとは異なるので，必ず清算のために必要であるという事由を明示しなければならないと考えられる（大阪控判明治35・12・24新聞122号8頁．伊澤150-151頁，新注会(1)509頁［米沢］，五全訂コンメ186頁）。より具体的には，その事由として，会社の現存財産が債務の完済に不足することと，会社財産の不足額を埋めるために当該社員に求められる出資額の2点となり（新基本法コンメ(3)97頁［菊地］），複数の社員が請求の対象となるときは，その間でどのように分けられたのかが示されることになろう。また，本条による出資請求は会社に現存する財産が債務の完済に不足する範囲に限って行うことができるが，この限度について当事者間に争いがあるときは，立証責任は清算人が負担すべきと解するのが判例である（分割払込制下の株式会社について，大判昭和5・7・8民集9巻658頁）。この点について学説は，清算人が立証責任を負うべきとする見解（新注会(1)509頁［米沢］，新基本法コンメ(3)97頁［菊地］）と，会社債権者の利益を保護するために，社員の側に立証責任を負わせるべきであるとする見解（民事法判例研究会編・判例民事法昭和5年度〔有斐閣，1932〕228頁［田中誠二］，五全訂コンメ185頁）に分かれる。

本条に基づく出資義務を負う社員が複数存在する場合，出資の請求は，社員平等の原則に基づき，債務の完済に不足する金額を各社員に分割して行われる。この分割の方法については，各社員の出資義務額に按分し，その割合によって請求すべきと解する立場が判例・通説（大判大正6・8・30民録23輯1299頁，前掲・大判大正15・6・17，前掲・東京控判昭和11・7・31．松本589頁，伊澤150頁，石井・下428頁，後藤・前掲271頁，大隅＝今井・上124頁，五全訂コンメ185頁）である。ただし，ここにいう「出資義務額の割合」とは，各社員の出資総額の割合によると解するか，解散の時点で未請求の出資額の割合（出資未履行の額）によると解する（後藤・前掲271頁）かによって見解が分かれる。後者の見解によるほうが，社員平等の趣旨により合致するといえよう（新注会(1)510頁［米沢］，新基本法コンメ(3)97-98頁［菊地］。新注会(1)510頁［米沢］には，定款で定めた社員A・Bの出資総額がおのおの100万円であり，履行期到来部分はそれぞれ全額出資していて，履行期未到来で未請求の額がA30万円，B60万円というときに，

会社債務の完済に 30 万円不足するという例が挙げられている。この場合,出資総額の割合によれば,A と B の出資総額は同額であるのでおのおの 15 万円となるのに対して,未請求の出資額の割合によれば,A 対 B は 1 対 2 であるので A 10 万円,B 20 万円となる)。ただし,社員の中に無資力者がいるときは,清算の敏速を図り,無用な手数と費用を省くため,その者を除く他の社員間で按分することが許されている(前掲・東京控判昭和 2・7・5,前掲・東京地判昭和 8・11・30,前掲・東京控判昭和 11・7・31。伊澤 150 頁,大隅 = 今井・上 125 頁,五全訂コンメ 185 頁)。

なお,出資の請求額は各社員の出資義務額を限度とし,各社員の出資義務額を超えて請求することはできない。合名会社・合資会社の無限責任社員に対しても,定款で定めた出資義務額を超えて出資を請求することはできないと解されている(後藤・前掲 271 頁,新注会(1) 510 頁 [米沢])。無限責任社員の無限責任は,直接会社債権者に対するものだからである。

(川島いづみ)

(債務の弁済前における残余財産の分配の制限)
第 664 条 清算持分会社は,当該清算持分会社の債務を弁済した後でなければ,その財産を社員に分配することができない。ただし,その存否又は額について争いのある債権に係る債務についてその弁済をするために必要と認められる財産を留保した場合は,この限りでない。

I 総　　説

本条本文は,会社債権者の保護を図るため,社員に対する残余財産の分配について,会社債務を完済した後でなければこれを行えないことを規定している(新注会(1) 523 頁 [米沢明])。しかしながら,会社が負担する債務に係る債権の存否または額について争いのある場合にも,訴訟によりその存否や債権の額が確定して,その弁済を完了した後でなければ残余財産を分配できないとすると,清算事務の処理上ははなはだしく不便で,清算の結了を遅延させる結果となる(横田正俊「合名会社に関する諸問」法学志林 41 巻 4 号〔1939〕121 頁)。そこで,本条ただし書は,存否または額について争いのある債権に係る債務については,その弁済に必要と認められる財産を留保して残余財産を分配することを

§664　　　　　　　　　　　　　　　　第3編　持分会社　第8章　清算

許容している。

　沿革をみると，合名会社・合資会社については，本条の本文と同じ内容が，明治32年商法95条に規定されており（厳密にいえば，主語は「清算人」であり，また，合資会社については同法105条により合名会社の規定が準用されていた），昭和13年の商法改正によって条数が131条に変更されるとともに，ただし書を追加して，「争アル債務」については，その弁済に必要と認められる財産を留保しておけば，債務の弁済が終わらなくても，残余財産を分配できるものとされた。いわゆる仮分配を適法化したものであって，これに従い分配をするときは過料の制裁を受けることはないと説明された（横田・前掲122頁，伊澤154頁）。会社法は，「清算人ハ」とされていたところを「清算持分会社は」，単に「争アル債務」とされていたところを「その存否又は額について争いのある債権に係る債務」とそれぞれ変更した上で，清算持分会社についての規定として本条を設けている。

II　残余財産の分配の時期

　清算事務の執行は，必ずしも649条各号に列挙される順番に従って行われなければならないものではないが，残余財産の分配は，会社債務を弁済した後でなければ行うことができない。会社債務の弁済前に会社財産を分配することは会社債権者を害する結果となるので，残余財産の分配の時期は，本条本文により会社債務の弁済後と定められている。これは，ただし書の場合を除き，会社はその負担する債務をことごとく弁済した後でなければその財産を分配することができないという意味であって（新注会(1)524頁［米沢］），相当の金額を準備しておけば債務を弁済する前であっても財産を分配することができるとの律意ではないとされる（伊澤154頁，新注会(1)524頁［米沢］）。債務を完済するための財産を別途確保しておきさえすれば，債務の弁済と併行して残余財産の分配を進めたほうが清算を迅速に結了できて有益であるようにも思われようが，他方で，留保しておいた弁済の資金が盗難に遭うなど不測の事態が生じると，結果として債権者保護に欠ける可能性があるからである（新基本法コンメ(3)98頁［菊地雄介］）。判例も，このような臨機の取扱いをすることが認められると，債権者の完全な保護に欠けるおそれがあるためであると述べている（大決明治35・6・25民録8輯6巻136頁）。

　なお，合資会社について，社員の残余財産分配請求権を保全するための詐害

行為取消権の行使は会社債務の完済後でなければ認められないとする裁判例（名古屋高判昭和52・9・28下民集28巻9-12号1023頁）があり、また、株式会社について、株主の残余財産分配請求権は会社の債務を弁済してなお残余の財産がある場合にはじめてその分配に与り得るという未必不確定な期待ないしは可能性にすぎないものであって、会社が解散して清算に入り、残余財産分配請求権が顕在化するまでは、債権者代位権を基礎付けるべき債権となることはできないとする裁判例（東京地判昭和55・3・13判時974号124頁）がある。

III 争いのある債権と財産の留保

1 争いのある債権

平成17年改正前商法131条にいう「争アル債務」とは、訴訟係属中の債権のようにいまだ確定していない会社の債務であり、したがって、弁済期前の債権、条件付債権、存続期間の不確定な債権、価額の不確定な債権につき争いのあるものについては同条の適用を受けるが、争いのないものについては弁済後でなければ会社財産を分配できない、と説明されていた（新注会(1)524頁〔米沢〕）。会社法は、その存否または額について争いある債権に係る債務と、争いの内容を「存否又は額」に限定しているが、「額について争いのある債権に係る債務」という文言は、さまざまな争いが債権の存否または額についての争いに帰着することからして、従来「争アル債務」に含まれると解釈されていた債権に係る債務を含むものと考えられる。

2 財産の留保

争いのある債権に係る債務について、弁済のために必要と認められる財産を留保する方法については、とくに規定は設けられていない。昭和13年の改正にいたる商法改正要綱の段階（商法改正要綱第56）では、財産留保の方法として、供託すべきものとしていたが、それまでの必要はないということで、供託を求める規定は改正法起草の際には採用されなかったとのことである（横田・前掲121-122頁、伊澤154頁）。

また、留保した財産が後にその争いのある債権に係る債務を弁済するには不足であることが判明したという場合には、清算持分会社はその弁済のために必要な金額の返還を社員に対して請求できると解される（横田・前掲122頁、伊澤154-155頁、新注会(1)525頁〔米沢〕）。

IV　違法な分配の効果

　清算持分会社が，本条に違反して会社債務の完済前に残余財産を社員に分配した場合，どのような効果を生ずるかについては，平成17年改正前商法の下における合名会社・合資会社についての判例・学説の解釈が，踏襲されるものと考えられる。まず，同法131条に違反して会社債務完済前に残余財産を社員に分配した場合については，会社は分配を受けた各社員に対してその取戻しを請求する権利を有し，分配を受けた社員は会社に対して受領した分配を返還する義務を負うと解するのが判例・学説である（大判大正7・7・2民録24輯1331頁，大阪控判大正6・11・7新聞1346号22頁。松本590頁，伊澤154頁，石井・下381頁・429頁，五全訂コンメ195頁，大隅＝今井・上126頁，新注会(1)525頁［米沢］，新基本法コンメ(3)98–99頁［菊地］）。また，このことは会社に債務完済の資力があるときでも同様である，と解されていた（大判昭和11・12・17新聞4081号15頁，名古屋地判昭和14・12・28新聞4542号8頁。伊澤154頁，石井・下381頁・429頁，新注会(1)525頁［米沢］，五全訂コンメ195頁）。債務を弁済するために十分な資力がある場合については，現行法の解釈として，債務に争いがある場合にはその弁済に必要と認められる財産を留保した上で分配することが許されるのであるから，債務を弁済するために十分な資力があるのであれば，債権者に弁済するための財産を留保している場合に社員に対して分配の返還義務を認めることについて，これを疑問とする見解がある（論点体系(4)578頁［髙井章光］）。しかしながら，本条は債権者保護のための規定であり，前述のような本条の趣旨についての理解からして，従来の学説の解釈が妥当であると考えられる。

　社員に対する返還請求権の消滅時効は10年と解釈されており（前掲・名古屋地判昭和14・12・28。新注会(1)525頁［米沢］），民事消滅時効に服するとの解釈が今後も踏襲されるものと考えられる。

　次に，本条ただし書の規定に違反して，争いのある債権に係る債務についてその弁済をするために必要と認められる財産を留保しないで会社財産を分配した場合についても，平成17年改正前商法の下で，合名会社・合資会社については，その分配を受けた社員に対して，取戻しの請求権を有すると解釈されていた（新注会(1)525頁［米沢］）。留保した財産がその債務を弁済するのに足りなかった場合も，会社が必要な金額の返還を社員に請求できると解すべきことは前述のとおりである。これらの解釈も，本条について，踏襲されるべきものと

第4節　債務の弁済等　　　　　　　　　　　　　　　　　　　　§665

考えられる。

なお，清算人は，本条に違反して債務完済前に残余財産を社員に分配した場合には，過料に処せられる（976㉚）。

（川島いづみ）

（清算からの除斥）
第665条① 　清算持分会社（合同会社に限る。以下この条において同じ。）の債権者（知れている債権者を除く。）であって第660条第1項の期間内にその債権の申出をしなかったものは，清算から除斥される。
② 　前項の規定により清算から除斥された債権者は，分配がされていない残余財産に対してのみ，弁済を請求することができる。
③ 　清算持分会社の残余財産を社員の一部に分配した場合には，当該社員の受けた分配と同一の割合の分配を当該社員以外の社員に対してするために必要な財産は，前項の残余財産から控除する。

I　総　説

本条は，1項において，合同会社である清算持分会社の債権者は，知れている債権者を除いて，債権申出期間内にその債権の申出をしなかったときは，清算から除斥されることを規定し，2項では，清算から除斥された債権者は，分配のされていない残余財産に対してのみ弁済を請求できること，さらに3項では，清算持分会社の残余財産がすでに社員の一部に分配された場合には，当該社員の受けた分配と同一の割合の分配を当該社員以外の社員に対してするために必要な財産を除いた残りの残余財産に対して，清算から除斥された債権者は弁済を請求できることを規定している。清算から除斥された債権者は，このように劣後的な扱いを受けることになるが，それは，清算持分会社である合同会社が迅速に清算手続を進めるためであり，本条は迅速な清算手続を確保するための規定であるということができる（論点体系(4)579頁［髙井章光］）。

本条は，会社法による合同会社の導入に伴って，新たに設けられた規定である。清算株式会社については，503条に同様の規定が置かれている［503条の沿革については，☞§503 I］。清算手続における債権申出の制度や債権申出期間内

に申出をしなかった債権者の除斥の制度は，合名会社・合資会社である清算持分会社については，設けられていない。

II　知れている債権者の意義

　知れている債権者とは，一般に，会社の帳簿その他により，氏名・住所等や債権の原因・種類のおおよそが会社にわかっている場合の債権者のことをいう。債権は金銭債権のように債権額が確定していなくてもよく（大判昭和10・2・1民集14巻75頁），会社に対して不法行為による債権を有する者も，知れている債権者に含まれ得る（新注会⑬301頁［中西正明］）。「知れている債権者」には，660条1項により各別に債権の申出を催告するものとされているが，資本金の額の減少や組織変更・合併等の際の債権者異議手続においても「知れている債権者」には各別に催告することが求められており（627Ⅱ・781Ⅱ・779Ⅱ・793Ⅱ・789Ⅱ等），これらの債権者異議手続における「知れている債権者」の意味と同様に，債権申出等の清算手続における「知れている債権者」の意味を理解することが一般的である［660条における「知れている債権者」については，☞§660］。しかしながら，債権者異議手続において「知れている債権者」に該当しないとされても，各別の催告の対象とされなくなるとはいえ，そのことによって会社債権者としての地位が認められなくなる，というわけではない。これに対して，清算手続において「知れている債権者」に該当しないとされると，債権申出期間内に申出をしないときは清算から除斥されてしまう。このように，債権者にとっての影響が重大であることからすれば，本条における「知れている債権者」の意味を，債権者異議手続において各別の催告を要する「知れている債権者」の意味と同一に解釈しなければならないとは，必ずしも考えられないであろう。

　知れている債権者の意義について，従来とくに問題とされているのは，係争中の債権者である。判例は，会社がその債権の存在を争い訴訟が係属中であっても，知れている債権者でないとは必ずしもいえず，事件の経過・訴訟資料等からその債権者を「知れている債権者」であると認定することもできるとし（資本減少の場合について，大判昭和7・4・30民集11巻706頁，前掲・大判昭和10・2・1），学説もこの結論を一般に支持している（新注会⑴396-397頁［今井宏］）。学説には，債権者異議手続に関連して，会社がはじめ債権の不存在を確信して争ったとしても後に債権の存在することが明らかになった以上，それは知れて

第4節　債務の弁済等　　　　　　　　　　　　　　　　　　　　　§665

いる債権者であるとする見解（竹田省「判批」民商2巻1号〔1935〕105頁）もあるものの，会社が債権の不存在を確信して争っており，そのように確信することが当時の事情からみてもっともだと思われる場合には，後に会社が敗訴となっても，知れている債権者には該当しないと解する見解（鈴木竹雄「判解」会社判例百選〔新版〕〔1970〕202頁，上柳克郎・会社法・手形法論集〔有斐閣，1980〕233-234頁，新注会(1) 396頁〔今井〕）が有力であったように見受けられる（催告を受けなくても，訴訟係属中に資本減少を知っていれば，催告の懈怠を理由に資本減少無効の訴えを起こしても，訴えを認めない法律構成も考えられていた）。

　清算における債権申出手続との関係では，近時，個別催告は清算人の情報収集のための便宜の制度という債権申出制度とは異なる取引相手への情報提供義務と理解して，個別催告の必要な「知れている債権者」を除斥の対象外となる「知れている債権者」に合わせて広く解釈する見解（清算株式会社について，新基本法コンメ(2) 532頁〔得津晶〕）がある一方，各別の催告が必要な「知れている債権者」については，会社に対して催告することを要求するのが当然であり，かつこれを要求しても無理でないと思われる場合に限定すべきであるとしつつ，本条との関係では，会社が敗訴して債権の存在が確定したときは，知れている債権者に該当すると解すべきであるとして，660条の場合と本条の場合とでは「知れている債権者」の意義を異なって解釈する見解（清算株式会社について，新注会(13) 302-303頁〔中西〕。菱田政宏「判批」ジュリ316号〔1965〕96頁は，このような債権者は「知れている債権者」ではないが清算から除外できないと解釈する）がある。清算中の会社が確実な根拠に基づいて債権の存在を争っているにもかかわらず，その訴訟の相手方に対して常に個別催告をすべきであるとする解釈は，清算中の会社にとって少々酷であるとの指摘もあり（論点体系(4) 131頁〔阿部信一郎〕），また，知れている債権者に対する債権申出の催告は，一般的には，債務の承認として時効中断の効力を生ずるとされている（大判大正4・4・30民録21輯625頁）。後者の見解は，各別の催告については，会社が客観的な事情を総合した上で，その債権の不存在を確信して争っている場合には，各別の催告の対象となる「知れている債権者」には該当しないが，会社が敗訴して債権の存在が確定したときは，その債権を清算手続から除斥し得ないと解することになり，妥当であると考える。なお，特別清算手続において清算人が催告をする前に，すでに会社に対して債権を主張していた債権者は，催告に応じてあらためて申出をしなかったとしても，会社はこれを清算から除外し得ないと判示する裁判例（大阪高判昭和36・9・14下民集12巻9号2281頁）もあり，前述

の観点からしても、判旨の結論は正当と思われる。ただ、いずれの見解によっても、清算中の会社が敗訴した場合には、訴訟係属中であった債権者が知れている債権者となり、あるいは清算から除斥できなくなるため、清算人には訴訟リスクを勘案した清算手続の遂行が求められることになる（論点体系(4)132頁［阿部］）。

III　除斥された債権者の地位

　債権申出期間内に債権を申し出なかった債権者は、知れている債権者である場合を除いて、清算から除斥される。債権者は、清算から除斥されると、除斥されていない債権者に対する債務の弁済が終わった後に、まだ分配されていない残余財産からしか、弁済を受けられなくなる。さらに、社員に対する残余財産の分配が開始された後は、その社員およびその社員と同一の割合の分配を受けるべき他の社員に対しても、劣後した扱いを受ける。清算持分会社は、知れている債権者と債権申出期間内に申し出た債権者に対して、債務の弁済を行うものとされており、清算持分会社の財産が除斥された債権者に対する債務の弁済に不足する事態が生じても、清算人には破産申立ての義務はなく、むしろ破産の申立てをすべきでないと解釈されている（株式会社の清算について、新注会(13)308頁［中西］）。

　清算から除斥された債権者の扱いを若干詳しくみると、本条2項により、分配されていない残余財産に対してのみ、弁済を請求することができるとされ、さらに、本条3項により、すでに残余財産を一部の社員に分配した場合には、他の社員との間の公平を優先して、当該社員の受けた分配と同一割合の分配を当該社員以外の社員に対してするために必要な財産を残余財産から差し引き、残る残余財産に対してのみ、弁済を請求することができるとされている。したがって、債権申出期間の終了後から残余財産の分配開始の前までに除斥された債権者が弁済を請求したときは、残余財産から弁済を行うものとされ、他の債権者には劣後するものの、その限りで除斥された債権者であっても社員より優先的な扱いを受けることができる。ただし、残余財産の額が当該債権の債権額を下回り、弁済に十分でない場合であっても、除斥された債権者への弁済は残余財産の範囲内で行えば足りるものとされ、清算人は破産の申立てをするべきではないと解されている（債権申出期間後に申し出た債権者が複数いて、その債権総額が残余財産を超える場合について、新注会(13)308頁［中西］。ただし、後述を参照）。

〔川島〕

第4節　債務の弁済等　　　　　　　　　　　　　　　　　　　　§665

　次に，残余財産の分配開始後に除斥された債権者が弁済を請求したときは，社員に劣後して弁済が行われることになる。一般的には，会社債権者は，出資者である社員に優先して，弁済を受けるべき地位にあるとされるが，知れている債権者を除いて，債権申出期間内に申出をしなかった債権者については，この優先順位に修正が加えられ，いったん社員の一部に対して残余財産の分配が開始されると，社員間の平等取扱いが優先されて，これと同一の割合の分配を受けるべき当該社員以外の社員に対しても，除斥された債権者は劣後的な扱いを受けることになる。この理由については，除斥された債権者には官報公告によって，債権申出期間内にその債権を申し出るべき旨とこの期間内に申出をしないときは清算から除斥されることが周知されている（660 I）にもかかわらず申出をしなかった非があること，非のある債権者のために一部社員が不公平を被るのは不当であることが挙げられている（新基本法コンメ(3) 99頁［菊地雄介］）。清算持分会社である合同会社において，残余財産の分配について定款に別段の定めが設けられていて，社員間の扱いに優劣が定められている場合に，優先的な扱いを受ける社員に対する残余財産の分配が開始された後に除斥された債権者が弁済を請求したときは，この優先的な扱いを受ける社員と同一の扱いを受ける他の社員に対する残余財産の分配が優先されるものの，まだ分配の開始されていない劣後的な扱いを受ける社員に対しては，除斥された債権者が優先して弁済を受けることができる。

　そして，いずれの場合にも，残余財産の額が除斥された債権者の債権総額を下回り，その弁済のために不足するとしても，残余財産の存する範囲内で弁済を行えば足りるものとされる。残余財産の額では除斥された債権者に対する債務の弁済に不足するとしても，清算人は破産申立てをする義務を負わない。破産申立てをすべきでないと解するものと思われる見解もある（新注会(13) 308頁［中西］）。残余財産の分配が完了した後に除斥された債権者が弁済を請求しても，清算持分会社に対する弁済の請求は，会社法上，もはや認められないことになる。

　もっとも，破産法上，除斥された債権者がどのように扱われることになるのかは，必ずしも明らかではない。学説には，清算手続における債権申出のインセンティブ確保等の観点から，清算株式会社について，除斥された債権者による特別清算開始または破産手続開始の申立てを認めるべきでないとする見解（新注会(13) 308頁［中西］，新基本法コンメ(2) 537頁［得津］）がある。これに対して，破産法上，除斥された債権者の破産申立てを禁止する規定もない以上，破

§665

産法18条1項の条文上は，除斥された債権者による破産手続開始の申立ては禁止されていないと解され，会社法上除斥された債権者であるという事情は，不当な目的または不誠実な破産手続開始の申立てという観点から，破産障害事由の有無として裁判所によって具体的に判断されることになろう，とする見解もある（清算株式会社について，論点体系(4)161頁［阿部］）。

(川島いづみ)

第5節　残余財産の分配

> **（残余財産の分配の割合）**
> **第666条**　残余財産の分配の割合について定款の定めがないときは，その割合は，各社員の出資の価額に応じて定める。

I　総　説

　本条は，清算持分会社における残余財産の分配の割合について，定款に定めがないときは，各社員の出資の価額に応じて定めることを規定している。清算株式会社における残余財産の分配については，清算人が残余財産の分配のために行う決定は，残余財産の分配について内容の異なる種類株式を発行しているときは，当該種類株式の内容に応じて，またそれ以外の場合には，株主の有する株式の数に応じて残余財産を割り当てることを内容とするものでなければならない旨が規定されている（504 II III）。これに対して，清算持分会社については，社員すべてが間接有限責任を負う合同会社であっても，定款自治が全面的に適用されるため（立案担当167頁），株式会社の場合のような制限は設けられていない。

　平成17年改正前の商法には，合名会社・合資会社の清算について，残余財産の分配の割合やその標準に関する規定は設けられていなかった。そこで，学説においては，残余財産の分配は，会社の内部関係に属する事項であるから，定款をもって任意にその標準を定めることができるが，定款に定めのないときは，組合に関する民法の規定に従って（平17改正前商68），各社員の出資の価額に応じて分配すべきである（民688 III），と解釈されていた（片山義勝・会社法原論〔第8版〕〔中央大学，1923〕230-231頁，松本591頁，石井・下429頁，新注会(1) 500頁〔米沢明〕，大隅＝今井・上126頁）。学説の中には，ここにいう出資と，会社の純財産額に対する社員の分け前を示す計算上の数額たる持分とは必ずしも一致しないから，出資の価額に応じて分配することは，社員相互の関係において必ずしも公平とはいえない，との主張（片山・前掲231頁，岡野敬次郎・会社

法〔岡野奨学会，1929〕156頁）も存在した。この見解によれば，定款の定めのない場合における残余財産の分配は，社員の持分に応じてすべきことになりそうである。しかしながら，この点については，出資の価額に応じて残余財産を分配した後において，積極的持分を有する社員の消極的持分を有する社員に対する負担部分の求償は社員相互の関係であって，清算行為たる残余財産の処分ではなく，したがって清算人の職務でもない（片山・前掲231頁，岡野・前掲157頁，新注会(1)500頁[米沢]）とも論じられていた。本条は，平成17年改正前商法の下で，合名会社・合資会社における残余財産の分配の標準について学説上主要な見解であった，民法688条3項に従い出資の価額に応じて分配すべきとする解釈を，合同会社も含めた清算持分会社について，法文化したものということができる。

II 出資の価額

1 出資の価額

ここにいう出資の価額の意義については，平成17年改正前商法の下で，合名会社・合資会社について，定款記載の出資総額ではなく，現実に履行された（履行済みの）または履行されるべき（履行期到来後の）出資額である，と解釈されており（松本521頁注2，新注会(1)500頁[米沢]，大隅＝今井・上126頁），この点も本条の解釈に引き継がれるものと思われる。このように解釈することにより，実際に会社財産の形成に寄与した割合に応じて事業活動の成果の分配を受けるという残余財産分配の仕組みが実現し（新基本法コンメ(3)100頁[菊地雄介]），社員平等の原則に沿う扱いとなる。

労務出資や信用出資について，学説には，出資の価額に応じて残余財産を分配すべき旨の規定は財産出資者についてのみ適用されるべきで，労務出資や信用出資をした者は残余財産額が財産出資総額を超える金額についてのみ積極持分を有し，したがって，その場合にのみ，出資の価額または評価の標準に応じてその金額の分配を受けるべきであると解釈するものがあった（松本591頁，五全訂コンメ194-195頁）。労務出資または信用出資をした者は，残余財産が財産出資総額に達しない場合には原則として積極持分を有しないと解釈されたためである。しかしながら，労務出資や信用出資も残余財産に化体されていると考えられるところから，その評価に応じて分配されるべきであると解することが正当であろう（新注会(1)500-501頁[米沢]）。厳密にいえば，労務出資や信用

出資も，履行された部分について評価されて，その評価に応じて残余財産の分配がなされるべきことになる。

他方，合同会社においては，設立時に出資額の全額の払込みまたは財産の給付がなされ，また労務出資や信用出資は認められていないので，出資に未履行部分があることによる問題や，労務出資・信用出資の評価の問題は，生じない。

2 金銭以外の財産の分配

平成17年改正前商法の下では，合名会社・合資会社の清算における残余財産の分配について，金銭をもってすることが原則である（松本593頁，石井・下381頁・429頁，大隅＝今井・上126頁）が，定款または総社員の同意をもって別段の定めをしたときは，現物で分配することもできる，と解釈されていた（松本593頁，新注会(1)501頁［米沢］。なお，東京高判昭和38・12・9下民集14巻12号2487頁には，合名会社のような人的会社においては，財産を処分して売得金を分配することなく財産をそのまま分配し得る旨の言及がある）。金銭以外の財産の分配は社員の利益に大きく影響し得るため，通常の業務執行の場合（650）とは異なり，定款の定めか総社員の同意を要すると解することは，現行法の下でも妥当であろう（新基本法コンメ(3)100頁［菊地］）。

なお，財産の使用収益のみを出資した者に対して，その財産（現物）を返還すべきことは当然であって，これは残余財産の分配とはまったく別のことで（松本593頁），所有権に基づく返還である（新注会(1)501頁［米沢］）。

（川島いづみ）

第6節　清算事務の終了等

> **第667条**① 清算持分会社は，清算事務が終了したときは，遅滞なく，清算に係る計算をして，社員の承認を受けなければならない。
> ② 社員が1箇月以内に前項の計算について異議を述べなかったときは，社員は，当該計算の承認をしたものとみなす。ただし，清算人の職務の執行に不正の行為があったときは，この限りでない。

I　総説・沿革

　本条は，清算人となっていない社員の保護を図るため，1項において，清算持分会社は清算における清算事務の終了後，遅滞なく，清算に係る計算をして社員の承認を受けなければならないことを規定し，2項では，社員が1か月以内に1項の計算について異議を述べなかったときは，当該計算を承認したものとみなすことを規定する。2項は，社員の承認を擬制する規定であり，承認擬制を定めることで清算手続の早期結了を図るものといえる（新基本法コンメ(3) 101頁〔菊地雄介〕）。ただし，同項ただし書により，清算人の職務の執行に不正の行為があったときは，承認の擬制から除外されている。清算持分会社としてこれらの職務を執行するのは，清算人である。

　本条は，合名会社に関する明治32年商法98条に相当する規定であり（合資会社については，同法105条により準用），同法98条は昭和13年改正商法により，法文はほぼそのままに条数が133条に移されて（合資会社については，同法147条により準用），平成17年の会社法制定を迎えている。平成17年改正前までは，六法による「清算人の任務終了」という見出しがついて，「清算人ノ任務ガ終了シタルトキハ清算人ハ」と清算人を主語にした規定が設けられていた。清算人の任務の終了は，清算の結了または清算会社の破産の場合に一般的に生ずるほか，清算人の死亡・禁治産や清算人の辞任・解任によっても生ずることから，これら個々の清算人の終任による場合にも計算をして各社員の承認を求めるべきものと解さねばならないとされていた（松本596頁，新注会(1) 528

第6節　清算事務の終了等　　　　　　　　　　　　　　　　§667

頁 [米沢明])。これに対して，株式会社の清算については，「清算事務が終リタルトキハ清算人ハ」（平17改正前商427 I）と規定されており，個々の清算人の終任を包含しないものであった。

会社法は，合同会社の導入に伴い，本条の適用対象を合同会社も含めた清算持分会社とするとともに，「清算人ノ任務」の終了と規定されていたところを「清算事務」の終了とあらためて，清算株式会社の場合と同様に，個々の清算人の終任は対象から除外されることを明らかにしている。なお，平成17年改正前商法133条については，社員保護のために清算人の付随的職務として任務終了のときに計算について社員の承認を求めるべき旨を，社員の承認擬制とともに規定するもので，同法130条等とともに，清算に関する社員の監視権を具体的に表現したものであると理解されていた（石井・下429頁，新注会(1)528頁 [米沢]）。本条についても，清算に関する社員の監視権を具体的に規定するという規定の趣旨に，変更はないものと考えられる。

II　清算に係る計算と社員による承認

本条1項により，清算事務が終了すると，清算人は，遅滞なく清算に係る計算をして社員の承認を受けなければならない。清算事務の終了とは，通例は，現務の結了，債権の取立ておよび債務の弁済，残余財産の分配などを完了することをいうが，前述のように，破産手続に移行する場合にも清算事務の終了となる。

清算人が社員の承認を受けるべき清算に係る計算について，特別の規定は設けられていないが，平成17年改正前商法133条に関する解釈としては，清算結了の貸借対照表を作成すべきである，と解釈されており（松本594頁，松田405頁，新注会(1)528頁 [米沢]，五全訂コンメ198-199頁），清算人の就職のときの財産目録および貸借対照表の作成義務を定める平成17年改正前商法130条との関係からも，そのように解すべきであろうと論じられていた（新注会(1)528頁 [米沢]）。会社法の下でも，清算持分会社の清算人は，就任後遅滞なく清算原因が生じた日における財産目録および貸借対照表を作成すべきものとされている（658 I）。会社法下の持分会社に関する登記実務の解説にも，清算に係る計算についての承認を求める場合には，清算結了の財産目録および貸借対照表を作成しなければならないとの記述がみられる（青山修・持分会社の登記実務〔補訂版〕〔民事法研究会，2017〕291頁）。他方，株式会社の清算の場合について

も、平成17年改正前商法427条により作成が要求される決算報告書の内容について、法令上特別の規定は設けられていなかったが、学説の解釈としては、少なくとも資産の処分、債務の弁済および残余財産の分配についての報告が記載されることを要する、と説明されていた（味村治・新訂詳解商業登記（上）〔民事法情報センター、1996〕1016頁、新注会⑬315頁〔中西正明〕。ちなみに、味村・前掲1017頁注3は、係る解釈について昭和36年9月26日民事甲2462号民事局長指示〔福岡法・合同決議〕を注記しており、同民事局長指示では貸借対照表を添付した合名会社清算結了登記申請の受理について、資産の処分を明らかにした清算計算書を追加または添付させることが指示されている）。会社法においては、本条にいう「清算に係る計算」に相当する計算は、清算株式会社については法務省令で定めるところにより作成される決算報告とされ（507Ⅰ）、これを受けて会社法施行規則150条には、決算報告の内容とすべき事項として、①債権の取立て、資産の処分その他の行為によって得た収入の額、②債務の弁済、清算に係る費用の支払その他の行為による費用の額、③残余財産の額（支払税額がある場合には、その税額および当該税額を控除した後の財産の額）、④1株当たりの分配額（種類株式発行会社にあっては各種類株式1株当たりの分配額）の4つが列挙され、①②の事項については、適切な項目に細分することができること、④については、残余財産の分配を完了した日と、残余財産の全部または一部が金銭以外の財産である場合には、当該財産の種類および価額を注記すべきことが定められている。このような解釈論の経緯および現行法における清算株式会社の決算報告の内容を勘案すると、清算持分会社についても、会社法施行規則に定める清算株式会社の決算報告に準じた書類を作成すべきものと解釈することが適切であるように思われる。ただし、清算持分会社においては、残余財産の分配は、定款の定めがないときは社員の出資額に応じてなされるべきものとされているので（666）、④については、残余財産の分配が、定款の定めまたは各社員の出資額に応じてどのようになされたかを確認できる内容とすべきであろう。

　清算に係る計算について社員の承認を得る方法についても、法令上特別な定めは設けられていない。

Ⅲ　計算の承認と清算人の責任

　本条2項により、社員が1か月以内に本条1項の計算について異議を述べなかったときは、清算人の職務の執行に不正の行為があった場合を除いて、社員

の承認があったものとみなされる。前述のように，清算人には本条1項により社員の承認を受けるべき義務があるので，清算に係る計算について社員の承認を受けるために必要な通知等を行わず，単に1か月が経過したというだけでは，承認の擬制は働かないものと考えられる。

　ここにいう不正の行為については，計算の内容が不正である場合であると，承認を受けることについて社員を欺罔するといった不正の行為があった場合であるとを問わないと説明されていた（伊澤156頁，新注会(1)529頁［米沢］，五全訂コンメ199頁）。ちなみに，昭和56年改正前の商法284条（明32商193）には，定時株主総会において計算書類が承認されたときは，不正の行為があった場合を除いて，会社は取締役または監査役に対してその責任を解除したものとみなす旨が規定されており，株式会社の清算の場合について定める明治32年商法230条2項は同法193条を準用していたが，昭和13年改正商法427条では，準用をやめて，同条2項において，決算報告書が株主総会で承認された場合の清算人の責任解除について，同様の規定が独自に設けられた。しかしながら，独自の規定が設けられた以降も，清算人の責任解除に関する規定の解釈については，かつての準用条文である昭和56年改正前の商法284条（明32商193）についての解釈が参考にされ，さらに，合名会社・合資会社における清算事務の終了の場合における計算の承認に関する規定の解釈についても，これが参考にされた。「不正の行為」についての前述の説明は，明治32年商法193条の株主総会による計算書類の承認に関する判例（大判大正11・3・13民集1巻93頁は，計算書類の承認を求めるについて不正の行為をなした場合はもちろん，取締役・監査役がその任務に背き不正の行為をなし株式会社に損害を加えた場合をも規定したものと判示する）・多数説（田中誠二ほか・四全訂コンメンタール会社法〔勁草書房，1984〕1533頁）の考え方によるものである。なお，少数説は，株主総会に対して計算書類の承認を求めるにつき，不正の行為をなした場合は含まないと解釈し，この場合には民法の詐欺による取消等の一般原則の結果，計算書類の承認そのものが無効または取消しになる，あるいは承認決議の瑕疵として考えるべきであると主張していた（田中耕太郎・改正会社法概論〔岩波書店，1939〕604頁，注会(6)55頁［服部栄三］，服部栄三・新版会社法〔ミネルヴァ書房，1975〕143頁）。

　その後，昭和56年の商法改正によって284条は削除され，計算書類の承認による取締役等の責任解除という制度は廃止されたが，清算の場合については存置され，507条4項に引き継がれている。前述のように，同項には，清算株式会社の株主総会において決算報告が承認されると，職務執行に関して不正の

行為があったときを除いて，清算人の任務懈怠による損害賠償責任は免除されることが規定されている。これに対して，清算持分会社については，これに相当する規定は設けられていない。このような扱いの差異は，会社法制定以前から，株式会社の清算の場合と合名会社・合資会社のそれとの間に存在していた。しかしながら，学説は，昭和13年改正前商法98条の当時から，清算人が清算に係る計算をしたときに，これに対する社員の承認があった場合，または，承認がなくても異議なく1か月を経過した場合には，不正の行為があったときを除いて，清算人の責任は解除されることになると解釈していた（片山義勝・会社法原論〔第8版〕〔中央大学，1923〕236頁，岡野敬二郎・会社法〔有斐閣，1929〕163頁，松本596頁，新注会(1)529頁［米沢］）。本条についても，同様に，計算の承認が得られた場合または1か月の経過により承認が擬制された場合には，不正の行為があるときを除いて，清算人の任務懈怠責任は免除されると解釈する見解が現れている（新基本法コンメ(3)101頁［菊地］，論点体系(4)582-583頁［髙井章光］）。ここにおける社員の承認に清算株式会社の株主総会の承認決議に相当する効果を認めることに特段の問題はないものと思われるが，1か月の経過による承認の擬制に，これと同様の効果を認めることには若干の説明が必要であろう。この点については，責任免除の意思に基礎を置くものではなく，異議を述べずに1か月を経過したことによる責任追及の法的禁止とみるべきであるとする見解が主張されている（新基本法コンメ(3)101頁［菊地］）。

なお，清算結了の登記との関係では，清算に係る計算の承認があったことを証する書面を登記申請書に添付することが求められている（商登102）。

IV 清算結了後の手続

清算事務が終了し，清算に係る計算に社員の承認を受けたときは，清算は結了する。清算持分会社は，清算の目的の範囲内において清算が結了するまで存続しているので（645），清算の結了によって清算持分会社の法人格は消滅する。清算結了後，清算人は，全社員の承認を得た日から2週間以内に，本店所在地において清算結了の登記を申請しなければならず（929②③），また支店の所在地においても3週間以内に同様の登記を申請しなければならない（932）。このように，清算結了の登記は，創設的な効力を有するものではなく，登記によって清算持分会社の法人格が消滅するものではない。清算結了の登記をしても，清算事務が終了していなければ，清算持分会社の法人格はなお存続してい

第6節　清算事務の終了等　　　　　　　　　　　§667

る。清算に係る計算について社員の承認を得ておらず，承認の擬制が働かないときも同様である。なお，清算人には，本店所在地における登記の時から10年間，清算持分会社の帳簿ならびに事業および清算に関する重要な資料を保存する義務が課される（672 I）。

（川島いづみ）

第 7 節　任 意 清 算

> **（財産の処分の方法）**
> **第 668 条**　①　持分会社（合名会社及び合資会社に限る。以下この節において同じ。）は，定款又は総社員の同意によって，当該持分会社が第 641 条第 1 号から第 3 号までに掲げる事由によって解散した場合における当該持分会社の財産の処分の方法を定めることができる。
> ②　第 2 節から前節までの規定は，前項の財産の処分の方法を定めた持分会社については，適用しない。

I　総　　説

　合名会社および合資会社は，法定の手続によってなされる法定清算とは別に，任意清算を行うことができる。会社法は，平成 17 年改正前商法の条文の体裁を変更し，任意清算に関する同法 117 条を複数の条文に分けるとともに準用規定を置くことをやめて，任意清算を行える場合について本条で規定し，669 条において財産目録等の作成方法，670 条において債権者の異議手続，671 条において持分の差押債権者の同意等を規定している。本条により，合名会社および合資会社は，641 条 1 号から 3 号までに掲げる事由（定款で定めた存続期間の満了，定款で定めた解散事由の発生，または，総社員の同意）によって解散した場合には，定款または総社員の同意によって，当該会社の財産の処分の方法を定めることができ，これを定めた持分会社には，第 2 節から第 6 節までの規定（646-667）を適用しないものとされている。したがって，任意清算の場合には，第 2 節（清算人），第 3 節（財産目録等），第 4 節（債務の弁済等），第 5 節（残余財産の分配）および第 6 節（清算事務の終了等）に定める規定は適用されない。これに対して，帳簿資料の保存義務に関する規定（672）や解散登記後の社員の責任に関する規定（673）は，法定清算の場合と任意清算の場合の双方に適用される。

　合名会社および合資会社において任意清算を行えることは，明治 32 年商法

第7節　任意清算　§668

から認められている。合名会社・合資会社の任意清算が認められる理由としては，これらの会社にあっては，株式会社の場合と異なり，これを認めても対外的には解散後も社員が無限責任を負うから，会社債権者の利益を害するおそれが少ないこと，また対内的には社員間に信頼関係が存するから，社員中の一部の者が他の者を圧倒してその利益を害する危険が少ないことが挙げられており（石井・下427頁，大隅＝今井・上120頁），それゆえ，会社財産の処分を社員の自由に任せることを不適当とする場合，すなわち社員が1人となったことまたは解散を命ずる裁判によって解散をした場合は除かれる，と説明されていた（大隅＝今井・上120頁）。会社法は，法人が無限責任社員となることを認めたものの，合名会社・合資会社の任意清算について，平成17年改正前商法の立場を基本的には維持している。会社法が新たに導入した合同会社については，任意清算の制度は設けられていない。合同会社においては，解散後も，社員の間接有限責任制を確保することが社員の合理的な意思に合致するであろうし，債権者にとっても各社員に対して追及しなければならないこととされるのは酷であると考えられるからである，と説明されている（立案担当168頁）。

合名会社の任意清算について，明治32年商法85条は，解散の場合における会社財産の処分方法を定款または総社員の同意によって定めることができ，この場合には解散の日から2週間以内に財産目録および貸借対照表の作成を要することと，合併における債権者異議手続が準用されることを規定していた（明治32年商法105条により合資会社に準用）。昭和13年の商法改正により，任意清算に関する規定は，条数が117条に変更されるとともに，2項において，社員が1人となったことを原因として解散した場合および裁判所の解散を命ずる裁判により解散した場合には，任意清算の方法によることはできないこと，3項において，合併の場合の会社債権者異議手続に関する同法100条の規定を準用すること，そして，4項において，社員の持分の差押債権者がいる場合にはその者の同意を要することが規定された（昭和13年改正商法147条により合資会社に準用）。なお，昭和13年改正では，100条自体が改正されて，異議ある債権者に対し弁済を受けさせることを目的として信託会社に相当の財産を信託して任意清算を遂行する途が開かれた（横田正俊「合名会社に関する諸問」法学志林41巻4号〔1939〕117頁）。その後は改正されず，平成17年の会社法制定にいたっている。

〔川島〕

II 定款または総社員の同意

　任意清算の場合，会社財産の処分方法は，定款の規定または総社員の同意によって定められる。定款の定めは，とくに清算について規定したものでなければならず，仮に業務執行について多数決によるべき旨を定めていたとしても，それだけでは任意清算の方法によることを多数決によって決定するための定款規定としては不十分であると考えられている（伊澤135頁，新注会(1)473頁［米沢明］）。清算は，業務の執行ではないからである。総社員の同意は，解散の前後を問わず行うことができるが，平成17年改正前商法の下では，解散の日から2週間以内に債権者保護のために財産目録と貸借対照表を作成することを要求していたことから（同法117 I），時期的な制約として，総社員の同意は，遅くとも解散の日から2週間以内になされなければならなかった（伊澤135頁，新注会(1)473頁［米沢］，大隅＝今井・上120頁）。669条2項は，従来の立場を一部変更して，ここにいう財産目録等の作成時期について，本条1項の財産の処分方法を解散後に定めたときは，定めたその日から2週間以内に財産目録等を作成しなければならないと規定しており，総社員の同意の時期について従来存在した制約はなくなっている。

　定款に，清算の際の会社財産の処分方法に関する定めがなく，かつ，総社員の同意も得られないときは，法定清算によることになる。前述のように，任意清算によることの決定には時期的な制限がなくなっていることもあり，いったん法定清算手続を開始した後に総社員の同意によって任意清算に移行することも可能である。逆に，いったん任意清算によることを定めた後に，総社員の同意をもって法定清算に変更することも差し支えないと解釈されている（片山義勝・会社法原論〔第8版〕〔中央大学，1923〕210頁，松本584頁，新注会(1)473頁［米沢］）が，670条に定める債権者異議手続の公告および個別催告をした後は，会社債権者との間に一定の法律関係を生じているので，任意清算によることを変更できなくなると解する見解がある（片山・前掲210-211頁）。

III 財産の処分の方法

　任意清算の場合における財産の処分の方法に別段の制限はなく，定款の規定または総社員の同意によって任意に定めることができる。会社の財産を一括し

第7節　任意清算　　§669

て社員の1人または第三者に譲渡してその対価を社員に分配することや，会社財産を現物のまま社員に分配することも自由であると説明される（松本584頁，伊澤135頁，石井・下427頁，新注会⑴473頁［米沢］，大隅＝今井・上121頁）。いずれにしても，会社債権者の利益を害してはならず，法定の会社債権者異議手続（670・671）に従わなければならない。なお，残余財産の分配を現物で行うことは，法定清算の場合であっても，定款の定めまたは総社員の同意があれば可能である。

　また，任意清算の場合には，清算人に関する会社法の規定は適用されないが，清算事務を遂行する者を定めることが必要であり，これも財産処分の方法の定めに含まれるものと解されている（新注会⑴473頁［米沢］，新基本法コンメ⑶103頁［菊地雄介］，論点体系⑷584-585頁［髙井章光］）。財産処分についての権限を与えられた者が，債権者保護のための諸手続を行うことになり，また，清算持分会社を代表する社員が，法定清算の場合の清算人に代わって，清算終了後も帳簿資料の保存義務（672）を負うことになる。

(川島いづみ)

（財産目録等の作成）
第669条①　前条第1項の財産の処分の方法を定めた持分会社が第641条第1号から第3号までに掲げる事由によって解散した場合には，清算持分会社（合名会社及び合資会社に限る。以下この節において同じ。）は，解散の日から2週間以内に，法務省令で定めるところにより，解散の日における財産目録及び貸借対照表を作成しなければならない。
②　前条第1項の財産の処分の方法を定めていない持分会社が第641条第1号から第3号までに掲げる事由によって解散した場合において，解散後に同項の財産の処分の方法を定めたときは，清算持分会社は，当該財産の処分の方法を定めた日から2週間以内に，法務省令で定めるところにより，解散の日における財産目録及び貸借対照表を作成しなければならない。

I　総　　説

本条は，668条の規定によるいわゆる任意清算の場合の財産目録および貸借

§669

対照表の作成義務に関する規定であり，解散の日における会社の財産の状態を明らかにすることにより，会社債権者などの利害関係人の保護を図ろうとするものである。本条1項は，合名会社または合資会社である清算持分会社が，641条1号ないし3号の事由（定款で定めた存続期間の満了，定款で定めた解散事由の発生，または，総社員の同意）によって解散した場合に，668条に定めるいわゆる任意清算によることを定款の規定または総社員の同意によって定めていたときは，解散の日から2週間以内に，法務省令の定めに従い解散の日における財産目録と貸借対照表を作成しなければならないこと，本条2項は，解散した時点では，668条の任意清算によることを定めておらず，解散後にこれを定めたときは，これを定めた日から2週間以内に，同様に財産目録と貸借対照表を作成しなければならないことを規定している。これを受けて，財産目録については会社法施行規則160条に，また貸借対照表については同則161条に，それぞれ規定されており，それらの作成方法は法定清算の場合（658 I）と同様である。

平成17年改正前商法117条1項は，明治32年商法85条1項以来の規定であり，合名会社について，解散の場合における会社財産の処分方法（つまり，任意清算によること）は定款または総社員の同意をもって定めることができ，この場合には，解散の日から2週間以内に財産目録および貸借対照表の作成を要する旨を規定していた（平成17年改正前商法147条により合資会社に準用）。会社財産の処分方法に関する総社員の同意による定めは，解散の前後を問わず行えると解されていたが，解散の日から2週間以内に財産目録等を作成することが要求されていたため，解散の前に会社財産の処分方法（任意清算によること）を定めていない場合には，解散の日から2週間以内に総社員の同意を得なければならないという制約があった［☞§668 I］。会社法は，本条1項において，解散の時点で財産の処分方法を定めている場合について，財産目録等の作成時期を解散の日から2週間以内と，また本条2項において，解散後に，任意清算によること（財産の処分方法）を定める場合について，財産目録等の作成時期をその定めの日から2週間以内とそれぞれ規定することにより，平成17年改正前に存在した前述の時期的な制約を解消させている。

II 任意清算の場合における財産目録・貸借対照表

法定清算の場合には，清算開始原因に該当することとなった日における財産

〔川 島〕

第7節　任意清算　§669

目録および貸借対照表の作成は，清算人の職務とされ，その内容を各社員に通知すること（658 I），本店の所在地における清算結了の登記時まで財産目録および貸借対照表を保存すること（同条II），および，社員の請求により毎月清算の状況を報告すること（同条III）が義務付けられている。任意清算の場合には，これらの規定は適用されないので，本条で作成が要求される財産目録および貸借対照表について，その作成を誰が行うかなど，658条に定める事項をどのように行うかを，清算持分会社は，定款の定めまたは総社員の同意によって自由に決定することができる。もっとも，財産目録および貸借対照表の作成は，会社債権者その他の利害関係人を保護するために本条によって要求されているものであるから，財産目録および貸借対照表の内容を社員に開示しないことやこれらを保存しないことは認められないし，社員の請求に対して清算の状況をまったく報告しないといったことも当然認められないと考えられる。

　また，法定清算の場合には，659条により，裁判所は，申立てによりまたは職権で，訴訟の当事者に対し財産目録および貸借対照表の全部または一部の提出を命ずることができると規定されているが，任意清算の場合には同条も適用されない。ただし，任意清算の場合であっても，民事訴訟法上の文書提出命令の要件が充たされるときは，同法の規定により，財産目録や貸借対照表の提出が命じられることはあり得よう。

III　財産目録および貸借対照表の作成に関する法務省令

　本条により要求される財産目録の作成方法は，会社法施行規則160条に規定されている。同条は，658条1項または本条の規定により作成すべき財産目録に計上すべき財産については，その処分価格を付すことが困難な場合を除き，644条各号に定める清算の開始原因に該当することとなった日における処分価格を付さなければならないこと，この場合において，清算持分会社の会計帳簿については，財産目録に付された価格を取得価格とみなすこと（会社則160 II），財産目録は，資産の部，負債の部および正味資産の部に区分して表示しなければならず，資産の部および負債の部はその内容を示す適当な名称を付した項目に細分できること（同条III）を規定している。また，本条に定める貸借対照表の作成方法は，会社法施行規則161条に規定されており，658条1項または本条の規定により作成すべき貸借対照表について，財産目録に基づいて作成しなければならないこと（会社則161 II），貸借対照表は，資産の部，負債の

部および純資産の部に区分して表示しなければならず,資産の部および負債の部はその内容を示す適当な名称を付した項目に細分できること(同条Ⅲ),処分価格を付すことが困難な資産がある場合には,貸借対照表には当該資産に係る財産評価の方針を注記しなければならないこと(同条Ⅳ)を規定している。会社法施行規則160条と161条は,任意清算の場合に限らず,持分会社が清算する場合に作成すべき財産目録の作成要領と貸借対照表の作成要領を,それぞれに明らかにしたものである(郡谷大輔監修・会社法関係法務省令逐条実務詳解〔清文社,2006〕348-349頁〔佐治俊夫〕)。

平成17年改正前商法の下では,法定清算および任意清算の際に作成を求められる財産目録および貸借対照表の作成要領について,特段の定めを設けていなかったが,学説により,この際に作成される財産目録は,清算財産目録であり,営業の存続を前提とするものではないから,その財産評価は処分価格によると理解されていた(伊澤135頁,大隅〔初版〕〔1957〕241頁,新注会(1)474頁〔米沢明〕,五全訂コンメ164頁)。

解散の日における財産目録は,清算財産目録,清算開始時の財産目録ともよばれ,清算持分会社の清算開始時(解散の日)における事業用財産(積極財産・消極財産)の明細表であって,清算開始時における清算持分会社の総財産に個別的に価額を付して記載した帳簿である,と説明されてきた(大隅〔初版〕〔1957〕224頁,コンメ会施規786頁)。解散の日における財産目録は,解散の日における貸借対照表の作成の基礎とするために作成されるという関係も,従来どおりのものである(コンメ会施規786頁)。

なお,財産目録または貸借対照表に記載もしくは記録すべき事項を記載もしくは記録せず,または,虚偽の記載もしくは記録をしたときは,100万円以下の過料に処せられる(976⑦)。

(川島いづみ)

(債権者の異議)
第670条 ① 持分会社が第668条第1項の財産の処分の方法を定めた場合には,その解散後の清算持分会社の債権者は,当該清算持分会社に対し,当該財産の処分の方法について異議を述べることができる。
② 前項に規定する場合には,清算持分会社は,解散の日(前条第2項に規定する場合にあっては,当該財産の処分の方法を定めた日)から2週間以内に,次に掲

第7節　任意清算　§670

> げる事項を官報に公告し，かつ，知れている債権者には，各別にこれを催告しなければならない。ただし，第2号の期間は，1箇月を下ることができない。
> 　1　第668条第1項の財産の処分の方法に従い清算をする旨
> 　2　債権者が一定の期間内に異議を述べることができる旨
> ③　前項の規定にかかわらず，清算持分会社が同項の規定による公告を，官報のほか，第939条第1項の規定による定款の定めに従い，同項第2号又は第3号に掲げる公告方法によりするときは，前項の規定による各別の催告は，することを要しない。
> ④　債権者が第2項第2号の期間内に異議を述べなかったときは，当該債権者は，当該財産の処分の方法について承認をしたものとみなす。
> ⑤　債権者が第2項第2号の期間内に異議を述べたときは，清算持分会社は，当該債権者に対し，弁済し，若しくは相当の担保を提供し，又は当該債権者に弁済を受けさせることを目的として信託会社等に相当の財産を信託しなければならない。

1　本条の趣旨

本条は，持分会社（合名会社と合資会社に限られ，合同会社は除かれる。668Ⅰ参照）が定款または総社員の同意によって財産の処分の方法を定めて実施する清算（一般に「任意清算」とよぶ。同項参照）を行う場合について，財産の処分により会社債権者の利益が害されるおそれがあるため，債権者の異議手続を定めたものである（本条Ⅰ）。本条の債権者異議制度は，株式会社や合同会社の資本金減少の場合における債権者異議制度（449・627）とほぼ同様の内容であるが，規律が異なる点として，本条による手続においては，債権者が異議を述べた場合にその債権者を害するおそれがないときは会社による弁済等の対応 [☞4] を不要とする規律は存在しない（449Ⅴただし書・627Ⅴただし書と対比）。なお，本条の制度は，平成17年改正前商法における規律をほぼ引き継いだものである（平17改正前商117Ⅲ・100・147参照）。

2　債権者の異議申述の機会の公告等

合名会社または合資会社の清算持分会社（645参照）は，解散の日（669Ⅰ。同条2項の場合は財産処分の方法を定めた日）から2週間以内に，①668条1項の財産処分の方法に従って清算をする旨と②債権者が1か月を下回らない一定の期間内に異議を述べることができる旨を官報に公告し，かつ，知れている債権

〔伊藤〕

§671　　　　　　　　　　　　　　第3編　持分会社　第8章　清算

者に各別に催告しなければならない（本条Ⅱ）。ただし，官報による公告に加えて，定款の定めに基づく日刊新聞紙への掲載または電子公告による公告をしたときは，上記の各別の催告は不要となる（本条Ⅲ）。

3　債権者が異議を述べなかったとき

債権者が上記の異議申述期間内に異議を述べなかったときは，その債権者は財産処分の方法について承認をしたものとみなされる（本条Ⅳ）。

4　債権者が異議を述べたとき

会社が定めた上記の異議申述期間内に債権者が異議を述べたときは，会社は，その債権者に対し，弁済し，もしくは相当の担保を提供し，またはその債権者に弁済を受けさせることを目的として信託会社等に相当の財産を信託しなければならない（本条Ⅴ）。

5　本条違反の効果

会社が本条に違反して財産の処分を行った場合であっても，その財産処分行為が当然に無効となるわけではない。しかし，債権者は，訴えをもって財産処分行為の取消しを請求することができる（863Ⅰ①）。ただし，その処分行為がその債権者を害しないものであるときは，この限りでない（同項ただし書）。この訴えに係る規定は，民法の詐害行為取消権の特別規定であり，民法の関係する規定が準用される（同条Ⅱ）。以上の規律は，平成17年改正前商法における規律を引き継いだものである（平17改正前商118・147参照）。

なお，本条2項に違反して財産処分をしたときは，過料の制裁に服する（976㉖）。また，本条2項の公告を怠ったときも，過料の制裁に服する（同条㉒）。

〔伊藤壽英〕

（持分の差押債権者の同意等）
第671条　①　持分会社が第668条第1項の財産の処分の方法を定めた場合において，社員の持分を差し押さえた債権者があるときは，その解散後の清算持分会社がその財産の処分をするには，その債権者の同意を得なければならない。
②　前項の清算持分会社が同項の規定に違反してその財産の処分をしたときは，社

第7節　任意清算　　　　　　　　　　　　　　　　　　　　　　　§671

> 員の持分を差し押さえた債権者は，当該清算持分会社に対し，その持分に相当する金額の支払を請求することができる。

I　総　　説

　本条は，合名会社および合資会社が任意清算をする場合には，社員の持分の差押債権者の同意を得なければならないことを規定するとともに，これを得ずに清算持分会社が財産の処分をしたときは，持分差押債権者はその持分に相当する金額の支払を清算持分会社に対して請求できることを規定している。社員の持分を差し押えた債権者は，清算持分会社自体の債権者ではないが，差押えにより社員の残余財産分配請求権の上にも権利を有するものであって，任意清算による財産の処分方法によってはこの権利が侵害されるおそれがあるから（新注会(1) 475頁［米沢明］，五全訂コンメ 165頁），社員と同様に同意を得る必要があると理解されている。その意味では，社員の持分差押債権者に，社員と同様の地位が与えられ，社員と同様に持分差押債権者からも同意を得る必要が生じる，という関係になるが，他方で，この関係は，社員の持分に対する差押債権者がこうして会社に対する債権者の地位を与えられる，と説明することもできる（新基本法コンメ(3) 105頁［菊地雄介］）。

　平成17年改正前商法117条4項には，同条1項の場合（合名会社において，解散の場合における会社財産の処分方法を定款または総社員の同意をもって定める場合）において社員の持分を差し押えた者があるときは，その者の同意を得ることを要す，との規定を置いて，社員の持分の差押債権者の同意を要求していた。また，同法119条には，会社が同法117条4項の規定に違反してその財産を処分したときは，社員の持分を差し押えた者は会社に対してその持分に相当する金額の支払を請求することができ，この場合には同法118条（会社債権者の取消権）が準用されることを規定していた（いずれの条項も，同法147条により合資会社に準用）。平成17年改正前商法117条4項および119条は，昭和13年の商法改正によって，持分差押債権者の利益保護のために，追加された規定である。

　会社法は，本条1項において，合名会社および合資会社が任意清算をする場合には社員の持分差押債権者の同意を得なければならないことを，また本条2項において，会社がこれに違反して財産を処分したときに，持分差押債権者は

〔川　島〕

会社に対し持分に相当する金銭の支払請求権を有することを規定している。同意を得ずになされた財産処分の取消しについては，863 条 1 項 2 号に規定が置かれている。同号では，清算持分会社（合名会社・合資会社に限る）が本条 1 項の規定に違反して清算持分会社の財産処分を行ったときは，清算持分会社の社員の持分を差し押えた債権者は，当該行為がその者を害しないものであるときを除いて，訴えをもって当該行為の取消しを請求することができる旨を規定している。

II　差押債権者の範囲

定款の規定により会社財産の処分方法が定められた場合，その定めの後に社員の持分を差し押えた債権者は，差押前から財産の処分方法を知っていたはずであり，処分方法のいかんによって不測の不利益を受けるおそれはないともいえる。しかしながら本条（および平成 17 年改正前商法 117 条 4 項）には，差押えの時期に関する制限はとくに定められていないので，このような持分差押債権者も，本条にいう持分差押債権者に含まれると解釈するのが，従来の学説（伊澤 136 頁，新注会(1) 475 頁 [米沢]，五全訂コンメ 165 頁）であり，現在も同様の解釈とされる（論点体系(4) 589 頁 [髙井章光]）。なお，社員の持分の差押債権者には，仮差押えをした者は含まれない（伊澤 138 頁，大隅＝今井・上 120 頁，田中誠・下 1254 頁）。

他方，明文の規定はないが，他の社員の承認を得て持分につき質権の設定をした場合における質権者に対しても，同様の取扱いをすべきであると解するのが，平成 17 年改正前商法下の解釈であった（横田正俊「合名会社に関する諸問」法学志林 41 巻 4 号〔1939〕118 頁，伊澤 136 頁，新注会(1) 475 頁 [米沢]）。質権者は，差押債権者と同様の利害関係を有することから，会社法の下でも同様に解釈すべきであろう（論点体系(4) 589 頁 [髙井]）。

III　持分相当額の支払請求権

会社が持分差押債権者の同意を得ずに会社財産を処分しても，とくに罰則は定められていないが，本条 2 項により，持分差押債権者には，持分相当額の支払請求権が認められる。持分差押債権者が，その同意を得ずに会社財産を処分した清算持分会社に対して有する支払請求権は，差し押えた持分に相当する計

第7節　任意清算　§671

数上の金額の支払請求権であり，法定清算の場合にその社員として払戻しを受けるべき残余財産の分配に相当する金額の支払請求権である（伊澤138-139頁）。もっとも，持分差押債権者は，清算持分会社に対して持分相当額の支払請求権を有することになったとしても，そのことで，社員自身に対して有する債権を失うものではなく，また社員の持分に対する差押えの効力に影響が生ずるものでもない。したがって，この場合，持分差押債権者は，会社に対する持分相当額の支払請求権と社員に対する債権とを，競合的に有することになる。

　会社に対する持分相当額の支払請求権と社員に対する債権とは，一方の弁済があれば，他方の債権が消滅する関係にある（伊澤139頁，新注会(1)481頁［米沢］）。ただし，社員に対する債権が差し押えている持分よりも大きいときは，会社から持分相当額の支払を受けても，なお残存する価額については社員に対して請求することができるが，逆に，社員に対する債権が差し押えている社員の持分よりも小さいときは，社員に対する債権の限度においてのみ，会社に対して相当額の支払を請求できるものと解釈される（伊澤139頁，新注会(1)481頁［米沢］）。

　また，持分差押債権者は，清算持分会社が持分差押債権者の同意を得ずに会社財産を処分したときは，清算持分会社に対して，持分相当額の支払請求権を有することに加えて，同意を得ずになされた財産処分の取消しを請求することができる（863Ⅰ②）。持分相当額の支払請求権と財産処分の取消請求権とは，それぞれの要件および効果を異にし，必ずしも常に連動して理解される権利ではない。例えば，財産処分行為の取消請求が棄却された場合であっても，持分相当額の支払請求権は消滅しないと解釈されている（伊澤139頁，新注会(1)481頁［米沢］）。

（川島いづみ）

第8節　帳簿資料の保存

> **第672条** ① 清算人（第668条第1項の財産の処分の方法を定めた場合にあっては，清算持分会社を代表する社員）は，清算持分会社の本店の所在地における清算結了の登記の時から10年間，清算持分会社の帳簿並びにその事業及び清算に関する重要な資料（以下この条において「帳簿資料」という。）を保存しなければならない。
> ② 前項の規定にかかわらず，定款で又は社員の過半数をもって帳簿資料を保存する者を定めた場合には，その者は，清算持分会社の本店の所在地における清算結了の登記の時から10年間，帳簿資料を保存しなければならない。
> ③ 裁判所は，利害関係人の申立てにより，第1項の清算人又は前項の規定により帳簿資料を保存する者に代わって帳簿資料を保存する者を選任することができる。この場合においては，前2項の規定は，適用しない。
> ④ 前項の規定により選任された者は，清算持分会社の本店の所在地における清算結了の登記の時から10年間，帳簿資料を保存しなければならない。
> ⑤ 第3項の規定による選任の手続に関する費用は，清算持分会社の負担とする。

I　総　　説

1　本条の趣旨

本条は，本店所在地における清算結了の登記の時から10年間，清算人（任意清算の場合には，清算持分会社を代表する社員）が，清算持分会社の帳簿ならびに事業および清算に関する重要な資料（以下，「帳簿資料」という）を保存しなければならないこと（本条I），定款または社員の過半数をもって帳簿資料を保存する者を定めた場合には，その者が帳簿資料を保存しなければならないこと（本条II），利害関係人の申立てにより，裁判所は清算人（または清算持分会社を代表する社員）に代わって帳簿資料を保存する者を選任でき，この場合には1項および2項は適用されないこと（本条III），裁判所が選任した帳簿資料の保存者も，清算結了の登記の時から10年間，帳簿資料を保存しなければならないこと（本条IV），裁判所による選任手続に関する費用は清算持分会社が負担

〔川　島〕

第8節　帳簿資料の保存　　　　　　　　　　　　　　　§672

すること（本条V）を規定している。帳簿資料の保存は，清算に関して後日に紛争等が生じた場合に備えて，証拠資料として一定期間保存させることを目的としたものであり（新基本法コンメ(3)106頁［菊地雄介］，論点体系(4)590頁［髙井章光］），株式会社に関する508条の趣旨（概説528頁，江頭1009頁）［☞§508 I］と同趣旨の規定である。このような本条の趣旨は，平成17年改正前商法における本条に相当する規定の趣旨（新注会(1)575頁［蓮井良憲］）から変更されていない。

　なお，本条の違反について会社法上罰則の定めはなく，違反の効果についても別段の規定は設けられていない。

2　沿　革

　合名会社に関する平成17年改正前商法143条は，会社の帳簿ならびに営業および清算に関する重要な資料は本店所在地における清算結了の登記後10年間これを保存することを要し，その保存者は社員の過半数をもって定める，と規定していた（同法147条により合資会社に準用）。この規定の沿革をみると，明治32年商法101条が「会社ノ帳簿，其営業ニ関スル信書及ヒ清算ニ関スル一切ノ書類」は任意清算の場合には本店所在地における解散の登記後，その他の場合には清算結了の登記後，10年間これを保存することを要することと，その保存者は「社員ノ過半数ヲ以テ之ヲ定」めることを規定していた（同法105条により合資会社に準用）。昭和13年改正商法は，条数を143条に変更したことに加え，保存すべき書類等の表現を「会社ノ帳簿並ニ其ノ営業及清算ニ関スル重要書類」とあらためたが（同法147条により合資会社に準用），これは，営業中の商人の商業帳簿等の保存義務に関する規定が「其商業帳簿及ヒ其営業ニ関スル信書」（昭13改正前商28）から「其ノ商業帳簿及其ノ営業ニ関スル重要書類」（昭13改正商36）に改正されたことに照応するものであった。改正の理由については，信書である限りいかに軽微なものでも保存を要するとするのは必要の程度を超えるものであって，他方で，信書以外にも保存を命ずべき重要書類があり得る，との説明（松本烝治「商法改正要綱解説(1)(2)」法協49巻9号122頁・10号〔1931〕152頁）や，営業に関する信書とあるのは狭きに失し，清算に関する一切の書類とあるのは広きに失する，との説明（横田正俊「合名会社に関する諸問」法学志林41巻4号〔1939〕123頁）がされている。昭和37年の商法改正では，任意清算の場合にも清算結了の登記をすることとしたため（昭37改正商119ノ2），同法143条における保存期間の開始時点についても，任意清算で

〔川　島〕　　　　　　　　　　　　　　　　　　　　　　　　　　243

あるとその他の場合であるとを問わず，清算結了の登記の時に一本化し，本店所在地における清算結了の登記後10年間の保存を義務付けた。これにより，任意清算の手続中に帳簿の保存期間が満了するという不合理なことは生じないようになった（上田明信・改正会社法と計算規則〔商事法務研究会，1964〕24頁）。さらに，保存の対象に電磁的記録が含まれることを明確にするため，平成13年改正商法により，保存の対象は，「会社ノ帳簿並ニ其ノ営業及清算ニ関スル重要書類」から「……ニ関スル重要ナル資料」に改正された。

このように，保存対象となる書類等の表現がたびたび改正され，また，昭和37年商法改正により，保存期間の開始時点が本店所在地における清算結了の登記に統一されたのに対して，保存者の決定方法は，明治32年商法制定以来，一貫して社員の過半数をもって定めるものとされてきた。これに対して，会社法は，合同会社の導入に伴い，本条を清算持分会社に関する規定にするとともに，保存者を，原則として，①清算人（任意清算の場合には，清算持分会社を代表する社員。以下，両者を総称して「清算人等」という）とし，例外的に，②定款または社員の過半数による定め，または，③利害関係人の申立てによる裁判所の選任を認め，②の場合には①が，また，③の場合は①と②がそれぞれ斥けられることを明定している。

II　保存すべき帳簿資料

本条による保存の対象となる帳簿資料は，「清算持分会社の帳簿並びにその事業及び清算に関する重要な資料」である。「清算持分会社の帳簿」には，「重要な」といった限定がついていないことと本条の立法趣旨からみて，会社法上作成が要求される帳簿に加えて，実際上の必要に応じて任意に作成されたものを含む一切の帳簿が含まれると解されている（新基本法コンメ(3)106頁〔菊地〕，論点体系(4)591頁〔髙井〕。平成13年改正前商法143条について，新注会(1)577頁〔蓮井〕）。具体的には，仕訳帳，総勘定元帳，各種補助元帳，仕入帳，売上帳，受取手形記入帳，支払手形記入帳，現金出納帳，貸借対照表等に加え，不動産台帳，機械・設備台帳，原価元帳などが挙げられている（新注会(1)577頁〔蓮井〕，論点体系(4)591頁〔髙井〕）。帳簿の形をとっていない記録類は，資料に含まれることになり，重要なものだけが保存の対象となる。

「事業に関する重要な資料」とは，前述の帳簿以外で，事業上作成されまたは事業の状況を示すために作成された資料のうち，重要なものを指す。事業上

の重要な取引や多額の取引に関する契約書，信書や電子メールの記録，発注書・請求書・受領書・領収書やその控えなどが典型とされ，定款，総社員による重要な決定の記録や業務執行社員による重要な決定会合の議事録，事業に関する信書やその控え，確定申告書の控えなど，事業に関する重要な資料全般が含まれる（新基本法コンメ(3)106頁［菊地］，論点体系(4)591頁［髙井］）。

また，「清算に関する重要な資料」について，前述の改正要綱の解説では，清算の説明資料たるべき重要な書類を指すといわれており（松本・前掲「商法改正要綱解説(2)」152頁），本条の立法趣旨に変わりがないことからして，清算手続が適正に行われたことを示すために必要な資料の一切が含まれると考えられる（新注会(1)577頁［蓮井］）。清算に関する重要な資料の例としては，清算人等の作成する財産目録および貸借対照表（658Ⅰ・669），社員に対する清算状況の報告（658Ⅲ），清算に係る計算とこれについて社員の承認を得たことを示す記録等（667Ⅰ）のほか，現務の結了に向けて交わされた信書や電子メールの記録，債権取立てのための支払請求書の控え，債務の弁済と引換えに受領した受取証，残余財産の分配に向けた会社財産の換価処分に関する契約書，残余財産分配についての各社員の受領証等（新注会(1)577-578頁［蓮井］，新基本法コンメ(3)106頁［菊地］）が挙げられる。平成13年の商法改正の経緯からして，資料の形態は，文書に限られず，マイクロフィルムや磁気テープによる記録はもとより，電子メールの送受信記録等も含まれる。さらに，帳簿資料を記録する媒体が技術革新によって今後も進化していくことを勘案して，その解釈もそうした進化に対応していくことになろう。

Ⅲ　帳簿資料の保存者・保存の費用等

平成17年改正前商法では，人的会社については保存者は社員の過半数によって定めるものとされており，他方，株式会社については，清算人その他の利害関係人の請求により常に裁判所が選任するものとされていた。これに対して会社法は，清算持分会社について，帳簿資料の保存者を原則として清算人等とし，定款または社員の過半数をもって定めることも認めるとともに，利害関係人の申立てがあれば裁判所が選任することとしている。清算人等を原則とすることで保存者決定のための煩を避けつつ，他方で，海外転居，高齢あるいは死亡等，清算人等が保存者となることが適切でない状況の生ずる可能性にも配慮して，定款または社員の過半数による決定により，従来と同様に自治的に保

存者を決定することを認めている。保存者は，必ずしも清算持分会社の社員であることを要せず，第三者であってもよいと考えられる（平成13年改正前商法143条について，新注会(1)578-579頁［蓮井］）。さらに，適切な保存者となると期待できる者を決定できない場合や適切な者が決定されないおそれがある場合も考えられるところから，従来は清算株式会社についてのみ設けられていた裁判所による保存者の選任を，清算持分会社においても選択できるものとしている。裁判所による選任手続に関する費用は，清算持分会社が負担するものと規定されている（本条V）。これに対して，帳簿資料の保存のための費用や保存者の報酬については，何ら規定されていないが，清算持分会社の負担になると考えられており，そのための費用は清算手続中にあらかじめ留保しておくことが必要である（松本599頁・461頁，新注会(1)579頁［蓮井］，論点体系(4)591頁［髙井］）。

　清算人等に代わって帳簿資料を保存する者の選任申立ては，清算持分会社の本店の所在地を管轄する地方裁判所に対して（868），書面によって行う（876，会社非訟規1）。選任決定に対する不服申立ては禁止され（874①），却下決定に対してのみ通常抗告ができる。却下決定には理由付記が必要であるが，選任決定には不要とされる（871②）。

IV　保存期間

　本条の帳簿資料を保存すべき期間は，清算結了の登記の時から10年間である。清算結了の時点において当該清算持分会社に存在する保存すべき帳簿資料の一切を，保存しなければならない。他方，持分会社は，会計帳簿の閉鎖の時から10年間，その会計帳簿および事業に関する重要な資料（以下，「会計帳簿等」という）を保存しなければならないとされている（615 II）。帳簿の閉鎖の時とは，帳簿に最後の記載をした時ではなく，帳簿の使用を廃止した時，通常は決算締切りの時と解するのが多数説である（新基本法コンメ(3)44頁［青竹正一］，服部栄三・商法総則〔第3版〕〔青林書院，1983〕359頁注1，大隅223頁，大森忠夫・商法総則講義〔有信堂，1962〕150頁注1）。いずれにしても，清算結了の登記後10年に満たない間に，会計帳簿等について，615条2項に定める保存義務の期間が満了してしまう事態が生ずる可能性がある。その場合であっても，本条により，清算結了の登記の時から10年間は，これを保存しなければならないと考えられる（新注会(1)579頁［蓮井］）。株式会社に関する平成13年改正前商法

429条について，新注会⒀369頁〔山口賢〕）。本条に定める保存義務は，後に紛争等が生じて証拠資料が必要となる事態に備えて，清算に関する事情を明らかにするために，必要な帳簿資料を保存するところに意義があるので，615条2項とは，保存の目的を異にすると解されるからである［☞§508Ⅳ］（大隅224頁，新注会⒀369頁〔山口〕。反対説として，服部・前掲359-360頁は，両規定の趣旨は異ならず，清算結了の登記以前にすでに保存義務が発生している帳簿等については，すでに経過した期間を清算結了の登記後10年の期間から控除して残存期間のみ保存すれば足りると解釈する）。もっとも，615条2項による保存期間をすでに満了した会計帳簿等がたまたま会社に現存していたとしても，これをさらに本条によって10年間保存する必要はないと考えられる（新注会⒀369頁〔山口〕。反対説として，帳簿はすべてさらに10年間保存すべきと解するものに，竹田省・商法総論〔改訂増補版〕〔有斐閣，1924〕366頁，大森・前掲150頁。本条の帳簿はその対象が広いことを理由に反対説をとるものに，論点体系⑷592頁〔髙井〕）。

Ⅴ 帳簿資料の閲覧等

本条により保存される帳簿資料の閲覧・謄写について，特段の規定は設けられていない。商人の商業帳簿の閲覧権に関する事案について，私人が商業帳簿の閲覧を求めるには，契約または法の特別規定のあることを要するとする判例（大判明治33・10・1民録6輯9巻1頁）があり，学説も同様に解していたことから，平成13年改正前商法143条に関する学説には，上述の趣旨を本条の帳簿資料の閲覧等に類推して，清算持分会社の社員およびその相続人または債権者など，現在は消滅している清算持分会社とかつて利害関係を有していた者に限り，閲覧を認めるべきであると解する見解があり（大隅＝今井・上128頁，新注会⑴579-580頁〔蓮井〕），この場合には裁判所の許可は要しないと解されるが，立法論としては裁判所の許可にかからしめることが望ましいとしていた（新注会⑴580頁〔蓮井〕）。これに対して，清算は本店所在地の地方裁判所の監督下に置かれることを理由に，利害関係人が裁判所の認可を得た上で，帳簿資料の閲覧をなし得るものと解する見解があった（松田二郎＝鈴木忠一・条解株式会社法（下）〔再版〕〔弘文堂，1954〕697頁）。会社法の解釈としても，通信の秘密にかかわる信書の類も保存資料に含まれることから，自由な閲覧等を認めることは難しいと考え，また裁判上の証拠を保存するという本条の趣旨からして，保存資料等の証拠利用には，裁判所の文書提出命令等を要すると解する見解（新基本

法コンメ(3)107頁〔菊地〕）がある。

　他方，株式会社について清算結了の登記後保存される帳簿資料の閲覧等についてみると，最判平成16・10・4（民集58巻7号1771頁）が，平成13年改正前商法429条について，その趣旨は後日紛争が生じた場合等に備え，帳簿資料を一定期間証拠資料として保存する義務を保存者に課したものと解されるとした上で，閲覧等を請求できる者の範囲・要件等を定めた規定がないこと，および帳簿資料には，会計帳簿等はもとより，営業および清算に関する重要資料全般が含まれ，これらの資料の中には，その株式会社または第三者の営業秘密等の清算結了後においても秘匿することを要する情報が記載された資料が存在し得ることを理由として，会社の利害関係人というだけでは閲覧請求は認められないと解する旨を判示している。裁判所の許可を得た者にのみ閲覧請求を認める趣旨であると理解されている（江頭1009-1010頁）。この最高裁判決について，学説は，この結論を支持する見解と，逆に利害関係人の閲覧・謄写を認めることに好意的な見解とに分かれている。この結論を支持する見解は，閲覧等に関する明文規定がない以上，文書提出命令には服するが一般人の閲覧・謄写は当然には認められないと解するほうが無理がないこと，会社の存続中は会計帳簿等の閲覧・謄写請求権が少数株主権とされていること，昭和25年の商法改正において会計帳簿の閲覧・謄写請求権が少数株主権とされながら429条が改正されなかったという事実は，清算結了後の帳簿・重要書類が株主であった者の閲覧請求権の対象とならないという判例の立場を支持する根拠となること等を，その理由として挙げている（弥永真生「判批」判評558号〔判時1894号〕〔2005〕26-27頁）。これに対して，判決の結論に批判的な見解は，裁判所の許可権限を認める明文規定がないことに加え，不正がないかどうかを確かめる情報収集手段として，閲覧等を認めるべきこと（河内隆史「判批」金判1162号〔2003〕64頁），同条違反については罰則がなく，保存資料を閲覧する者がいなければ保存自体が怪しくなること（梅本剛正「判批」法教297号〔2005〕117頁），資料の隠匿や改ざん等を生じかねないこと（田澤元章「清算結了後の会社の帳簿の保存と閲覧について」名城法学54巻4号〔2005〕47頁）等から，正当な開示請求に対しては積極的に対応すべきとしている（志谷匡史「判批」リマークス32号〔2006〕95頁）。ちなみに，会社法は，従来は裁判所が選任していた（平17改正前商429）帳簿資料の保存者を，原則として清算人としており（508 I），裁判所の関与はそれだけ後退したと考えられる。

　ここにおける議論は，本条により保存される帳簿資料の閲覧等について，必

第8節　帳簿資料の保存　　　　　　　　　　　　　　　　　§672

ずしもすべて当てはまるものではない。持分会社の各社員は，持分会社の業務・財産状況を調査する権限を有しており（592 I），定款の定めによっても，社員が事業年度の終了時または重要な事由があるときにこの調査をすることを制限する旨を定めることはできないとされる（同条 II）。平成17年改正前商法153条は合資会社の有限責任社員の業務監視権に関する規定であったが，同条2項は，重要な事由のある場合の検査権（現在の調査権）の行使について裁判所の許可を要求していた。しかし会社法は，このような場合にも裁判所の許可を要しないものとしている（立案担当159頁）。このように，持分会社の社員の業務・財産状況調査権が，株主の会計帳簿等の閲覧・謄写請求権とはその性質を大きく異にすること，さらに会社法は社員に等しく業務・財産状況調査権を与え，かつ定款自治の範囲を明確にして事業年度終了時または重要な事由のあるときには社員の調査権の定款による制限を認めていないこと，他方で，会社法制定の際に保存された帳簿資料の閲覧等に裁判所の許可を要する旨の規定が設けられなかったこと，また，訴訟に進む前段階において情報収集手段として保存された帳簿資料を利用することは本条の立法趣旨と矛盾しないと考えられること，閲覧者の存在が適正な保存の確保や資料等の隠匿・改ざんの防止に資することなども総合的に考慮すれば，持分会社の社員であった者については，裁判所の文書提出命令等を要求することなく，閲覧等を認めるべきであろうと考える。

　　　　　　　　　　　　　　　　　　　　　　　　　　（川島いづみ）

§673

第9節　社員の責任の消滅時効

> **第673条** ① 第580条に規定する社員の責任は，清算持分会社の本店の所在地における解散の登記をした後5年以内に請求又は請求の予告をしない清算持分会社の債権者に対しては，その登記後5年を経過した時に消滅する。
> ② 前項の期間の経過後であっても，社員に分配していない残余財産があるときは，清算持分会社の債権者は，清算持分会社に対して弁済を請求することができる。

I　総　　説

1　趣　　旨

　持分会社の社員は，持分会社の財産をもって会社の債務を完済することができない場合および持分会社の財産に対する強制執行が効を奏さない場合には，連帯して持分会社の債務を弁済する責任を負い（580 I），有限責任社員は，その出資の価額（すでに持分会社に対し履行した出資の価額を除く）を限度として，持分会社の債務を弁済する責任を負う（同条 II）。本条1項は，このような持分会社の社員の会社債務に関する責任が，解散の登記後5年を経過したときは消滅することを定めるとともに，2項において，その5年の期間の経過後であっても，未分配の残余財産があるときは，清算持分会社の債権者は，清算持分会社に弁済を請求できることを規定している。

　持分会社の社員は，会社財産をもって会社債務を完済できない場合等には，会社債務について会社債権者に対して直接的な弁済責任を負担する（580）。もっとも，合同会社の社員については，このような弁済責任が生ずるのは，後述のように例外的な場合に限られる。持分会社が解散して清算持分会社となっても，会社は清算の目的の範囲内においてなお存続するものとみなされる（645）ので，580条に定める社員の弁済責任も，引き続き存在し続けると考えられる。合同会社である清算持分会社については，株式会社と同様に，債権申出期間を設けてその期間内に債権を申し出るよう催告し，期間内に申出のな

〔川　島〕

かった債権者については，知れている債権者を除いて清算手続から除斥することとし，除斥された債権者は未分配の残余財産に対してのみ請求できるとする制度が設けられている（660・665）が，このような制度は合名会社と合資会社には存在しない。そのため，合名会社や合資会社の社員については，会社債権者をとりまとめる手続もなく，会社債務を完済したつもりでいても，後に未弁済の会社債務が現れるおそれもある。清算結了の登記にも，一般の公示力（908）が認められるのみであって，会社債務の弁済が完了していなければ，清算は結了せず，社員の責任にも変化はないことになる。このように，清算持分会社の社員は，会社の解散後も長らく不安定な地位に置かれることになり，他方で，清算手続もなかなか結了しない。そこで，これに対処するため，580条に定める社員の責任を，解散登記後 5 年の経過により，その間に請求または請求の予告があった債権者を除いて，消滅することとしたのが本条である。これにより本条は，会社解散後も長らく不安定な地位に置かれることになる清算持分会社の社員の利益を保護するとともに（新基本法コンメ(3) 107-108 頁［菊地雄介］)，清算結了を促進することを趣旨とすると説明されている（平成 17 年改正前商法 145 条について，岡野敬次郎・会社法〔有斐閣，1929〕146 頁，松本 542-543 頁，新注会(1) 587 頁［蓮井良憲］)。社員の利益保護とともに，清算の結了を明確にして法律関係を安定させるための規定であるとも考えられる。

　本条の立法趣旨は，しばしば，退社員の責任に関する 612 条と同様であるとも説明される（平成 17 年改正前商法 145 条について，服部榮三 = 菅原菊志編・逐条判例会社法全書(1)総則・合名会社・合資会社〔商事法務研究会，1973〕488 頁［加美和照］)。もっとも，社員の退社の場合には持分会社は解散したわけではなく，また退社員以外の社員は会社に存在しているのに対して，会社自体が解散して清算に入った段階では，会社債権者にとっての社員の弁済責任が社員の退社の場合と比べて格段に重要となることに配慮して，612 条と比べ長い期間の経過が責任消滅のために必要とされている（新基本法コンメ(3) 108 頁［菊地］，新注会(1) 587 頁［蓮井］)。

2　沿　革

　本条は，合名会社の社員の責任の消滅時期を定める平成 17 年改正前商法 145 条（同法 147 条により合資会社に準用）を，適用対象を合同会社を含めた清算持分会社の社員に拡大して，内容的にはそのまま受け継いだものである。もっとも，合同会社の社員は，全員有限責任社員であり，また設立登記の時までに

§673

出資を履行しなければならないとされているので（578），原則として会社成立後には出資の未履行部分は存在しないはずである。したがって，合同会社の社員については，会社成立後に出資の未履行部分があった場合に限り（宍戸善一「持分会社」ジュリ1295号〔2005〕112頁注6，宍戸善一＝黒沼悦郎「対談・機関関係」企業会計特別保存版・新「会社法」詳解〔中央経済社，2005〕80頁）〔☞§580 Ⅳ 1〕，例外的に本条の適用が問題になるにすぎない。また，会社法の制定に伴い，法律の章立て等も変更されて，本条の置かれる節は，会社法第3編第8章の「第9節 社員の責任の消滅時効」とされている。

　本条の沿革をみると，合名会社の社員の責任について定める明治32年商法103条（同法105条により合資会社に準用）は，その1項において，社員の責任は本店所在地における解散の登記後，単に「5年ヲ経過シタルトキハ消滅ス」と定めており，この期間は消滅時効ではなく法定期間あるいは除斥期間であると説明されていた（岡野・前掲146頁，松本542-543頁）。しかしながら，この期間が満了すれば，期間内に請求を受けると否とにかかわらず，期間の経過により当然に社員の責任は消滅するものと誤解される余地もあって，適切ではなかった（松本烝治「商法改正要綱解説(2)」法協49巻10号〔1931〕135頁・152頁，服部＝菅原編・前掲488頁〔加美〕）ので，昭和13年の商法改正により，条数が145条に変更されるとともに，「5年内ニ請求又ハ請求ノ予告ヲ為サザル会社ノ債権者ニ対シテハ」という文言が追加されて，本条と同じ内容となった。昭和13年改正商法は，退社した社員の責任に関する規定についても，従来退社登記後「2年ヲ経過シタルトキハ消滅ス」（明32商73Ⅰ）と定められていたところを，「登記後2年内ニ請求又ハ請求ノ予告ヲ為サザル会社ノ債権者ニ対シテハ」（昭13改正商93Ⅱ）との文言を追加する改正を行っており，これと平仄を合わせて145条も改正されたものとみることができる。また，「請求ノ予告」が追加された点については，昭和13年改正前は，弁済期未到来の債権を有する債権者は期限未到来の間は請求ができない関係から，退社員の責任を問うことができなかったところ，昭和13年改正商法93条はこれらの債権者の利益を保護するため退社員の責任期間内に責任事由が生じた場合において請求の予告をしておけば，後日請求をなし得るにいたった場合に退社員の責任を問い得ることとした，と改正の理由が説明され，同改正法145条についても期限未到来の債権等を有する者のために93条におけるとまったく同様の改正が行われた，と説明されている（横田正俊「合名会社に関する諸問」法学志林41巻4号〔1939〕116頁・123頁）。

II 本条による社員の責任

1 適用対象となる責任

　本条の適用対象となるのは，会社解散後の「第580条に規定する社員の責任」，すなわち会社解散後において持分会社の社員が会社債権者に対して負担する責任である（新注会(1)588頁［蓮井］）。会社解散前に負担した会社債務から生ずる責任にとどまらず，解散後に清算持分会社について清算人等の行為によって生じた債務に関する責任も含まれる（岡野・前掲147頁，松本542-543頁，伊澤171頁，服部＝菅原編・前掲490頁［加美］，新注会(1)588頁［蓮井］）。退社員の持分払戻請求の権利についても適用対象となるとされる（岡野・前掲147頁，石井・下408頁，新注会(1)588頁［蓮井］）。他方，社員の会社に対する債権，会社の社員に対する権利，および，社員相互間における求償権には，適用がないと解されている（岡野・前掲146頁，新注会(1)588頁［蓮井］。ただし，片山義勝・会社法原論〔第8版〕〔中央大学，1923〕140頁以下は，社員の会社に対する債権も適用対象とする）。社員が独立の原因によって債権者に対して負担した保証債務のような債務にも適用がないとされる（岡野・前掲147頁，新注会(1)588頁［蓮井］）。合名会社の社員が社員資格に基づかずに，例えば物品の売主として有する代金債権などのように，独立の原因によって会社に対して有する債権については，対象とならないとする見解（岡野・前掲146頁，松本533頁，石井・下408頁，新注会(1)588頁［蓮井］）と，適用対象となると解する見解（片山・前掲140-141頁，野津務・新会社法概論〔朝倉書店，1951〕313頁，田中誠二・三全訂会社法総論下〔勁草書房，1994〕1234-1235頁）の対立がある［議論の詳細は，☞§580 V］。これを認めると，責任を履行した社員が再び会社債権者として他の社員の責任を問い得るということになって求償関係が循環してしまうことを主な理由として，対象とならないと解する説が通説である（石井・下408頁，大隅＝今井・上112頁，服部＝菅原編・前掲185頁［柿崎栄治］）。他方，出資義務を履行した有限責任社員については，社員資格に基づかずに会社に対して有する債権であれば，その債権に係る会社の債務は，原則的には本条の適用対象となると解すべきであろう。

　また，平成17年改正前商法145条は，同法80条に定める社員の責任についての規定とされていたが，同法145条の解釈においては，同条に定める責任は社員であれば負担すべきものであるので，会社成立後に加入した社員（同法82）およびいわゆる自称社員（同法83）も会社設立当初からの社員と同一の責

任を負うことから，これらの社員の責任にも同法145条の適用があると解釈されていた（岡野・前掲147頁，松本544頁，服部＝菅原編・前掲488-489頁［加美］，新注会(1)588頁［蓮井］）。本条についても，会社成立後に加入した社員の責任(605)はもちろん，無限責任社員であると誤認させる行為等をした有限責任社員の責任(588)および社員であると誤認させる行為をした者の責任(589)にも，適用されると解釈すべきであろう。

2　責任を負う債務

　会社解散後における社員の会社債権者に対する責任は，会社債務を弁済する債務であって，会社債務と同様の内容を有する（服部＝菅原編・前掲489頁［加美］，新注会(1)588頁［蓮井］）。その会社債務は，代替的債務，不代替的債務，利得償還義務，利息，違約金，損害賠償等その種類を問わない。ただし，不代替債務については，社員が代わって弁済することはできないので，社員の責任は不履行による損害賠償を内容とすることになる（服部＝菅原編・前掲184頁［柿崎］）。また，発生原因のいかんも問わないので，契約による債務，不法行為・不当利得などに基づく私法上の債務に加え，租税債務のような公法上の義務を含む（服部＝菅原編・前掲489頁［加美］，新注会(1)588頁［蓮井］）。国税徴収法33条には，合名会社・合資会社が国税を滞納した場合について，無限責任社員が国税の第2次納税義務を負う旨が規定されている。判例にも，合資会社の無限責任社員は，会社の滞納国税について旧国税徴収法3条にいう納税人に当たるとするもの（最判昭和38・6・25民集17巻5号781頁）がある。

　なお，解散の登記後5年の期間を過ぎない限り，その間に，清算結了の登記がされても，本条の社員の責任には影響がない（大判昭和14・2・14民集18巻107頁は，当該会社の債務が会社解散以前に発生したものにとどまらず，その原因が会社解散以前に生じたものであれば，清算結了の登記または破産結了の登記後に発生した債務についても社員の責任が発生する旨を判示するが，民事法判例研究会編・判例民事法昭和14年度〔有斐閣，1941〕32頁［鈴木竹雄］，新注会(1)589頁［蓮井］等の学説は，結論として判旨に賛成するものの，平成17年改正前商法145条は社員の責任消滅期間の始期を定めたものにすぎず，社員が責任を負うべき会社債務発生の時期を制限するのは妥当でないと批判する）。逆に，清算がなかなか結了せず，この期間の経過後に及ぶ場合も，解散登記後5年の期間を過ぎると，社員の責任は新たに発生しないものと解されていた（松本543頁）。

〔川島〕

第 9 節　社員の責任の消滅時効　　　　　　　　　　　　　　　　§ 673

III　責任消滅期間

1　消 滅 時 効

　本条1項は，清算持分会社の解散後における社員の責任は，解散登記後5年内に請求または請求の予告をしない会社債権者に対しては，解散登記後5年を経過した時に消滅する旨を定めている。平成17年改正前商法の下では，ここに定める社員の責任の消滅時期である5年という期間は，社員の利益保護のために法が定めた除斥期間であって，消滅時効ではないと解釈されてきた（服部＝菅原編・前掲490頁［加美］，新注会(1)590頁［蓮井］，五全訂コンメ222-223頁）。もっとも，解散登記後5年の期間内に請求または請求の予告があれば，その請求のあった債務については，この5年の期間を過ぎても責任を負わなければならないので，そのような債務については責任消滅時期が延長されたともみることができ，消滅時効と実質的な差異はないともいわれていた（服部＝菅原編・前掲490頁［加美］，新注会(1)590頁［蓮井］）。会社法は，第3編第8章の「第9節　社員の責任の消滅時効」という名称の節に本条を置いて，これを消滅時効と位置付けている。そのため，会社法の下では，本条の期間は消滅時効期間であると説明されている（新基本法コンメ(3)107-108頁［菊地］）。本条の期間が消滅時効期間であるとすれば，請求または請求の予告のほかに，時効の中断・停止も問題となり得る。他方，平成17年改正前商法93条に相当する規定である会社法586条（持分全部を譲渡した社員の責任）および612条（退社した社員の責任）におけるその旨の登記後2年の期間は，会社法の下でも，除斥期間であると説明されることが一般的なようである（[☞ § 586 IV]，新基本法コンメ(3)38頁［今泉邦子］，[☞ § 612 VI 3]。なお，新基本法コンメ(3)108頁［菊地］は，612条2項の期間を消滅時効と説明する）。

　なお，本条は社員の責任が時効期間の経過によって消滅する旨を規定するものにすぎないから，解散の登記後5年の期間の経過は，会社の第三者に対する債務（会社債権者に対する債務）および会社のためにする保証債務（会社の債務に従属する保証債務）には影響しないものと解される（大判昭和7・10・11新聞3482号17頁。伊澤171頁，五全訂コンメ223頁，服部＝菅原編・前掲491頁［加美］）。

2　請求または請求の予告

　本条1項により，解散登記後5年の期間内に，会社債権者より社員が請求ま

［川　島］

たは請求の予告を受けたときは，その債権者に対して社員は責任を負うものとされている。ここに「請求の予告」を加えたのは，前述のように，弁済期にいたらない請求権については，請求の予告をすることしかできないが，そのような会社債権者に対しても，社員の責任を認めるためである。したがって，請求の予告とは，弁済期未到来の債権や条件未成就の債権について，その弁済期が到来した場合または条件成就の場合には当該権利を行使する旨の予告を意味する（服部＝菅原編・前掲491頁［加美］）。

ここにいう請求または請求の予告は，持分会社の社員（社員死亡の場合には，その相続人）に対するものであることを要し，清算持分会社に対して請求または請求の予告をしても，社員に対するものと同一の効力は認められず，社員の責任の消滅を阻止することはできないと解されている（合名会社の社員について，服部＝菅原編・前掲490頁［加美］，新注会(1)590頁［蓮井］。合資会社の退社員の責任について，大判昭和6・5・1民集10巻297頁〔とくに315頁〕）。請求は，裁判外であっても差し支えなく，また催告であってもよい（服部＝菅原編・前掲491頁［加美］）。期間内の請求の効果については，期間内にいったん請求を受けたときは，たとえ期間内に弁済をしていなくとも責任を免れることはできないと考えられている（大判明治45・2・13民録18輯105頁。伊澤171頁，五全訂コンメ222頁）。解散の登記後5年という責任消滅時期の定めが消滅時効であるとすれば，この期間内に請求または請求の予告をしても，時効の中断を生ずるだけであり，請求または請求の予告がされた時点から，再度，消滅時効期間が進行することになる。

IV　未分配の残余財産に対する請求

本条2項は，解散登記後5年の期間を経過した後であっても，清算持分会社に未分配の残余財産があるときは，会社債権者は，清算持分会社に対し弁済を請求できると定めている。解散の登記がされても，清算持分会社は清算の目的の範囲内においてなお存続するものとみなされており（645），未分配の残余財産がある限り清算は結了していないことから，たとえ清算結了の登記がされても，清算持分会社はなお存在するものとみなされる。したがって，社員が会社債権者に対して負う責任の消滅期間である解散登記後5年という期間を経過しても，清算持分会社に残余財産が存在するうちは，会社債権者は清算持分会社に対して弁済を請求できることになるが，解散登記後5年という期間の経過に

第9節　社員の責任の消滅時効　　　　　　　　　　　§673

よって社員に対しては請求できなくなっているため，この期間経過後の会社債権者の弁済請求は，清算持分会社が存続する限りで，かつ清算持分会社に対するものに限られることになり，本条2項はこれを確認する規定ということができる。

　問題となるのは，会社債権者は解散登記後5年の期間の経過後には，会社に残存する未分配の財産についてのみ，弁済を請求することができるのか，さらに，すでに残余財産の分配を受けた社員がいるときには，分配された財産を社員から会社に取り戻して自らの弁済に当てることができるのか，ということである。この点について，学説は，平成17年改正前商法145条に関連する解釈として，会社債権者は分配していない残余財産が存する限度においてのみ弁済を請求できるのであって，すでに社員に分配された財産を取り戻して弁済に充てることは許されないと解していた（松本543頁，服部＝菅原編・前掲492頁［加美］，新注会(1)591頁［蓮井］，五全訂コンメ223頁）。本条2項についても，会社債権者は会社に現存する残余財産についてのみ弁済を請求できると解すべきであろう（新基本法コンメ(3)108頁［菊地］）。一般的には，会社債権者は社員に優先して扱われるべき存在である。しかしながら，解散登記後5年が経過し，その間に請求または請求の予告をしていない会社債権者との関係では，すでに残余財産が分配されて当該財産について新たな法律関係が形成されているとすれば，むしろ後者の権利関係を保護すべきであると考えられよう。

　　　　　　　　　　　　　　　　　　　　　　　　（川島いづみ）

§674　　　　　　　　　　　　　　　第3編　持分会社　第8章　清算

第10節　適用除外等

> **（適用除外）**
> **第674条**　次に掲げる規定は，清算持分会社については，適用しない。
>   1　第4章第1節
>   2　第606条，第607条第1項（第3号及び第4号を除く。）及び第609条
>   3　第5章第3節（第617条第4項，第618条及び第619条を除く。）から第6節まで及び第7節第2款
>   4　第638条第1項第3号及び第2項第2号

1　本条の概要

　本条は，清算持分会社に適用がない事項を定めるものである。清算持分会社が解散前と同一の会社であるといっても，事業活動を行わない以上，それを前提とする制度の適用がないことは当然である。本条は，適用されない具体的事項として，社員の加入（第4章第1節），任意退社（606），法定退社（607 I。ただし，死亡〔同項③〕，合併〔同項④〕を除く），持分の差押債権者による退社（609），計算書類，資本金の額の減少，利益の配当，出資の払戻し（第5章第3節から第6節まで。ただし，計算書類の10年間の保存義務〔617 IV〕，計算書類の閲覧等〔618〕，計算書類の提出命令〔619〕を除く），資本金の額の減少に関する特則（第7節第2款），社員の全部を有限責任社員とする定款の変更（638 I ③ II ②）を挙げている。

2　社員の加入（第4章第1節）の適用除外の趣旨

　清算持分会社においては，株式会社の場合（509参照）と異なり，社員の加入が禁止されている（本条①）。これは，持分会社の社員について，資金提供者でしかない株主とは異なり，業務執行者としての位置付けが与えられていることにかんがみると（590 I参照），社員の業務執行権がなくなっている清算段階において新たに社員を加入させることは，その性質に反すると考えられるからである。それゆえ，清算持分会社に対し救済目的で資金を提供しようとする

258　　　　　　　　　　　　　　　　　　　　　　　　　　〔出　口〕

第10節　適用除外等　　　　　　　　　　　　　　　　　　　§675

場合には，社員が出資の価額を増加させるか，新たに無限責任社員となる旨の定款変更をすること等によって対応することとなる（立案担当 168 頁）。

(出口正義)

（相続及び合併による退社の特則）
第 675 条　清算持分会社の社員が死亡した場合又は合併により消滅した場合には，第 608 条第 1 項の定款の定めがないときであっても，当該社員の相続人その他の一般承継人は，当該社員の持分を承継する。この場合においては，同条第 4 項及び第 5 項の規定を準用する。

【文献】岡野敬次郎・会社法（有斐閣，1929），小町谷操三「合名会社の社員の死亡と相続人の地位」田中耕太郎編集代表・会社法の諸問題（有斐閣，1951）437 頁

I　本条の概要

　清算持分会社の社員が死亡した場合，または合併により消滅した場合には，当該社員は退社する（607 I ③④。持分会社の規定のうち清算持分会社には適用しない規定を定めた 674 条 2 号において，607 条 1 項 3 号・4 号は適用しない規定から除かれている）。本条は，この場合における一般承継人による持分の承継について規定したものである。

　本条第 1 文は，清算持分会社の社員が死亡した場合または合併により消滅した場合について，608 条 1 項の例外を定め，定款に定めがない場合であっても，当該社員の一般承継人がその持分を承継することを規定している。本条第 2 文は，持分を承継する相続人が複数である場合について，608 条 4 項および同条 5 項を準用する。これにより，持分を承継する相続人が複数である場合には，各相続人は，連帯して当該出資に係る払込みまたは給付の履行をする責任を負うこととなり，また，各相続人は，権利を行使する者 1 人を定めなければ，当該持分についての権利を行使することができないこととなる〔☞ §608〕。

〔松　元〕

II　一般承継人による持分の承継（本条第1文）

1　前提として：会社法における「退社」の意義

本条を理解する前提として，「退社」の意義を整理しておく必要がある。平成17年改正前商法の下での「退社」の意義と，会社法の下での「退社」の意義が同一でない可能性があるためである。

(1)　平成17年改正前商法の下での「退社」

平成17年改正前商法の下での解釈においては，社員が持分全部を譲渡した場合や社員が死亡した場合のうち相続人による承継を定款で定めていた場合のような相対的な社員権の喪失の場合と，絶対的な社員権の喪失である「退社」は区別されていた（松本555頁，伊澤90頁。ただし，岡野194頁は，社員たる資格が相続される場合についても死亡は退社の当然の原因であると表現している）。すなわち，社員が死亡した場合のうち，その持分が相続人に相続されない場合には当該社員は「退社」するが，その持分が相続人に相続される場合は「退社」とは区別されると整理されていた（有限責任社員が死亡した場合には相続人が社員となる旨を定めた平成17年改正前商法161条について，有限責任社員の死亡を退社原因としないものだと説明する新注会(1)651頁［林竧］・581頁［蓮井良憲］も参照）。

(2)　会社法の下での「退社」

これに対して，会社法の下では，社員が持分全部を譲渡した場合については，従来どおり「退社」とは区別して規定が置かれているものの（585・586等），社員が死亡・消滅した場合であって一般承継人が持分を承継する場合については，死亡・消滅した社員は「退社」するものであると整理されており，平成17年改正前商法の下での整理とは異なる。

すなわち，退社した社員に対する持分の払戻しについて規定する611条1項は，その本文において「退社した社員は」持分の払戻しを受けることができる旨を規定した上で，ただし書において「ただし，第608条第1項及び第2項の規定により当該社員の一般承継人が社員となった場合は，この限りでない」と定めており，一般承継人による承継が行われる場合についても社員は「退社」することを前提としている。

そうすると，会社法の下では，持分会社において社員が死亡・消滅した場合であって一般承継人が持分を承継する場合においても，当該社員は「退社」したと整理されることになる（相続人が持分を承継する場合であっても死亡した社員

第 10 節　適用除外等　　　　　　　　　　　　　　　　　　　　§ 675

は退社したものと整理されることについて，論点解説 589-590 頁参照）。

　この場合，死亡・消滅した社員が「退社」したと整理されることにより，理論的には 612 条による退社した社員の責任が発生する可能性があり，そうであるとすれば，退社した社員の責任と，持分を承継した一般承継人が負う責任の双方が生じてしまう可能性があるが，これらは重複するものであるため，持分を承継した一般承継人が負う責任のみを観念すればよいであろう。

　以上を踏まえ，本条の検討を行う。

2　持分の承継

(1)　平成 17 年改正前商法の下での持分の承継

　平成 17 年改正前商法の下では，無限責任社員の死亡が法定退社事由とされる一方で（同法 85 ③・147），合資会社の有限責任社員が死亡した場合には，その相続人が社員となる旨が規定されていた（同法 161 I）。

　無限責任社員の死亡が法定退社事由とされているのは，定款に別段の定めがあるのでなければ，相続人は当然には社員とならないことを意味すると解釈された（新注会(1) 312 頁［古瀬村邦夫］）。この場合，死亡社員の相続人は，持分の払戻請求権，会社債権者に対する責任，その他退社した社員の有する権利義務を承継するが，社員たる資格は承継しない（松本 553 頁）。

　このようなルールが置かれていることについては，合名会社では，社員相互の人的信頼関係が会社関係の基礎になっているため，社員の個性が重視され，相続人といえども当然それに代わることを認めることができないためであると説明された（新注会(1) 312 頁［古瀬村］）。そして，明文の規定はないものの，死亡を退社事由とし，社員たる資格の当然の相続を認めないのは，他の社員の利害に関係があるためであるから，あらかじめ定款で別段の定めをすることにより，無限責任社員たる資格を相続させることができると解されていた（新注会(1) 313 頁［古瀬村］）。

　他方で，合資会社の有限責任社員が死亡した場合にその相続人が社員となる旨が規定されているのは，有限責任社員は主として金銭上の利害関係を有するにすぎず，会社の業務執行権および代表権を有しないためである（平 17 改正前商 156）と説明された（新注会(1) 651 頁［林］。岡野 194 頁参照）。

(2)　平成 17 年改正前商法の下での清算会社における持分の承継

　清算会社における持分の承継については，平成 17 年改正前商法の下では，同法 144 条が置かれ，「社員ガ死亡シタル場合ニ於テ其ノ相続人数人アルトキ

ハ清算ニ関シテ社員ノ権利ヲ行使スベキ者1人ヲ定ムルコトヲ要ス」と規定されていた。

　この点，会社が解散して清算中の場合には，会社は清算の目的の範囲内においてのみ存続しているのであって，いわば，総社員が退社してその持分の清算を行うために存続しているにすぎないものであるから，社員持分払戻しの観念と相容れず，退社の制度も認められないと解されていた（新注会(1) 581 頁〔蓮井〕，松本 581-582 頁，小町谷 458 頁。清算手続に入っている場合に，死亡した社員についてのみ残存する社員に先行して持分の払戻しを認める理由はないと考えられることについて，平成 17 年改正前商法の下での最判平成 4・1・24 民集 46 巻 1 号 28 頁に関する判タ 813 号〔1993〕203 頁の解説記事）。また，清算中の会社では，会社と社員との財産上の関係の処理が主要な目的であることから，社員相互の信頼関係を重視する必要はなく，社員の個性は重要性を失うことも指摘された（新注会(1) 581 頁〔蓮井〕・312-313 頁〔古瀬村〕）。そこで，清算中の会社については社員の死亡を当然の退社事由とせず，その相続人によって，その持分が当然に相続される立場をとり，相続人を清算事務に関与させて財産整理を公平に行わせるように保障したのが平成 17 年改正前商法 144 条であった（新注会(1) 581 頁〔蓮井〕）。

(3)　会社法の下での持分の承継

　以上に対し，会社法では，無限責任社員，有限責任社員を問わず，持分会社の社員が死亡した場合または合併により消滅した場合には，当該社員は退社する旨が定められている（607 I ③④）。その上で，608 条 1 項は，持分会社は，社員が死亡した場合または合併により消滅した場合に一般承継人が当該社員の持分を承継する旨を定款で定めることができる旨を明記した。この場合には，一般承継人が持分を承継し，社員となる。

　なお，608 条 1 項によって一般承継人が社員の持分を承継する場合であっても，死亡または消滅した社員自身は退社したものと整理されることは，上記 1 (2)のとおりである。

(4)　会社法の下での清算持分会社における持分の承継（本条第1文）

　本条第 1 文は，この 608 条 1 項に対する例外を定めた規定であり，清算持分会社においては，社員が死亡した場合または合併により消滅した場合に，同項の定款の定めがないときであっても，当該社員の一般承継人が当該社員の持分を承継する旨を定めている。持分を承継した一般承継人は社員となる。この場合に死亡または消滅した社員自身は退社したものと整理されることは，上記 1

(2)のとおりである。

清算持分会社の場合に一般承継人に持分を承継させる理由は，平成17年改正前商法の下で清算会社において死亡した社員の持分が相続人によって当然に相続されると解されていた理由と同様に，清算を目的とする会社において死亡または消滅した社員についてのみ別途持分の払戻しを認めることは妥当でないこと，清算中の会社では社員の個性は重要性を失うことに求めることができるだろう [☞(2)]。

(5) 持分を承継した一般承継人の地位

本条では清算持分会社の社員が死亡または消滅した場合には，608条1項の定款の定めがなくてもその一般承継人が持分を承継する旨が定められており，また，その場合には同条4項および5項を準用する旨が定められている。しかし，その一方で，本条では608条1項の場合に持分を承継した一般承継人が社員となる旨を定めた同条2項は準用されていない。そのため，本条により一般承継人が持分を承継した場合に，当該一般承継人が社員となるのか否かは明らかではないが，この点について論じている文献は見当たらない。

この点，清算持分会社は清算の目的の範囲内でのみ存続することから(645)，持分を承継した一般承継人を社員とする必要性は限られるようにも思われる。しかし，清算会社においても社員の多数決による決定が必要となる場面が想定されていることから（648Ⅱ・650Ⅲ），本条により持分を承継した一般承継人は，社員または社員に準じた地位を有し，社員と同様の権利を有すると解するのが妥当であろう。

Ⅲ 一般承継人が複数いる場合（本条第2文）

1 持分の準共有

相続人が複数いる場合には，共同相続人は被相続人の有した社員の地位を，合体した1つのものとして承継し，共同相続人はすべて社員となり，持分を準共有することになると解される（民898・264。新注会(1)584頁［蓮井］）[☞§608]。

2 本条による608条4項の準用

本条第2文は608条4項を準用しており，同項は，相続人が複数いる場合に，各相続人が，連帯して当該出資に係る払込みまたは給付の履行をする責任

§675

を負う旨を定める［☞§608］。

出資義務の中には，①すでに履行期が到来している出資義務のほか，合名会社・合資会社においては，②履行期が定められているが到来していない出資義務，③履行期の定めのない出資義務がある（新基本法コンメ(3)97頁［菊地雄介］参照）。このうち，①すでに履行期が到来している出資義務については，本条第2文により，各相続人は，連帯して出資を履行する責任を負う。

さらに，清算持分会社における出資義務の履行期については，663条に別途規定が置かれている［☞§663］。同条は，清算持分会社に現存する財産がその債務を完済するのに足りない場合に，その出資の全部または一部を履行していない社員があるときは，当該出資に係る定款の定めにかかわらず，清算持分会社は，当該社員に出資させることができる旨を定めている。この規定は，同条の要件を充たす場合には，②履行期が定められているが到来していない出資義務および③履行期の定めのない出資義務についても，清算持分会社が出資の履行を請求することができるとする点に存在意義がある（新基本法コンメ(3)97頁［菊地］）。この場合には，各相続人は，履行期についての定款の定めにかかわらず，連帯して出資を履行する責任を負うことになる。

3 本条による608条5項の準用

(1) 本条により準用される608条5項本文

本条第2文は，608条5項も準用する［☞§608］。これにより，清算持分会社の社員が死亡した場合で，その相続人が複数いる場合には，各相続人は，承継した持分についての権利を行使する者1人を定めなければ，当該持分についての権利を行使することができないこととなる。清算中の合名会社についての平成17年改正前商法144条に対応する規定である。

平成17年改正前商法144条に関する前掲・最判平成4・1・24は，死亡した社員の共同相続人の全員が社員である場合であっても，共同相続人間で権利行使者を指定しなければ権利を行使することができないことに変わりはない旨を判示している。

本条に基づく権利行使者の指定は，共有物の管理行為として（民252本文），共有持分の過半数で決定されることになると考えられる（新基本法コンメ(3)110頁［菊地］。有限会社持分の準共有についての最判平成9・1・28判時1599号139頁参照。なお，株式の共同相続について，中小企業の支配株式の共同相続のケースにおいては権利行使者の決定が実質的な承継者決定を意味し，単なる共有物の管理行為と見るこ

第10節　適用除外等　　　　　　　　　　　　　　　　　§675

とはできないことを理由として、共同相続株式の権利行使者の決定には共有者全員の同意を要するとする説もあるが〔江頭123頁注3参照〕、少なくとも清算持分会社については、清算の目的の範囲内においてのみ存続するものであることから、この点を考慮する必要はないだろう）。

(2)　**本条により準用される608条5項ただし書**

　本条第2文が準用する608条5項ただし書は、会社が同意した場合には、権利行使者を指定しなくても、承継した持分についての権利を行使することができる旨を定めている。同項本文の規定は会社の事務処理の便宜を図るためのものだからである（立案担当162頁注8）。

　本条第2文が準用する608条5項は106条と同様の構造で規定されているところ、同条ただし書については、最判平成27・2・19（民集69巻1号25頁）が共有に属する株式の議決権行使のあり方について判示している。この最判平成27・2・19によれば、権利行使者の定めがなく106条ただし書が適用される場合には、民法の共有に関する規定が適用され、同条ただし書による会社の同意があったとしても、権利行使が民法の共有に関する規定に従っていなければ、当該権利行使は適法にはならず、その際、共有に属する株式の議決権行使は、原則として民法252条本文に規定する「管理行為」に該当し、持分の価格の過半数で決せられる必要があるとされる。これと同様に解すれば、本条第2文が準用する608条5項の解釈においても、同項本文による権利行使者の定めがなく同項ただし書が適用される場合には、会社が権利行使に同意していたとしても、権利行使を適法に行うためには、権利行使が民法の共有に関する規定に従っている必要があり、議決権行使の場合であれば、権利行使が持分の価格の過半数で決定されていることが必要であることになる。

（松元暢子）

事 項 索 引

あ 行

一般に公正妥当と認められる企業会計の慣行 ……………………………………… 5

か 行

会計帳簿
　――作成義務 ……………………… 16
　――の閲覧・謄写請求権 …………… 16
　――の提出命令 …………………… 20
　――保存義務 …………………… 16, 22
解散事由 ……………………………… 149
解散の登記 …………………………… 134
解散判決 ……………………………… 152
解散命令 ……………………………… 152
会社の継続 …………………… 126, 153, 159
各別の催告 ………………… 96, 115, 196, 238
貸倒引当金 …………………………… 82
間接有限責任 …………… 108, 114, 117, 144
企業会計原則 ………………………… 6
競業の禁止 ……………………… 169, 178
競業避止義務 ………………………… 160
業務財産状況調査権 ………………… 127
業務執行社員
　――の善管注意義務 ………… 19, 33, 128
　――の忠実義務 …………………… 128
　――の任務懈怠責任 ……………… 78
計算書類
　――作成義務 ……………………… 28
　――の閲覧・謄写請求権 …… 34, 86, 127
　――保存義務 ……………………… 28
欠　損 ………………………………… 106
減価償却 ……………………………… 82
減損処理 ……………………………… 82
現物出資の払戻し …………………… 81

現務の結了 ……………………… 172, 179
個別注記表 …………………………… 32

さ 行

債権者異議手続 ……… 48, 81, 92, 114, 197, 216, 233, 237
財産の留保 …………………………… 213
財産目録 …………………… 190, 191, 233, 245
財産目録等の作成 …………………… 179
残余財産の分配 …… 174, 179, 211, 221, 256
事業譲渡 ………………………… 173, 177
社員資本等変動計算書 ……………… 32
社員の加入 …………………………… 258
社員平等原則 …………………… 210, 222
出資財産の価額 ……………………… 44
出資の価額 …………………… 42, 66, 222
出資払戻請求権 ……………………… 80
出資履行請求権 ……………… 12, 45, 66, 207
条件付債権 …………………………… 203
職務執行停止の仮処分 ……………… 185
職務代行者 …………………………… 185
除　名 …………………………… 126, 130
知れている債権者 …… 96, 115, 197, 216, 237
信用出資 ………………………… 47, 222
　――の払戻し ……………………… 82
清算結了の登記 ……………………… 244
清算財産目録 ………………… 190, 191, 236
清算貸借対照表 ………………… 190, 191
清算人
　――の職務を行うべき者 ………… 182
　――の善管注意義務 ……………… 178
　――の忠実義務 …………………… 178
　――の任務懈怠責任 ………… 179, 228
設　立
　――取消しの訴え ………………… 159

266

──の登記……………………………… 134
──無効の訴え…………………………… 159
善管注意義務
　業務執行社員の──…………… 19, 33, 128
　清算人の──…………………………… 178
総社員の同意………………120, 123, 124, 151,
　　　　　　　　　　　　　232, 234, 237
組織変更……………………………… 17, 132
損益計算書……………………………………31
損益の分配………………………… 50, 57, 64
損失の処理……………………………………52
損失のてん補…………………………………51

た　行

退　社…………………………………251, 260
貸借対照表……………………………………30
退社権……………………………………… 128
代表清算人……………………………………184
単独代表…………………………………… 183
忠実義務
　業務執行社員の──………………… 128
　清算人の──…………………………… 178
帳簿資料
　──の閲覧・謄写請求権………………… 247
　──保存義務…………………… 233, 242
低価法…………………………………………82
定款自治…… 35, 59, 60, 65, 119, 121, 124, 165

登　記
　解散の──…………………………… 134
　清算結了の──……………………… 244
　設立の──…………………………… 134

な　行

任意清算………………………………230, 237
のれん…………………………………………17

は　行

偏頗弁済……………………………………… 199
法定清算人………………………164, 170, 184
法定退社……………………………………… 130

ま　行

みなし定款変更…………………………… 139
持　分
　──の差押え…………………… 61, 83, 239
　──の準共有………………………… 263
　──の承継…………………………… 261
　──評価……………………………… 129

ら　行

利益相反取引………………… 160, 169, 178
労務出資………………………… 46, 47, 126, 222
　──の払戻し…………………………………82

判 例 索 引

【大審院】

大判明治 33・10・1 民録 6 輯 9 巻 1 頁… 247
大判明治 34・3・19 民録 7 輯 3 巻 65 頁…207
大決明治 35・6・25 民録 8 輯 6 巻 136 頁
　………………………………………… 212
大判明治 35・10・9 民録 8 輯 9 巻 53 頁…200
大判明治 45・2・13 民録 18 輯 105 頁……256
大判大正 2・7・9 民録 19 輯 619 頁
　………………………………… 160, 161, 173
大判大正 4・2・16 民録 21 輯 145 頁…… 187
大判大正 4・4・30 民録 21 輯 625 頁
　………………………………………197, 217
大判大正 5・3・4 民録 22 輯 513 頁………160
大判大正 5・4・7 民録 22 輯 647 頁………121
大判大正 5・10・14 民録 22 輯 1894 頁… 123
大判大正 5・10・25 民録 22 輯 1981 頁… 208
大判大正 6・4・30 民録 23 輯 765 頁…… 130
大判大正 6・8・30 民録 23 輯 1299 頁
　………………………………………208, 210
大判大正 6・10・13 民録 23 輯 1815 頁… 198
大判大正 7・4・20 民録 24 輯 751 頁…… 200
大判大正 7・7・2 民録 24 輯 1331 頁
　………………………………………174, 214
大決大正 7・10・29 民録 24 輯 2068 頁
　……………………………… 121, 122, 135
大決大正 8・6・9 民録 25 輯 997 頁…168, 171
大判大正 8・10・9 民録 25 輯 1761 頁……161
大判大正 11・3・13 民集 1 巻 93 頁………227
大決大正 14・7・11 民集 4 巻 423 頁
　………………………………………161, 175
大判大正 15・6・17 民集 5 巻 525 頁
　………………………………………209, 210
大判昭和 2・2・12 民集 6 巻 45 頁……… 123

大判昭和 3・5・12 新聞 2873 号 14 頁
　………………………………………208, 209
大判昭和 4・5・13 民集 8 巻 470 頁………130
大判昭和 5・5・30 民集 9 巻 1031 頁…… 122
大判昭和 5・7・8 民集 9 巻 658 頁……… 210
大判昭和 5・12・1 民集 9 巻 1107 頁
　………………………………………161, 173
大判昭和 6・5・1 民集 10 巻 297 頁…123, 256
大判昭和 6・11・28 民集 10 巻 1133 頁… 208
大判昭和 7・4・30 民集 11 巻 706 頁
　………………………………………197, 216
大判昭和 7・4・30 民集 11 巻 721 頁…… 173
大判昭和 7・8・17 新聞 3460 号 9 頁
　………………………………………200, 202
大判昭和 7・10・11 新聞 3482 号 17 頁… 255
大判昭和 8・2・3 民集 12 巻 112 頁………207
大決昭和 8・2・7 民集 12 巻 132 頁………155
大判昭和 9・1・24 民集 13 巻 64 頁………200
大判昭和 9・5・8 民集 13 巻 1032 頁…… 208
大判昭和 9・6・27 裁判例 8 巻民 157 頁
　………………………………………166, 170
大判昭和 10・2・1 民集 14 巻 75 頁…197, 216
大判昭和 10・3・4 民集 14 巻 259 頁…… 130
大判昭和 11・12・17 新聞 4081 号 15 頁…214
大判昭和 13・12・26 民集 17 巻 2744 頁…138
大決昭和 13・12・30 民集 17 巻 2318 頁…130
大判昭和 14・2・14 民集 18 巻 107 頁……254
大判昭和 15・8・19 判決全集 7 輯 30 号 13
　頁 …………………………………………173
大決昭和 16・3・4 民集 20 巻 156 頁…… 166

【最高裁判所】

最判昭和 24・7・26 民集 3 巻 8 号 283 頁
　………………………………………………130

最判昭和 31・9・28 民集 10 巻 9 号 1197 頁
……………………………………………… 25
最判昭和 33・5・20 民集 12 巻 7 号 1086 頁
……………………………………… 122, 125, 126
最判昭和 38・6・25 民集 17 巻 5 号 781 頁
……………………………………………… 254
最大判昭和 40・9・22 民集 19 巻 6 号 1600
頁 ………………………………………… 177
最判昭和 42・12・15 民集 25 巻 7 号 962 頁
……………………………………………… 161
最判昭和 43・3・15 民集 22 巻 3 号 625 頁
……………………………………………… 167
最大判昭和 44・11・26 民集 23 巻 11 号
2150 頁 …………………………………… 181
最判昭和 45・3・26 民集 24 巻 3 号 165 頁
……………………………………………… 21
最判昭和 46・6・29 民集 25 巻 4 号 711 頁
…………………………………………… 137, 138
最判平成 4・1・24 民集 46 巻 1 号 28 頁
…………………………………………… 262, 264
最判平成 9・1・28 判時 1599 号 139 頁… 264
最決平成 16・10・1 判時 1877 号 70 頁… 167
最判平成 16・10・4 民集 58 巻 7 号 1771 頁
……………………………………………… 248
最判平成 20・7・18 刑集 62 巻 7 号 2101 頁
……………………………………………… 8
最判平成 27・2・19 民集 69 巻 1 号 25 頁
……………………………………………… 265

【控訴院・高等裁判所】

大阪控判明治 35・12・24 新聞 122 号 8 頁
……………………………………………… 210
大阪控判大正 3・12・14 新聞 989 号 22 頁
……………………………………………… 187
大阪控判大正 6・11・7 新聞 1346 号 22 頁
……………………………………………… 214
東京控判昭和 2・7・5 新聞 2741 号 12 頁
…………………………………………… 208, 211
大阪控判昭和 5・5・27 新聞 3131 号 9 頁
……………………………………………… 173

東京控判昭和 11・7・31 新聞 4056 号 14 頁
……………………………………… 209, 210, 211
大阪控決〔決定年月日不詳〕民集 20 巻
160 頁 …………………………………… 166
福岡高決昭和 30・3・31 高民集 8 巻 3 号
197 頁 …………………………………… 168
大阪高判昭和 36・9・14 下民集 12 巻 9 号
2281 頁 ………………………………… 198, 217
東京高判昭和 38・12・9 下民集 14 巻 12 号
2487 頁 ………………………………… 161, 166
東京高判昭和 40・9・28 下民集 16 巻 9 号
1465 頁 ………………………………… 126, 130
名古屋高判昭和 52・9・28 下民集 28 巻 9-
12 号 1023 頁 …………………………… 213
東京高決昭和 54・1・17 下民集 32 巻 9-12
号 1369 頁 ……………………………… 22
東京高判昭和 54・10・18 下民集 33 巻 5-8
号 1031 頁 ……………………………… 25
東京高決昭和 56・12・7 下民集 32 巻 9-12
号 1606 頁 ……………………………… 22
東京高判昭和 57・4・13 下民集 32 巻 5-8
号 813 頁 ………………………………… 176
大阪高判平成 16・5・25 判時 1863 号 115
頁 …………………………………………… 7

【地方裁判所】

奈良地判大正 2・2・4 新聞 848 号 26 頁… 187
名古屋地判大正 5・12・25 新聞 1210 号 18
頁 ………………………………………… 209
大阪地決昭和 7・3・28 評論 21 巻商 234 頁
…………………………………………… 167, 171
東京地判昭和 8・11・30 新聞 3663 号 12 頁
…………………………………………… 209, 211
名古屋地判昭和 14・12・28 新聞 4542 号 8
頁 ………………………………………… 214
大阪地判昭和 35・1・14 下民集 11 巻 1 号
15 頁 …………………………………… 173
札幌地判昭和 36・1・17 下民集 12 巻 1 号
28 頁 …………………………………… 126

269

判 例 索 引

山口地宇部支判昭和 43・2・16 判時 547 号 81 頁……………………………………… 126
東京地判昭和 55・3・13 判時 974 号 124 頁 ……………………………………… 213
福島地判昭和 60・9・30 労判 463 号 73 頁 ……………………………………… 176
東京地決平成元・8・29 判時 1330 号 123 頁……………………………………… 120
東京地判平成 9・10・13 判時 1654 号 137 頁……………………………………… 130

東京地判平成 17・5・19 判時 1900 号 3 頁 ………………………………………… 7
那覇地決平成 19・4・5 金判 1268 号 61 頁 ……………………………………… 124
那覇地判平成 21・2・19 判例集未登載〔平成 20 年(ワ)第 734 号，平成 20 年(ワ)第 847 号〕……………………………… 123

会社法コンメンタール15――持分会社(2)

2018年10月20日　初版第1刷発行
2022年 3月 1日　初版第2刷発行

編　者　　神　田　秀　樹

発行者　　石　川　雅　規

発行所　　株式会社　商　事　法　務
〒103-0025 東京都中央区日本橋茅場町3-9-10
TEL 03-5614-5643・FAX 03-3664-8844〔営業〕
TEL 03-5614-5649〔編集〕
https://www.shojihomu.co.jp/

落丁・乱丁本はお取替えいたします。　　印刷／大日本法令印刷
© 2018 Hideki Kanda　　　　　　　　　　Printed in Japan
Shojihomu Co., Ltd
ISBN978-4-7857-2668-3
＊定価はケースに表示してあります。

JCOPY ＜出版者著作権管理機構 委託出版物＞
本書の無断複製は著作権法上での例外を除き禁じられています。
複製される場合は、そのつど事前に、出版者著作権管理機構
（電話 03-5244-5088, FAX 03-5244-5089, e-mail: info@jcopy.or.jp）
の許諾を得てください。

会社法コンメンタール

【編集代表】江頭憲治郎 = 森本　滋

第 1 巻	総則・設立(1)	§§ 1-31	江頭憲治郎 編
第 2 巻	設立(2)	§§ 32-103	山下友信 編
第 3 巻	株式(1)	§§ 104-154の2	山下友信 編
第 4 巻	株式(2)	§§ 155-198	山下友信 編
第 5 巻	株式(3)	§§ 199-235	神田秀樹 編
第 6 巻	新株予約権	§§ 236-294	江頭憲治郎 編
第 7 巻	機関(1)	§§ 295-347	岩原紳作 編
第 8 巻	機関(2)	§§ 348-395	落合誠一 編
第 9 巻	機関(3)	§§ 396-430	岩原紳作 編
第10巻	計算等(1)（含：会社計算規則） §§ 431-444	江頭憲治郎 = 弥永真生 編
第11巻	計算等(2)（含：会社計算規則） §§ 445-465	森本　滋 = 弥永真生 編
第12巻	定款の変更・事業の譲渡等・解散・清算(1)	§§ 466-509	落合誠一 編
第13巻	清算(2)（特別清算）	§§ 510-574	松下淳一 = 山本和彦 編
第14巻	持分会社(1)	§§ 575-613	神田秀樹 編
第15巻	持分会社(2)	§§ 614-675	神田秀樹 編
第16巻	社債（含：担保付社債信託法） §§ 676-742	江頭憲治郎 編
第17巻	組織変更，合併，会社分割，株式交換等(1)	§§ 743-774	森本　滋 編
第18巻	組織変更，合併，会社分割，株式交換等(2)	§§ 775-816	森本　滋 編
第19巻	外国会社・雑則(1)	§§ 817-867	岩原紳作 編
第20巻	雑則(2)	§§ 868-938	森本　滋 = 山本克己 編
第21巻	雑則(3)・罰則	§§ 939-979	落合誠一 編
第22巻	総索引		江頭憲治郎 = 森本　滋 編
補巻	平成26年改正		岩原紳作 編